大橋俊雄著

時宗の成立と展開

日本宗教史研究叢書
笠原一男 監修

吉川弘文館

一遍智真画像

神奈川県立博物館蔵

序

日本仏教史のなかで、鎌倉仏教のしめる役割は極めて大きい。現代に生きる宗教の出発点が、鎌倉仏教にあるといっても過言でないほど、新興宗教の源流を鎌倉期に発生した仏教に求めているものが多い。そのかぎりにおいて鎌倉仏教は、日本人の生活の糧となり生きているといえよう。鎌倉期には、さまざまの仏教が生まれた。一口に鎌倉六宗といわれているが、そればかりでなく泡のごとく、人心をとらえ得ないで消え去っていったものも、いくつかあった。一念宗・多念宗・一向衆といったものが、それである。新仏教の生まれ得たことは、その時代の人たちがむさぼり求めた、仏に、その教えに、頼りたいという願いがあったからであろう。鎌倉期に生まれた一遍智真の時宗も、その一つであった。時宗は遊行と賦算、それに踊念仏を布教の手段として、中世社会にはかなり発展したらしく、『天狗草紙』や『野守鏡』には時代の人心をとらえ栄えた様相をあざやかに描いているが、それは今日の教団の現状からは想像することもできない。なぜ、そうして発展した教団が弱小教団になってしまったのであろうか。

宗教の盛衰を歴史的事実に即してつづるのが、教団史である。今まで時宗史とか時宗教団史といった形で書かれた著述は、一つとしてのこされていない。公刊されている史料とて『大日本仏教全書』『時宗聖典』（内容的には両者同一）に収められているものをのぞけば皆無に等しい状態では、研究しようにも手だてがないといった方がよいかもしれない。幻の教団とまでいかなくても、それに近い状態の教団の研究に、私が手をそめてからかなりの長い歳月を閲している。研究は史料の調査・蒐集からはじまった。寺院の宝蔵を探り、各地にのこっている金石文や古文書をあつめ、また史料に再検討を加えたり、既刊の諸論文に目を通したりしているうちに、歳月はすぎ去っていく。もう二十数年にもなろうか。ようやくにして成った本書は、はじめに時宗史研究の回顧をしたのち、章を㈠一遍智真と時衆、㈡初期教団の形成、㈢初期教団の内部構造、㈣教義体系化の試み、㈤社会的基盤、㈥室町期における教団の展開、に分け、室町末期までの教団史にメスを加えた。教団史の研究は、ややもすれば、分派のある場合、主流をとりあげ傍流をないがしろにするきらいがあるが、本書ではそうした誘りをうけないため、諸派を同一視点においてとらえようとした。しかし、たとえそのような立場をとろうとしても、藤沢派の史料が多く、結果的には、他派教団の研究はなおざりになってしまった傾向のあったのは否み得ないが。

時宗教団史の研究に、私が関心をもつようになったのは、今は千葉県臼井にいる佐藤裕善君とたった二人で、寺沼武一郎先生から時宗学の講義を聞いたことによる。一人で講義を受けるのは心もとないという彼に同情し、同郷の誼で聴講したのがそもそものはじまりであり、大学卒業後縁あり藤嶺台で、さらに研究を深めることになった。二十四年には論文「番場時衆について」を宮崎円遵氏の推輓によって『仏教史学』(二の三)に掲載し、その後「時衆教団の成立」(日本歴史)、「時衆教団における阿弥陀仏号の意味するもの」(印度学仏教学研究)等いくつかの論文をものしたが、そうした中で忘れ得ない思い出は三十七年十一月史学会第六十一回大会に、桜井徳太郎・今枝愛真・笠原一男・井上鋭夫・森岡清美らの諸氏と共に「封建時代における社会と宗教」について発表したことであり、そのとき設定したテーマ「時宗教団の発展と社会的基盤」は、終生の課題として脳裡をはなれることなく、今日まで追究をつづけることになった。それからでも一〇年になる。学問研究の手ほどきは、石井教道・阿川貫達・服部英淳・小沢勇貫の諸先生から浄土宗学を、石橋誡道上人から浄土宗史および浄土律を、服部清道先生から史学の方法論と古文書の解読、吉川清・長崎慈然両先生から時宗学について個人的にご指導を仰いだ。また三十一年五月、石田瑞磨・今枝愛真・菊地勇次郎・高木豊・鶴岡静夫・松野純孝諸氏らと、家永三郎先生を会長に迎え、日本仏教史研究会を設立して、雑誌『日本仏教史』を発行しながらもった月一回の研究会は極めて刺激にあふれ、同人諸氏から受けた教示は示唆に富むもので、その後の研究生活をつづけていく上に大いに役立った。その他、日本宗教史サマーセミ・鎌倉仏教研究会等を通じて井上光貞・下出積與・伊藤唯真・竹田聴洲・石田善人・竹内道雄諸氏をはじめ多くの知己を得て、研究の視野を広げると共に、教示を受けたことも少なくない。

尾西の東本願寺系の在家で生をうけ、浄土宗の寺で育った私は、縁あり時宗の研究を志して今日に及んでいる。これより先、一遍智真の伝を書き(『一遍——その行動と思想——』)、その宗教のもつ特異性について考え(『踊念仏の展開』)、法語『一遍上人語録』を校訂し(日本思想大系10『法然 一遍』)、さらに日本仏教史上における位置について(『遊行聖——庶民の仏教史話——』)、それぞれ一書をものしたが、未だ時宗教団史全般に言及する機会にめぐりあえず、いつの日かその集大成を念じていたとき、笠原一男先生のご配慮で本書を日本宗教史研究叢書の一に加えさせていただくことができたことは喜びにたえない。しかし、教団史といっても室町期でピリオドをうっているので、室町末期から江戸期にかけての様相については残念ながらふれていない。この期の展開については、次に予定している『近世時宗教団の形成』において究明したい。

最後に、本書の刊行にあたりお世話になった宮内庁書陵部・内閣文庫、および史料の閲覧に便宜をいただいた藤沢清浄光寺・京都東山長楽寺をはじめ宗内の諸寺院、また直接出版の上でご厄介になった吉川弘文館の黒板伸夫・広沢伸彦・大橋京子の諸氏に厚くお礼申しあげると共に、私のわがままな調査と研究を許し、故山で住職である私の代わりに法務をつとめてくれている今年金婚式の八十賀を迎えた父と、古稀をすぎた母に本書を捧げ、なお一層の長寿を祈りたい。

昭和四十八年四月二十五日

相模野戸塚の寓居にて

大橋俊雄

目次

序

序章　時宗教団史研究のあゆみ……一
——時宗史研究の手がかりを求めるために——
第一章　一遍智真と時衆……二五
第一節　一遍智真とその教説……二五
第二節　時衆と一向衆……三九
一　時衆とは……三九
二　一向俊聖の思想と行実……四三
三　一向衆の性格……四九
四　一遍智真と一向俊聖の交渉……五一
第三節　『一遍聖絵』『一遍上人絵詞伝』の成立……五八
一　『一遍聖絵』……五八

二　『一遍上人絵詞伝』……………………………………………………………六四
三　両伝成立の背景……………………………………………………………………七一
第二章　初期教団の形成…………………………………………………………………七九
第一節　一遍入滅後の教団の動向と他阿真教の嗣法……………………………七九
第二節　他阿真教とその教団…………………………………………………………八三
第三節　三祖智得とその教団…………………………………………………………九九
第四節　呑海と藤沢道場の創建………………………………………………………一〇八
第五節　他教団の動向…………………………………………………………………一一七
第三章　初期教団の内部的構造…………………………………………………………一二七
第一節　組　　織………………………………………………………………………一二七
第二節　道　　場………………………………………………………………………一三〇
第三節　本　　尊………………………………………………………………………一三八
第四節　知識帰命………………………………………………………………………一四四
第五節　不　往　生……………………………………………………………………一五一

第六節　制　誡……一六〇
第四章　教義体系化の試み……一七五
第一節　託何とその著書……一七六
第二節　教義の体系化……一八三
第五章　社会的基盤……一八八
第一節　時宗と武士……一八八
第二節　時宗における葬送儀礼の受容……一九七
一　一遍・真教の追善供養観……一九七
二　真教の造塔・葬送観……二〇三
第三節　時宗と庶民層……二一三
第六章　室町期における教団の展開……二二一
第一節　藤沢道場清浄光寺の展開……二二一
一　初期清浄光寺の動向……二二一
二　霊山としての清浄光寺……二二八

三　治外法権的性格……………………………………二三三
四　藤沢派教団の地方的展開…………………………二三四
五　室町後期の清浄光寺………………………………二三八
第二節　他派教団の動向………………………………二四六
一　六　条　派…………………………………………二四七
二　四　条　派…………………………………………二四八
三　国阿派・霊山派……………………………………二五五
第三節　一向衆教団の動向……………………………二六六
史　料……………………………………………………二八七
遊行八世上人回国記……………………………………二八七
遊行八代巡国の記………………………………………二九〇
遊行縁起…………………………………………………二九一
遊行十六代四国回心記…………………………………二九九
時宗血脈相続之次第……………………………………三〇五
索　引

写真目次

一遍智真画像（神奈川県立博物館蔵）……口絵
一向上人像（藤沢清浄光寺蔵）……四三
毛利丹後守時元寄進状（佐橋専称寺蔵）……八二
呑　海　像（川戸正治氏蔵）……一一三
一遍の廟堂（一遍聖絵巻十二）……一三六
三祖智得消息（七条道場文書）……一五五
祖父通信の墓に詣でる一遍の一行（一遍聖絵巻五）……二〇六
住持職任命状（竹野興長寺蔵）……二三九
国阿上人像（荻原安之助氏蔵）……二六二
梵　鐘　銘（滋賀県番場蓮華寺蔵）……二七三
六波羅南北過去帳（同右）……二七三

表目次

表1　一遍智真結縁の神社……三四
表2　一遍智真および一向俊聖の略年譜……五三
表3　摂関在任者……六一
表4　『一遍聖絵』と『一遍上人絵詞伝』との本文比較……六八
表5　一遍智真の結縁者一覧……七四
表6　真教の神社結縁の年時と参詣地……九〇
表7　不往生者一覧……一〇三
表8　弘安元年制定の番帳による時衆の座次……一二九
表9　託何の回国地……一七九

表10　時宗系在銘塔一覧……二〇七
表11　藤沢清浄光寺への送葬・納骨者一覧……二三一
表12　『時衆過去帳』所収の国別往生時衆の数……二三六
表13　四条道場金蓮寺歴代……二四九
表14　国阿の略年譜……二五六

序章　時宗教団史研究のあゆみ

——時宗史研究の手がかりを求めるために——

時宗史研究は、現教団が僅か四百有余か寺しか有しない極めて小さな教団であるため、他の教団に比して等閑に付され、単行の『日本仏教史』にすら、その名を留めていないものもいくつかある。それは一つに「我化導は一期ばかりぞ」といい、所持するすべての聖教を焼きすて、「南無阿弥陀仏になりはて」一心不乱に念仏生活をおくられた一遍聖を祖師と仰ぐ宗団であるだけに、研究資料にも乏しく、したがって現存する限られた範囲の資料にのみたよるかぎり、その研究は誠に至難事であることにも原因があった。そのため明治期には、時宗史研究としてはほとんど見るべきものなく、大正十年代に至りようやく注目されるに至ったとはいうものの、青年学徒の間に時宗史に関心をもつものがあらわれ、本格的に教団史にメスが加えられるようになったのは、昭和二十年すなわち戦後のことであったといっても過言ではない。思うに時宗史研究は、㈠二祖他阿弥陀仏真教の六百年遠忌（大正七年）および、㈡一遍上人の六百五十年遠忌（昭和十三年）という記念すべき年時と、㈢昭和十九年一月赤松俊秀氏によって発表された「一遍上人の時宗に就て」という論文が、研究の昂揚を来たらしめた契機となったようである。

まとまった宗史の形をとって、時宗史を紹介したのは明治二十六年十二月に発刊された河野往阿氏の『時宗綱要』（第一章史伝）であり、次いで加藤実法氏も『時宗概説』中に「時宗の起源と沿革」を述べたが、ここに盛られたものは伝説的宗史と寺伝の羅列にしかすぎず、更に宗史の再検討を提唱されたのは橘恵勝氏であった。鷲尾順敬氏も同三十七年四月「時宗史の一端」（宗粋雑誌八の四）という一文を発表して宗史研究の要を説いたが、その所論は『一遍聖絵』を出るものではなく、越えて大正四年に至り、時宗宗学林編纂の『時宗聖典』全四巻が発行された。『聖典』の刊行は従来、版本によってしか見ることができなかった資料を提供されて、研究者に多大の稗益をあたえたのであり、同七年三月には真教の遠忌記念として『一遍上人絵詞伝』の刊行をみた。十年代になると、橋川正（「空也一遍の踊り念仏に就て」仏書研究二の一）・今岡達音（「一遍上人と日蓮上人」仏教研究二の二）両氏の論稿が発表され、従来の傾向に一歩をすすめ、高千穂徹乗氏は「捨聖一遍に就て」（竜大論叢二六五）および「時衆の原始教団に就て」（同上二七〇）の二編を発表し初期教団にメスを加え、更に昭和五年四月これらの論稿を増補整理して『一遍上人と時宗教義』（顕真学苑刊）を世に問われた。氏は内容を祖師篇・行儀篇・教義篇の三篇に分け、時宗の概要を述べられたが、本書において最も主力をそそがれたのは教義であり、翌六年八月には『時宗宗典』（飯田良伝編）が上梓され、時宗研究はようやく活気を呈するに至った。

かくして時宗に関する資料の提供と史的研究は、漸次盛んになりつつあったが、河野・加藤両氏をのぞき、ほとんど他宗門にぞくする学匠で、ときに時宗教団史の研究は浄土宗史や真宗史の完成に刺激され撰述され得るような気運になった。かかる状勢下に先鞭をつけたのは寺沼琢明氏で、氏は『時宗綱要』（昭和八年十一月刊）を編み宗史一般にも言及したが、極めて簡易なものであり、かつ伝統宗乗のなかにあって論じたものであるだけに、新鮮味に欠け羅列に終始し、参考資料も、多く宗内にのみ留まった。この非をつき、磯貝正氏は時宗発展の様相を考察しようとして『時宗教団の起源及其発達』（同十二年三月刊）を著わし、かつての水準をぬく労作を世に問われた。氏は教団発展の過程を、草創・中興・隆盛・守成・不振・改革・更生の七期に分かち、遊行歴代上人の業績を考えつつ、併せて総本山清浄光寺並びに諸末寺の事象を述べ、時衆の信仰生活にも言及されたが、この著書が機縁となり、宗門内の学者による研究が促進された。これに拍車を加えたものは、宗祖一遍上人の六百五十年遠忌であった。この年にはおそらく空前にして、また絶後のものであろうと評された一遍上人絵巻展覧会が恩賜京都博物館において開かれ（同十三年九月）、記念論叢『一遍上人の研究』が発刊された。なかに吉川賢善「神勅念仏と六十万人頌義」、下村稟然「一遍教学の中心問題に就て」、織田正雄「一遍上人念仏往生論」、福島邦祥「消息法語に現はれた宗祖の思想に就て」、橘俊道「宗祖の京洛化益について」、平田諦善「一遍上人語録の研究」、望月信成「一遍上人絵伝について」、多屋頼俊「一遍上人の文芸」、高千穂徹乗「捨聖一遍上人を憶ふ」、山口光円「一遍上人の教義とその相承の一端について」の一〇におよぶ論文が収められているが、橘氏の論文は京洛における一遍聖の足跡をたどり、当時の史料と対比しつつ伝記の裏付けを試みられたものであり、平田氏の論文は『語録』の版本を中心とし、諸本を校合することにより、その成立を宝暦（一七五一〜六四）初年のころ一海によって輯録されたものであるとした労作である。すなわち小林円意・勘平父子によって、宝暦十三年・明和七年（一七七〇）秋・文化八年（一八一一）十月の三回にわたり『語録』は上梓され、上梓にあたり使用したテキストは、第一回目は一海の集録した藤沢山蔵の写本、第二回目は俊鳳校訂本、三回目は更にそれを補正したものであったらしく、一海が『語録』の集録を企てた所以のものは、宝暦初年のころ他宗門による教学興隆の気運が醸成されたことと、『絵詞伝』によって一遍聖の行状と化導への認識が高まったことに刺激されて集録がなされたのではないかとしている。その後、平田氏は再び筆をとり「一遍上人語録成立考」という論稿を発表し、初版本および再版本は相州藤沢山蔵版、第三版は江戸浅草日輪寺境内所在藤沢山学寮の蔵版にかかるものであり、編者俊鳳が一海の委嘱をうけて『語録』の改訂に着手したのは、明和三年ごろではないかとした（『時宗教学の研究』）。武田賢善氏は『一遍上人法語集』を版におこし、『語録』巻上に収められている法語は、『一遍聖絵』ならびに『一遍上人絵詞伝』に記されている法語・消息・偈頌・和歌を集録したものであり、両書に見えない法語は、現存する宗門典籍中に一遍の法語として伝承されたもの、下巻所収の法語は、おそらく一海が捜索し得た多本の法語集を根本資料として、字句を整理し条文をととのえたもので、一海がこれらの法語を集め得たのは、尊遵門下の法弟賞山がいたことが有利に導き、蒐集に便宜があたえられたのであろうとしている。法語を引文した初見は『真宗要法記』（二一代智蓮）であり、次いで『時宗安心大要』（一華堂乗阿）であった。加藤実法氏は『播州問答集』の序文に「この問答集は播州飾磨津に於て、門人持阿自問してまた自記」したとある持阿記を否定し、『語録』巻下の漢訳と認め（「播州問答成立私考」遊行六〇）、渋谷亮泰氏はこの見解を批判して『語録』は『問答集』を資料として成立したものとみている（「一遍上人神勅念仏史考」歴史と地理二二の二）。その後、宮崎円遵氏は金沢文庫から鎌倉末期の筆写と推定される『播州法語集』を見出して成立を論じ、成立前後に上の両説あることを指摘し、結論として『法語集』は『語録』と同様の配列を有する和文体のものを問答体に整理し漢訳したものであって、『語録』はそれを素直に伝えたものと推定している。また『法語集』は播磨国巡国中に持阿の記したものであることを肯定し、持阿の名が絵伝類に見えないことに注意して、『持阿法語集』は絵伝と別系統のものであろうという（「播州法語集に就いて」宗学院論輯一九）。その後、私は「一遍とその法語集について」（日本思想大系『法然 一遍』）を発表し、一遍の法語集として伝存しているものに『播州法語集』（金沢文庫蔵）、『念仏法語』（高野山金剛三昧院蔵）、『一遍上人法門抜書』（木之本地蔵院蔵）および『語録』等があるが、その原型的なものは『播州法語集』であり、『語録』は宝永六年（一七〇九）一海が藤沢山に登職するより以前編纂し、その稿本をもとに、同十二年八月以降俊鳳が『絵詞伝』や『法語集』を校合し、翌十三年上梓したもので、これらの法語集を対比し校合してみると全く同じではなく、それぞれの法語集にはいくつかの付加された法語が収められているが、付加された法語は、一遍聖より本来伝承され、道場に伝存されていたものであったろうと指摘した。

これより前、昭和十年代後半の時宗史研究は不振の状態におかれていたが、赤松俊秀氏はこれを遺憾とし、現状をもって中世の時宗を律することはあたらないとして、「時宗教団の歴史がもっと明らかにされ得るならば、鎌倉時代の新興仏教興隆の事実はより明らかとなり、引いては日本国民の信仰に関する歴史的性格の少くとも一斑が闡明されるであろう」という立場にたち、「一遍上人の時宗に就て」（史林二九の一）の論稿を発表された。赤松氏は鎌倉末期より室町初期にかけて隆昌におもむいた教団伸張の根拠を、㈠一遍の出身が武士であること、㈡教義において神仏の融合が深く考慮されていること、の二点におき、その様相を『野守鏡』および『天狗草紙』

に実例を求め、更に法衣や踊躍念仏等に関する記述ならびに絵画よりしても、中世における一向衆は親鸞門流の浄土真宗ではなくして時宗教団ではないかと推定し、時宗が急速に衰退した原因については、蓮如の浄土真宗の進出と深い関係があるとして、「蓮如以後真宗が急激に発展した最大の要素は、時宗教団の吸収に由る」と解している。一向衆が浄土真宗でないことに注意されたのは、山田文昭氏であるが（大正十二年刊『真宗略史』）、蓮如が帖外御文に「夫一向衆と云は、時衆方の名なり、一遍一向是なり。其源は江州番場の道場、是則一向宗なり」といっているのをもってすれば、あながちに一遍聖の流れを汲む時宗がすなわち一向衆であると限定するには無理がありはしないか。むしろ江州番場の道場＝蓮華寺を頂点とする一向俊聖の流れをさして一向衆と呼んだのではあるまいか（拙稿「初期の番場時衆に就て」仏教史学二の三）。

三品彰英氏は、時宗の性格を真宗と対比しつつ、惣村の成立という社会構造の推移から明らかにしようとして、鎮守神の信仰と行事に習合した一遍の宗教は、土地の守護神ないし地域性をその本質として、神社の宮座内に念仏を浸透せしめ、各地に展開を試みるに至ったのであるとし、更にこの教団が地縁に即して惣村の地縁性に規定されたことは、室町期以降に至り封建制の再編成がなされるにおよんで地縁性という限界を超えて、大同団結する宗団を形成するに至らなかった一原因がひそんでいるのではあるまいか（「中世真宗教団の形成とその性格」真宗研究㈡）と述べているが、この問題は社会史的な立場から、それを裏付ける史料によって、何故宮座を念仏弘通の根拠地としなければならなかったかを究明しなければならない。道場を建立する場合、どこに道場を建立してもよいということではない。鎌倉期にはすでに全国に守護・地頭が置かれ、領主不在の土地はなかった。とすれば遊行聖が来遊して布教し、また領内の社寺に立ち寄り宿所を求めることはできたとしても、寺院の建立にあたっては、領主の許しを得ることは必要であり、領主の信奉する教えと新建せんとする宗教が相反する場合、受難なしとしない。そのような信仰内容の異なる土地に新宗教を布教するにはどうすればよいか、鎮守といわれ産土神と呼ばれる神社は、それぞれの土地における守護神であって、地域性を本質としている。荘園的支配組織が、村落の地縁性とは無関係に、時には地域的村落をいくつかに分断領掌して支配してきたのに対し、中世の村落が地縁的共同体として自らを結成せしめたのは、地縁的神社の信仰と行事であった。したがって信仰と行事に相反する宗教の宮座内における布教は容易ではない。このような視点にたち、藤沢清浄光寺は諏訪神社の宮座を手がかりに成立したもので、神仏習合を強調している時宗は、その点神祇への接近が容易であり、布教は極めて有利であったと述べたが（拙稿「藤沢清浄光寺草創考」、『服部清道博士還暦記念論文集』所収）、例証を集積することによって、宮座を手がかりとして教団の発展した様相を把握することがのぞまれる。

信者層について、辻善之助氏は一般民衆を対象としていたと述べているが（『日本仏教史』中世篇之二）、赤松俊秀氏は「当時の社会の中心層であった武士が、相当に多数あったことは注目すべきことで、その武士も殿原の如き中流層のみではなく、上層部の者も多く含まれていた」ことを指摘し、田村圓澄氏は『一遍聖絵』『一遍上人年譜略』等により、一遍が結縁した一四の神社名を検討した結果、式内社の多い事実から推して、時宗は「中世の領主＝武士と百姓農民との関係を基盤とする宗教」であったとしている（「一遍と神祇」ヒストリア八）。しかし、ともあれ時衆が民衆と直接無関係ではなく、黒田俊雄氏がより旧い庶民信仰の上にたちながら、民衆の願望を低俗な形で、旧い反動的イデオロギーとして再編した本地垂迹の上にささえられた宗団である(「鎌倉仏教における一向専修と本地垂迹」史林三六の四)としたことは、教団形成の上に注目すべき試論というべきであろう。また時宗教団衰微の原因について、従来ややもすればその内部にあっては、江戸時代初頭に惹起したと伝承されている佐竹騒動を直接的な原因とみてきたのであり、寺沼琢明氏もまたこの説を踏襲して「所謂佐竹騒動と称する事件に依つて、稍もすれば一宗の存在の可能をすら疑はれる大事に際会し、一朝にして寺院の激減を来して、宗勢頓に衰頽を加ふるに至つた」(『時宗綱要』)と述べているが、史料にこの事件を挙げていないことよりして、磯貝正氏は佐竹騒動を等閑に付し、赤松俊秀氏も伝承の所説を疑い、「果してかかる宗難によつて、如何程寺院が減少したか疑はしい」といい、別の角度から真宗教団興隆の問題に帰結を求めたのであった。その証拠として、㈠蓮如以後、真宗内部に時宗の教義が侵入して、異安心問題を惹起していること、㈡従来外部から無碍光衆と称せられていた真宗が、この時より急に一向衆と呼ばれたこと、㈢親鸞聖人廟の一留守職にしかすぎなかった本願寺門流をして、絶対的な権威者の地位に登らせ、これに後生御免の権威まで付与されたこと、の諸理由を挙げて推定を試み、吉川清氏は『時衆阿弥教団の研究』(三十年五月刊)に真宗蓮如の台頭に加えるに、㈠戦国争乱時に、諸国の時衆道場は焼失と荒廃にあい、また交通杜絶して遊行回国が意のごとくならず、各地信徒との連絡が絶えたこと、㈡外護の諸大名も弱肉強食の渦中に巻きこまれて、強者に併呑され、外護者を失ったこと、㈢応仁の乱以後、下剋上の風潮がおこるにつれ、武士は現世肯定の禅宗に魅力を感じ、時宗より転向しはじめたこと、㈣ゼスイット教の発達と、これにともなう教団侵略、をその原因として付加し、石田善人氏は北陸の門徒化と関東時衆大名の没落が教団を衰頽せしめた主因であるが、教団内部にも没落を防ぎ得なかった弱点があったとして、㈠室町時宗が一遍の精神を忘却して、徒に形式主義に走ったこと、㈡権力主義の幣に陥り、権力に近づき既成教団の範をとり、寺格・僧階の昇格を企て、農民には搾取者として君臨するの愚をおかし、庶民と離反したこと、㈢遊芸面の活躍も、結局は余技を本業とする時衆出身者の活躍にしかすぎず、また道場の僧尼同居の建て前は、時宗をして乱脈な破戒者の集団のごとく見られるまで、淫逸に陥らせ、更には最後まで奇蹟から絶縁することができなかったこと、の三点を挙げている（「室町時代の時衆について」仏教史学一一の三・四）。没落の時期について、赤松氏は蓮如の吉崎居住以後に求め、吉川氏は加賀一向一揆の発生時と見ているが、果して室町初期にどのくらいの道場が存在したか、『時衆過去帳』をはじめ、各地に散在する史料によって大局的に道場数を把握し、その上で減少の過程を考えてみなければならない。教団内部の問題や教義の面からも再検討しなければならず、更には真教を頂点とする流れと智得の

1 一遍智真
- 2 真教
  - 4 呑海 ― 8 渡船
  - 6 一鎮 ― 9 白木
- 3 智得
  - 5 安国
  - 7 託何

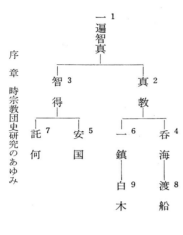

流れがあって、交互に他阿弥陀仏位についていることは、教団内部に対立があったろうことを物語っている。とすれば両流の対立も衰退を早からしめた原因になっていはしまいか。時宗から浄土真宗へという画一的過程を経てすべてがなされたとは限らず、浄土宗への帰入もあったことは、『蓮門精舎旧詞』にもその徴証[1]が見られるのであり、水上一久氏は禅宗へ転化した事実を指摘し、その理由を㈠為政者・権力者の信仰を利用して、これに近づこうとしたための転宗、㈡足利氏の禅宗への帰依が地頭領主の宗教的嚮背に影響したこと、㈢踊念仏に見られる卑俗化、反倫理性につれて地頭領主層のもつ現実性にようやく背馳するものとなったこと、の三点に帰しているが(「阿弥陀仏号の一考察」国学院雑誌五八の二)、帰入衰退の問題は社会史的考察のみならず、地理的ないし経済的面からも考究する要があろう。

『時衆阿弥教団の研究』は、時宗が特定の政治的社会的条件のなかでいかにして形成され発展し得たか、またいかなる役割を果したかを追求しようとした吉川氏畢生の研究で、編を「法然房源空の浄土教団」「一遍房智真の時衆教団と阿弥」「社会史上・宗教史上・文化史上に於ける時衆教団の位置」に分かち、全編を通じて阿弥の発生と活躍、ならびに末路について述べられた二〇年にわたる研究の結晶で、本書はまた教団裏面史とも名づけらるべき性格のものであることは、序文により明瞭である。氏に従えば、真にあるべき姿としての時宗教団は三祖智得をもって限りとし、それ以後は権勢と結びついた時宗、ないし教団の惰性にしかすぎないというのであり、室町期以降は宗教本来の真面目を忘れ芸術面にのみ生命を持続していたとしている。芸術面に活躍していたのが、すなわち阿弥と呼ばれる一階級であった。阿弥について、はじめて着目したのは河野悦然氏であったが(「遊行の阿弥」業三）、阿弥本来の性格については触れず、悲惨な境遇にあえぐ阿弥を叙述したのみで、その後も時宗構成者としての阿弥については、あまり注意されるところとはならなかった。阿弥陀仏号の創唱は寿永二年（一一八三）であり、俊乗房重源の大仏再興の勧進職就任を機縁として、日頃抱懐していた信仰宣揚の発露であったとする藤田寛雅氏の所説は、もっとも当を得たものとして認められている（「重源上人と六字名号」歴史地理六九の三）。阿弥は浄土教を信奉する僧であるとして疑いをはさむもののいなかった時、浄土教教団そのもののもつ基盤を、阿弥を通して考察しようとする者もいないわけではなかった。かかる環境中において、学問的に阿弥を問題視されたのは吉川氏であったろう。氏は阿弥を名乗る人は俊乗房重源の門流であると限定し、重源と法然とのあいだには師弟の一連性を認めていない。勿論、このことは田村圓澄氏も是認しているが（『法然上人伝の研究』）、田村氏が『七箇条制誡』署名者一九〇名を、「その人々は専修念仏教団の構成分子であり、すなわち法然の弟子である」と、すべて署名者は法然の弟子であるとしているのに対し、吉川氏は構成分子を一様なものとみず、僧（一〇人）・阿弥と阿号者（一八人）・沙弥または在俗者と目されるもの（一六二人）に分け、阿弥または阿号を有するものこそ、本来法然の門において育成された弟子というよりも、重源の門流者であるとしている。換言すれば法然教団や時宗教団中に見られる阿弥は、本来重源門流において育成された人たちで、のちにそれら教団の教義信条に共鳴して投入した人であると推定しているが、伊藤唯真氏は「阿弥陀仏号所有者は、専職的宗教者として、阿弥陀聖の系統を引くもの」（「我が国初期浄土教の形成史的研究」東山高校紀要四）とし、その始源を十一世紀初頭にまでさかのぼり得るものとする。それならば、時宗ではなぜ、阿弥陀仏号を用いているのであろうか。

重源は五輪塔を重視したが、五輪塔造立の根底を流れる思想は密教の五輪思想であり、真言の行者が純粋に大日如来と同一たらんとするとき、その想念のプロセスの媒介としての五輪は、五輪智としての己の五分身にあてられていたから、五輪は大日如来の分身である。五輪を積層して具象化したものが五輪塔であり、五輪塔を生ける大日如来とみるために、塔中に舎利を納入したものらしい（石田尚豊「三角五輪塔」ミュージアム七二）。真言密教では即身成仏で、観念で如来と同等になれるから「唵《おん》阿《あ》密《み》喋《り》多《た》帝《てい》際《せい》賀《か》羅《ら》哞《うん》」の阿弥陀真言をとなえることによって、その身が阿弥陀仏となれるものであるから、自ら阿弥陀仏と名乗っても一向に差支えない。とすれば重源が南無阿弥陀仏と名乗った所以のものは、その身が阿弥陀仏であるという自覚をいだいていたからであろう。このような立場をふまえて、私は一遍が「南無阿弥陀仏と一度正直に帰命せし一念の後は、我も我にあらず。故に心も阿弥陀仏の御心、身の振舞も阿弥陀仏の御振舞、ことばも阿弥陀仏の御言なれば、生たる命も阿弥陀仏の御命なり」（一遍上人語録巻上）と、機法一体すなわち阿弥陀仏と人間が一体となることを説いていることを理由に、阿弥陀仏号の使用は機法一体のすがたを示す教理に思想的根拠のあることを指摘したが（「時衆教団における阿弥陀仏号の意味するもの」印仏研究一二の二）、金井清光氏は阿弥陀仏号は阿弥陀仏の取り子としての名前であって、取り子とは無病息災や立身出世を願い、神仏の子供分にしてもらうこどである。阿弥陀仏の子は成長して阿弥陀仏になる、すなわち阿弥陀仏の取り子はそれ自身阿弥陀仏にほかならないという密教的即身成仏に基づくとしているが（「世阿・世阿弥陀仏という名前は何を意味するか」国語と国文学四三の七）、多分に民俗学的方法論を援用しての所説である。

また吉川氏は、四祖呑海の遊行相続の顛末をかかげ、三祖智得より呑海に法灯が移されたのは、単なる法位継承ではなく、政治的色彩が極めて濃厚であるとし、一遍の化儀としての賦算は智得の回国をもって終りを告げ、呑海の賦算巡国は仏教の本旨、一遍の本儀から逸脱したもので、北条執権を背景とした公家に対する密偵的遊行であると断じている。かくて正統派をもって任ずる智得と、北条執権の密使を帯び遊行回国を企てた呑海とのあいだに、宗主権をめぐって種々の問題が惹起したが、その結果呑海は、智得より破門をうけたときに己の賦算を正統化せんとする含みをもって『一遍上人絵詞伝』を作為したと推論し、ここに呑海が清浄光寺を建立して当麻派と袂を分かった原因がある、と『麻山集』を唯一の根拠として論じている。しかし、『麻山集』自体、史料的価値の薄弱なものであるだけに、これをもって真相を伝えたものとするには、他に確実な史料が見出されないかぎり推定にとどまるであろうが、「一切の沙門をば生身の仏の如く尊敬すべし」（重時家訓）とされた時代に、尊敬を逆用して政権に接近することはあり得たことであろうとして、多賀宗隼氏もこの事実を肯定している（「当麻無量光寺をめぐりて――中世仏教の一面――」歴史地理七五の一）。

教団形成の過程をとらえたものに、磯貝正氏の『時宗教団の起源及其発達』があり、史実を忠実に羅列し考証したもので、時宗史としては画期的なものとされたが、かつて家永三郎氏が「印度哲学の一部である日本仏教史と、教義信仰をぬきにした日本仏教史とをならべても、日本仏教史の具体的なすがたを形成することはできない」（「日本仏教史の問題点」日本仏教一〇）と述べているように、教義と信仰、それに史料を加えミックスした史観をもつ、時宗教団史がほしい。このような視点にたって私は、一遍智真の思想を批判しつつ、一遍の思想と彼の布教態度によるかぎり、教団の存続は彼一代で終止符をうち断絶したであろうが、門下より真教が出るに及んで教団の再編成が試みられ、積極的に政策をおしすすめた結果、急速に教団の組織化が行われたことを論証したが（「時宗教団の成立」日本歴史一六七）、教団の形成には常に教義と信仰がバックボーンになっていることを忘れてはならない。時衆は、元来遊行・賦算・踊躍念仏という形態において民衆と接し、教団の伸張に寄与したが、時衆が定住化し、道場を造営するにおよんで、豊富な財力と権威をもつパトロンを必要とするようになり、したがって教化の対象も一般民衆から武士に移行する傾向にあった。今後、甲府一条道場と武田氏、薩摩浄光明寺と島津氏、若狭西福寺と守護武田氏というような、武士団との接近を通して時宗が地方的展開を試みるに至った経済的・社会的研究も漸次おしすすめていく必要があろう。

戦前ほとんどかえりみられなかった時宗研究が、戦後急速に盛んになった背景に赤松俊秀氏の努力のあったことは前述したが、柳宗悦氏の存在も忘れてはならない。年来、一遍に関心をいだいていた柳氏が、昭和二十六年以降機会あるごとに一遍とその宗教を紹介され、『南無阿弥陀仏』（三十年八月大法輪閣刊）等の著述によって、思想のすぐれている点を力説されるに至り、思想面の研究にも着目する人ができた。すなわち、氏に従えば、「法然から親鸞へと、浄土思想は益々深まっていったが、この思想は一遍に来って、遂に到る所まで到った観がある。彼は是以上には行けぬ所まで、他力の道を徹底せしめた。そういう意味で、日本で熟した浄土系の思想は一遍に於て最後の仕上げを成したと云える」（「一遍思想再検討促す」中外日報一四九五六）と述べて、高く評価しているのである。その他、史的研究を盛んならしめた原因には、浅山円祥氏による『一遍聖絵六条縁起』（二十七年八月山喜房刊）の校訂出版と、新史料の発見を挙げ得るであろう。

従来、時宗関係史料は教団の衰微にともない、湮滅に帰したと考えられてきたのであったが、それ以外にも文学・芸能・古典等の面から見出される気運にあり、なかんずく藤沢清浄光寺は幾度か灰燼に帰したため、見るべきものなしというのが大方の見解であった。ところが二十一年春、宝庫を調査した結果、『時衆過去帳』『安食問答』「一向上人像」「二河白道図」をはじめ、幾多の貴重な資料が発見された。『絵伝』および『語録』、それに加うるに末山寺院の資料が唯一のものとされていた宗門にとっては大なる収穫で、余りにも多くのこされていたことに一驚したのであった。『時衆過去帳』(僧衆・尼衆)は真教より三〇代他阿弥陀仏までの書継ぎの原本で、これにより従来史料に欠けているため、とかく不明とされていた信者層がかなり明瞭に把握されるようになったのであり、これによれば皇室・公家・武士より一般庶民に至るまでの諸層におよんでいたようで、皇室では後小松天皇や光範門院が名をつらね、武家では高師直・師泰の名もみえている。赤松氏はこの発見によって諸伝記の史料的価値を験することができ、美術史の研究に確実な手がかりをあたえると同時に、教団統制上の推移をも知り得るとし、併せて原始教団において『過去帳』は後世御免の権威の源であったが、一二代尊観以後は教団に対する志納の代償としての意味しかもたなくなったことを指摘している(「藤沢市清浄光寺の過去帳」史林三五の四)。時宗教団における一つの特色は帰命戒であり、聖に対し文字どおり身命をささげて絶対に服従したとき、その代償として極楽往生が保証されたが、反面破戒的行為をなしたとき、生存者は教団から追放され、死者は往生をとり消され、『過去帳』に「不」の字が記された。帰命戒の立場について、従来は法然の選択につらなる絶対的信仰の現実のすがたであると見られてきたが、石田善人氏は「鎌倉武士の惣領制的秩序と禅宗における絶対帰依」という関係で理解しようとしている(『日本仏教思想の展開――一遍――』)。しかして「不」の字を記帳されたものは不往生者であり、これが『絵詞伝』の成立年時を知る鍵となるが、(2)更に『過去帳』を検討することにより、遊行回国の経路とか、当時の交通路、ないし衰微の原因をもつかむことができるのではあるまいか。(3)近藤喜博氏は記帳の後醍醐天皇をとりあげ、天皇をめぐる人々と時宗の関連を述べ、時宗は南朝系と断定し得ないまでも、南朝に近いと推定している。すなわち清浄光寺に伝蔵されている「後醍醐天皇灌頂御影」は尊観が後村上天皇以後の御末であるがゆえに相承をうけたものであり、『過去帳』に尊観以後おびただしく南朝系と認められる人が集団的に現われてくることは、敗北者として南朝にかかわりあいをもつ時宗教団に投ずることによって、仏道を求めようとする意志からでたものであるとし、後小松天皇の代に至り遊行上人が皇胤のゆえをもって特別の格式を得たことは、教団に対する一つの懐柔策ではなかったか、という見方をしている。また長慶天皇陵と称するものが各地に散在する事実は、遊行回国にあたり「天皇の物語を如何にも史実らしく」語り伝えた、いわゆる貴種風流譚の一形式としてではなかったかとみていることは(「南朝後胤と時宗教団」『後南朝史論集』所収)注目すべき一試論であるが、いずれにせよ南朝と時宗教団は政治的背景の面から再考する要がありはしまいか。更に戦敗者が時衆になっていることや、後醍醐天皇の臨終がいたましき苦念の形相であったことからすれば、時宗は非業の死者の霊を供養する宗教であったことも、後醍醐天皇を『過去帳』に登載せしめた一因であったし、古浄瑠璃本『後醍醐天皇』が成立したのもかかる意味があったと述べ(「時衆過去帳の後醍醐天皇」神道学六)、御霊信仰と時宗との関係を注意しているのは、五来重氏が一遍智真の念仏は融通念仏であり、踊念仏は空也念仏などの系統を引く鎮魂舞踊からでたものであって、彼が熊野に赴いたのは熊野を霊場とする民俗的浄土信仰であったという所論と軌を一にしている(「一遍と高野・熊野および踊念仏」『日本絵巻物全集』一〇所収)。

一遍聖の熊野への接近を、死との関連において理解しようとしたのは筑土鈴寛氏で、氏は一遍以来時宗は死を口にする宗教であり、亡霊の解脱を主張する宗旨であって、遊行は死者をあずかる遊部に源起するのではないかと推定し、更に時宗の成立が熊野神勅によったとするならば、熊野信仰の一特色は死者の蘇生を説くにあったのであるから、このような面においても時宗と熊野信仰の結びつきが考えられるのではないかと述べて、興味ある一文を発表したが(「鎮魂と仏教」大正大学学報三〇・三一合輯)、それはあくまで試論であるにしても、時宗と死、死と亡霊ないし亡霊の解脱、地蔵信仰など考えるべきことは多い。一遍が熊野権現によって信仰を確立したという神勅偈について、千賀真順氏は良忍の弥陀直授の念仏偈教示の形式と同工異曲であることを指摘し(「一遍上人の伝歴の二三並に思想吟味」浄土学八)、その宗教経験につき竹園賢了氏は「上人は全国を遍歴中、上下の信仰極めて盛んであつた熊野信仰に誘はれ、且つ権現の本地が西方の弥陀であるといふ伝へを知つて、ここに参詣した」にすぎないとしている。すなわち、西方に阿弥陀仏がましますという浄土教の根本原理と、熊野権現の本地が阿弥陀仏であるという当時の本地垂迹思想を仲介として熊野への接近があったと説くのであるが(「一遍上人の神祇思想」宗教研究四の二)、こうした説に対し、服部清道氏は熊野権現を一遍がもちだしたのは、念仏賦算を行うための手段にしかすぎないのであって、熊野信仰は単なる宗教説話以上をでるものではない、換言すれば「自らの領解を権威づけ、併せて賦算の名号札を神秘化するため」のものであり、「人心収攬の方便として、熊野権現の神慮に仮託したものであって、熊野本宮証誠殿の霊感ということは、どこまでも一遍が教化の拡大のための方便的な宗教説話」であるとした（「一遍上人の賦算についての問題」日本歴史九五）。

こうして時宗の研究は、主として仏教史の一分野として研究されてきたが、それのみならず隣接する諸分野との総合的研究もなされなければならない。学問が細分化すればするほど、それぞれのセクトで研究が微細に深められることは大局的にみて結構であるが、再び時宗史という公《おおやけ》の場で再検討されることがのぞましい。『徒然草』に時衆の投影をみようとした藤原正義氏の「兼好の思想――時衆との間――」（国語と国文学四〇の一）は、仏教文化としての軍記物・談話・随筆をとらえて、隣接する分野への積極的近づきの必要性を提示したものであるが、元来室町期に入っての時宗は、本来的使命を忘却し、芸能面に活潑な動きを示している。時宗史上の芸能および文芸について、最も早く注目したのは磯貝正氏であったろう。氏は歌文・連歌・謡曲等について時衆の残した業蹟の多大であったことを述べ（『時宗教団の起源及発達』）、次いで岡見正雄氏は「時宗と連歌師」（国文学研究一二）について発表、赤松氏また絵画・花道の面にも時衆の影響のあったことを指摘して、芸術展開の場を武将の陣営に求めた（「時宗芸術史の一二の問題について」仏教芸術二六）。陣営において、武士と行動をともにした僧が陣僧であり、陣僧について岡見氏は「彼等は又連歌師であったり、物語僧であったりしたから、実は吟遊詩人的な役目をしていたのであり、又太平記の記述態度が後半には殊に記録的であり、傍観的であったりするのは、こうした人達の存在が、その成立に関係」（「陣僧」日本古典文学大系月報六二）していたからであろうと述べている。時衆には、このほか田楽に関係をもつものもいれば（宮本常一「民俗学と民俗芸能と」芸能史研究一二）、手紙を肩に担いで運搬した文荷（金井清光

「狂言文荷と同朋衆」時衆研究一）もおり、『過去帳』の裏書をみると大工・万歳・仏所の名も見えている。伊予大三島の大山祇神社には文安四年（一四四七）四月十八日の「夢想百韻」以下弘治四年（一五五八）四月吉日の「何船百韻」に至る三〇巻にのぼる懐紙と、永禄元年（一五五八）から同十一年におよぶ二六巻の懐紙が現存しているが、この懐紙について金子治四郎氏は、阿弥号をもつ僧がいることから推して時衆との関係を論じ、其阿は道後宝厳寺の住持であったとし（「伊予大三島連歌」文学探求五）、和田茂樹氏も時衆との関係を重視し、「其阿や弥阿は、京都に於て宗祇や兼載と一座した連衆」であるといい（「大山祇神社の法楽連歌」愛媛国文研究二）、米原正義氏もまた山口道場善福寺其阿が大内氏の連歌会に参加していることを指摘するなど（「中世武士と連歌師」国学院雑誌五八の九）、時宗と連歌との関係は深く、それは江戸時代にまでおよび、清浄光寺では今に御連歌の式という法儀までのこしている。

近年の時宗研究として注目すべきものは文芸面よりする研究で、角川源義氏は「太平記の成立」（国学院雑誌六二の一〇）、「明徳記の成立」（伝承文学研究二）等の論稿を発表し、ここに収められている語りものは時衆が管理していたものであると説き、更に『義経記』の内容に筋書きの矛盾があるのは、各地の宿駅や教団に語り伝えられていた断片的な語りものを採用していた結果であろうし、奥州下りの義経が廻り道して上野国の板鼻で伊勢三郎を家臣にするのは、この話を板鼻道場聞名寺の時衆が管理していたためであろう、流布本『曾我物語』に義経が美濃国垂井宿で盗人を討ったというのは、垂井道場金蓮寺で物語を管理していたことをしめすものであるという（「義経記の成立」『中世文芸と民俗』所収）。梶原正昭氏が永享の乱をとり扱った『結城合戦記』『鎌倉物語』など一連の物語を例にとり、記録から物語へと軍記物が成長してゆく過程に時衆が関与していることを説き（「結城戦場物語の成立」学術研究一三)、金井清光氏が「平家物語の灯籠堂説話は、熊野神人の管理していた重盛説話が、京と熊野を往復していた時衆の遊行に伴われて、京に流れ込んだもの」（『時衆文芸研究』）とし、また永井義憲氏が「長谷寺も、彼等の祖一遍上人が長谷観音の霊告を受けて熊野に赴き開宗した因縁に基づき、近年まで遊行上人号就任の熊野参詣に際して、長谷に参拝の慣習があり、長谷には何かと遊行上人に関する伝承がある事も、また全国に数多い長谷寺の開基が勧進聖であったという伝承とともに長谷寺霊験談の背景を語っている」と述べて、『長谷寺霊験記』の成立に時衆との関係を考え、長谷観音説話は時衆の管理したもの（「勧進聖と説話集」国語国文三〇の一〇）とみるなど、時衆の文学史に占める位置の大であることが、ようやく識者の認めるところとなった。しかし、このように時衆を説話物語の管理者とする見方は、文献によらない民俗学的発想法を国文学の分野に導入した結果であって、たよるべき資料の極度に乏しい時衆の研究においては、民俗学的方法も一つの有力な手がかりとして大いに活用されなければなるまい。文芸的研究推進の途次、金井清光氏は和讃・法語・和歌・連歌・語りもの・芸能一般について研究を回顧し、主要文献目録を付記されたことは、時衆と文芸を考える上で稗益するところ大であり（『時衆文芸研究』）、武石彰夫氏もまた「仏教歌謡研究文献目録」を作成されたので、時宗和讃研究の一般的研究を知ることができよう（日本文学研究五）。時宗和讃の特色について、高野辰之氏は「嗟歎懺悔の情が濃かで、詞藻の典麗温雅は当代中稀に見る処」（『日本歌謡史』）であると称揚し、新間進一氏は「親鸞の場合よりも、用語はずっと平易になり、従って謡ひやすく、民衆の共感を得やすかった」（久松潜一編『日本文学史』中世）と述べ、武石彰夫氏は一遍・他阿真教・託何の和讃をとりあげて、その文学性と音楽性に特色あることを示し、宴曲のなかに時宗の和讃と類似した発想をもつもののあることを指摘している（「時宗と中世文学――和歌・和讃・宴曲――」極星三）。時宗和讃には本作と新作の二種があり、本作は一遍以前の成立で、年代不詳の『掌中和讃』は『浄業和讃』に似ており、新作中『別願讃』は一遍、『往生讃』は他阿真教、『弘願讃』『称揚讃』『六道讃』は智得、『宝蓮讃』『荘厳讃』『光陰讃』『大利讃』は託何、『拾要讃』は太空の作と認められる。こうして『浄業和讃』こそ、平安期から室町期にかけて成立した和讃を集大成したものであろうと、多屋頼俊氏は説かれたが（『和讃史概説』）、その後「時宗本作の和讃」を発表して、本作の成立と系統について論及された。すなわち、㈠南北朝期ごろ存在したのは必ずしも金蓮寺系統の和讃ばかりではなく、㈡本作一七編は集団唱和のなかで、自然に生成したものであり、作者ははじめからなかったものと思われる、㈢時宗和讃は動揺性が強く、一定の形としてほぼ定着した時期は一様でないが、一部は南北朝、更に室町から江戸期に入ってからでさえ動揺していたらしく、それが『浄業和讃』の編纂時に至って定着した、という（大谷大学年報一四）。竹田実善氏は、宗内所伝の和讃を蒐集整理し『浄業和讃』の編纂を企てたのは諦如・長順であり、没後弟子一道は師の志を継いで文政八年（一八二五）三巻とし、従来撰者未詳とされていた『二教讃』は、多屋氏の一四祖撰述説を批判して一一代自空の撰にかかると訂正、『懺悔讃』は知蓮の撰述したものであろうと推断された（「浄業和讃の成立」国文学踏査復刊一）。その後、武石彰夫氏は和讃の動揺は本作ばかりではなしに、新作にも見られると述べ（「時衆和讃の一影響」時衆研究二）、以来「時衆における和讃の形成」（大東文化大学紀要一）、「古和讃と訓伽陀」（印仏研究二一）、「時衆和讃の位相」（時衆研究四）等一連の研究を発表し、「時衆和讃の形成と展開」（仏教文学研究三）によって集大成が試みられた。氏は本作では『他阿上人法語』巻八所収の正和四年

（一三一五）の歌、『小経讃』『阿弥陀経』、金蓮寺『和讃』の本文を比較対照することによって、『小経讃』の鎌倉末期の古型がほぼ完全なすがたでとらえることができること、また正和二年の歌（「他阿上人法語」巻八所収）と『無常讃』・金蓮寺和讃『無常』の本文を比較対照することにより、鎌倉末期における『無常讃』の形成過程を推知することができることを指摘し、更に新作では一遍の『別願讃』に例をとり、本文末尾の一六句は近世初頭に挿入されたと考えられるが、七〇句の古型が近世にも依然行われていたことを古註によって明らかにし、一向俊聖の『浄土和讃』末尾一五句により、『別願讃』末尾一六句の挿入時期と事情を明らかにしようとされた。また時宗教団内における固定化とは別に、時宗和讃が宴曲・謡曲・六斎念仏等の、他の歌謡の分野にまで及ぼした影響の大であったことを述べ、極めて豊かな修辞的特色をそなえ、内容的にも強い信仰感動より発した思想の表白が見られることを強調している。潟岡孝昭氏は『百利口語』の一遍撰述説を否定し、時宗の教理を唱導教化するために、室町中期から末期の間に成立したものと考え（「百利口語に就いて」大谷学報三八の二）、金井清光氏が「『光陰讃』『荘厳讃』をとおして、自然観について論及する」（「中世文学における自然観」文学語学三六）など、新しい分野での研究も期待されている。謡曲『遊行柳』を時宗教線の膨張ないし能楽の隆盛中にとらえ、伝説が形成されてゆく過程を論じた渡辺龍瑞氏の「遊行柳の研究」（能三四―三五）も注目すべきものの一つであろう。

最後に史料の公刊について一言しておきたい。史料が研究上不可欠であることはいうまでもないが、それが特殊なものであればあるほど入手しにくい。そのためには史料の公刊はのぞむところであり、私は時宗史料として『時衆過去帳』（三十九年六月刊）および『時宗末寺帳』（四十年四月刊）を公刊し、更に「遊行縁起」（神奈川県立博物館蔵）

を紹介したが、河野憲善氏もまた「遊行四代呑海とその述作」(島根大学論集一〇)、「鎌倉末期の時衆史と法語類纂録」(同上一一)、「託何上人法語」(同上一二)、「続託何上人法語・遊行十四代上人法語」(同上一四)に歴代遊行上人の法語を翻刻し紹介された。また赤松俊秀氏は京都誓願寺蔵の『如来意密証得往生要義』『一念信決定往生要義』『弥陀観音勢至等文』『真宗肝要義』『臨終正念往生要』『決定往生要文集』から成る五巻の聖教を、内容分析の結果、㈠著者は釈尊入滅後二二二五年(建治二年)を弥陀救済に浴した年であるとしている、㈡一遍が真言宗と関係深かったこと、㈢一遍は名号酬因の報身を説いている、㈣救済を願う者の浄不浄はおろか、信不信も吟味しないという一遍の教学が見えている、という諸理由を挙げ、一遍の法語と一、二矛盾する点があるとはいえ、一遍智真の撰述書としても差支えないとした。従来一遍の著書は入滅にあたり焼却したために一つとして残存しているものはないといわれていただけに、本書の出現は奇異の感がないでもないが、もしこれが真撰書と認定されたならば、今後の研究に資するところ大なるものがあろう(「一遍の著述と推定される聖教について」『鎌倉仏教の研究』所収)。このほか、戦後地方史研究が隆盛になるにともない、県史をはじめ地方史のなかに時宗の展開の様相が記されている場合も少なくないが、それは枚挙にいとまがないので省略に従いたい。その他金井清光氏の従来の研究を集大成した『時衆文芸研究』(昭和四十二年十一月刊)もあれば、望月華山氏の『時衆年表』(同四十五年一月刊)もあり、ともに今後の研究に資するところ大である。まだまだ述べるべくして述べていないものも多々のこされているが、以上明治以降今日に至るまでの時宗史研究を、関連分野をも考慮に入れながら展望してみた。今後の時宗教団史は歴史的面ばかりではなしに、文芸的ないし民俗的分野での研究の成果を投影して行わるべきことが痛感されるのであり、併せて教団伸張の過程において、異端をどのように受けいれていったか。換言すれば時宗は一遍聖の没後も正しいすがたで、創始者一遍の教説をうけついでいったであろうが、その反面幾多の異端と呼ばれるにふさわしい要素が、大衆の要求と伸張を意図する僧とのあいだで萌芽した。勿論、そうすることが自己の発展の最善の道であり、一遍の精神を最善に生かす方法であると考えての上であるが、いつ、いかなる異端が発生し、教団にカンフル注射がうたれたかについても考えなければならない。こうした先学の業績をふまえながら、以下時宗の成立と展開について述べてみたい。

註

(1)『蓮門精舎旧詞』によれば、越中国高岡極楽寺・同氷見西念寺(巻二八)、周防国下松円慶寺(巻三二)、同吉敷郡平野村冷巌寺(巻三三)、筑前国児湯郡三納郷谷照寺・同那珂郡曼荼羅寺(巻三七)、肥前国球麻郡人吉庄大信寺(巻三九)、豊後国速見郡鴨川村迎称寺(巻四〇)、肥前国神崎郡三津村西光寺(巻四二)、越中国放生津大楽寺(巻四五)、武蔵国足立郡指扇領阿弥陀寺村阿弥陀寺・下総国埴生郡千田村称念寺・同郡紫原村西福寺・同国市原郡姉崎村最頂寺(巻四七)、会津領蒲原郡津川懸新善光寺塔頭十念寺・三昧寺・念仏寺・至誠寺は、ともに時宗からの転宗と伝えている。

(2) 拙稿「一遍上人絵伝成立年代私考」(史迹と美術二二八)参照。

(3) 拙稿「遊行歴代上人伝」一―九(時衆研究二一以下)参照。

第一章　一遍智真と時衆

第一節　一遍智真とその教説

一遍は、延応元年（一二三九）河野七郎通広の子として、伊予国に出生。一〇歳のとき母を失い、無常の理をさとり、父の命によって出家し、幼名松寿丸を随縁と改めた。建長二年（一二五〇）善入とともに鎮西に赴き、太宰府の聖達を訪れ、浄土の法門を学ぶことになった。聖達は法然の高弟証空の系譜につらなる僧で、『法水分流記』によれば「筑紫原山に住し、大村正覚寺道教の継父」であったという。道教は『楷定記』の著者で顕意ともいい、「予州の川野執行の息で、聖達上人の継子」（法水分流記）であったという。川野執行が道教の実父であり、執行の没後、母は道教を連れて聖達に嫁したのであろう。父が僅か一〇歳ばかりの子をはるばる九州に送ったのは、聖達が随縁の縁戚であったからではあるまいか。いずれにせよ、聖達には妻もおり、聖観という子もいたので清僧ではない。随縁はその後、聖達のすすめによって、肥前国清水の華台を訪い、「浄土宗の章疏・文字をよ」むこと一両年。業成り、時に「随縁の雑善、恐くは生じ難しといふ文あり、しかるべからず」とて名を智真と改め、同四年春師聖達の膝下に帰り、西山義を究めた。以来彼に師事すること一二年。弘長三年（一二六三）五月二十四日、父如仏の訃報を耳にして帰国したが、それより文永八年（一二七一）春善光寺に参詣するまでのあいだの消息は明らかでない。「或は真門をひらきて勤行をいたし、或は俗塵にまじはりて恩愛をかへりみ、童子にたはぶれて、輪鼓をまはすあそびなどもし給」うたというから、一時彼には還俗していた時期があったかも知れない。しかるに、彼は「親類の中に遺恨をさしはさむ事ありて、殺害せむとしけるに、疵をかうぶりながら、かたきの太刀をうばひとりて、命はたすかりにけり」（絵詞伝巻一）という、所領相続にかかわる一族間の内訌が原因となり、闘争をしなければならないような僧としてのあるまじき行為を自己批判し、再出家することになったのであろう。

彼は聖戒をともない、太宰府に聖達を訪ねた足で、そのまま諸国遍歴の旅に出、文永八年春信州善光寺に参籠した。善光寺には天竺の霊像日域本尊の阿弥陀如来が安置され、三国伝来・生身の阿弥陀如来として庶民の信仰をあつめていた。ここで浄土は自分の心にあり（己心浄土）、弥陀は自分の身にそなわっている（己身弥陀）という己証の法門を感得し、浄土の弥陀と発遣の釈尊とを一本の白道によってつらね、その左右に火と水のよってくるさまを描いた「二河白道図」を描写した。同年秋伊予国窪寺の山中にかまえた閑室に入り、この図を前にして三年のあいだ万事をなげすて、「もはら称名」し、同十年七月には菅生の岩屋に参籠、「十劫正覚衆生界　一念往生弥陀国　十一不二証無生　国界平等坐大会」の頌をつくって、宗教的信念を確立した。十劫の昔、法蔵菩薩は正覚を得て阿弥陀仏となったが、そのとき衆生の往生も決まり往生が約束された。弥陀を念ずるただ一声の念仏で、衆生は弥陀の国、すなわち極楽浄土に往生することができるのだ。換言すれば十劫の昔法蔵菩薩が正覚を得て仏となったのと、衆生が只今の一念で往生するのと、何のかわりもない（不二）。そのとき生（即便往生）もなければ、死（当得往生）もない。弥陀の浄土（国）と衆生界といっても、一切は弥陀に摂受されて生かされているのであるから、あたかも法会に同座しているようなものだというのである。こうして、彼は弥陀の正覚と衆生の往生は一体不二のものだという信念を得た（以上引文は聖絵巻二）。ついで翌十一年二月八日、「舎宅・田園をなげすて、恩愛眷属をはなれ」「堂舎をば法界の三宝に施与し」本尊と僅かばかりの聖教を手にし、超一・超二・念仏房の三人の尼僧を相具して伊予国を出立した。時にその一行を別の婦人と子どもが、じっと見送っている。(1) これは『聖絵』に描かれている描写であるが、ここには何ら説明が加えられていない。説明しないまでも見る者によっては推定ができる、換言すれば説明することにより宗教者としての智真の権威をそこなうであろうことを顧慮して、あえて説明をさけたのかも知れない。すなわち見送る婦人も、見送られる尼もともに智真に縁のある人であり、見送る婦人は父如仏の後妻で、のちに一遍の弟子となった聖戒の母にあたる人らしい（以上引文は聖絵巻二）。その後天王寺から高野山をすぎ、その夏熊野に参詣したが、そのとき「一念の信をおこして、南無阿弥陀仏とゝなへて、このふだをうけ給ふべし」と申し、名号をしるした算《ふだ》を僧にあたえようとしたところ、僧は「いま一念の信心おこり侍らず、うけば妄語なるべし」といって辞退した。そこで智真は「仏教を信ずる心おはしまさずや、などかうけ給はざるべき」と非難すると、僧はかたくなに「経教をうたがはずといへども、信心のおこらざる事は、ちからをよばざる事なり」という。この僧が算をうけとらなければ、周囲に集まった道者たちは、誰も受けとろうとしない気配を感じた智真は「信心おこらずとも受け給へ」といって、無理矢理に名号の算を僧や道者たちの手に渡した。名号算をあたえることを賦算という。賦算をいつごろ始めたかははっきりしていない。すでに高野山には

「六字名号の印板をとゞめて、五濁常没の本尊」とした、弘法大師の自作といわれる南無阿弥陀仏と彫られた版木があって、本尊として拝されていた。その本尊をそのまま紙刷りした念仏算を高野聖は持ち歩き全国有縁の地で算くばりしていたらしいから、この符札にヒントを得て賦算をはじめたものではあるまいか。賦算は一念の信をおこし、南無阿弥陀仏と名号をとなえてから算を受けるという、起信・称名・賦算の三条件が前提となっていた。しかし、窪寺や菅生で思惟をかさねた智真の領解は、自己領解の観念的な内証であって、実践的な念仏勧進に不可欠な信不信の問題を忘れていた。そこでこの問題を解決するために、熊野証誠殿で「勧進のおもむき冥慮をあふ」ぎたいと願意の旨を祈誓したところ、「融通念仏すゝむる聖、いかに念仏をばあしくすゝめらるゝぞ、御房のすゝめによりて、一切衆生はじめて、往生すべきにあらず。阿弥陀仏の十劫正覚に、一切衆生の往生は南無阿弥陀仏と必定するところ也。信不信をえらばず、浄不浄をきらはず、その札をくばるべし」という夢告を得、「六字名号一遍法　十界依正一遍躰　万行離念一遍證　人中上々妙好華」という六十万人頌を感得した。熊野権現は「御房のすゝめによりて、一切衆生はじめて往生」すると考えているのは、智真の思いすごしである。衆生が往生するのは、勧める人のはからいによるものではなく、名号の功力《くりき》によるのであって、そのことは十劫正覚の昔、阿弥陀仏が四十八願を成就したときに決定したものである。したがって念仏を勧進するにあたり、相手の信心の有無をはかり、しかも念仏したかしないかによって、往生するとかしないとかいうのは当を得ていない。心のはからいを一切すてて賦算せよと教示した。すなわち条件をつけて念仏する心をすて、信不信は相手の人の心に任すべきであるというのである。かくて感得した頌により、彼は自ら一遍と名乗り、「南無阿弥陀仏決定往生六十万人」

と書いた木札をもって遊行の旅をつづけることになった。この時、すなわち文永十一年をもって、一遍成道の年[2]としている（以上引文は聖絵巻三）。

およそ仏教のめざすところは、仏になることである。仏になるといっても一様ではない。天台によれば心を静め物を正しく見ることによって、諸法実相の理を体得しなければ仏になることはできない。また空海は身と口と意《こころ》のなすわざを通じ、仏の所作《しよさ》をくり返すことによって仏になれると説いているが、こうした方法で成仏するには、時間的余裕や知識、それに経済的にもゆとりがなければならない。誰でも仏になれるというわけのものではない。いわば天台・真言は、一般民衆にとって高嶺の花にしかすぎない。誰でもわけへだてなく、容易に仏になる法はないのか。ここに鎌倉新仏教の誕生が期待された。法然は阿弥陀仏を仰信し、南無阿弥陀仏と念仏することによって仏になれると説き、親鸞は阿弥陀仏を信ずることで成仏すると教え、日蓮は南無妙法蓮華経の題目をとなえることで仏になれるといっている。しかし、この身を阿弥陀仏にまかせ、名号をとなえ信じ行ずるといっても、その主体となるのは自らのはからいであり、自らのもつ力によって仏となるのであるから、他力といいながらも底流に自力が介在している。衆生が往生することは、法然が出て教えを説いたから、仏になる道がはじめて開かれたものでもない。それは十劫の昔、阿弥陀仏が正覚を得た瞬間に決まったことであり、往生の主体は名号であって人ではない。人が往生するというのであれば、信も行も必要であろう。だが往生の当体が念仏であってみれば、信と不信、浄と不浄といった人智とか人力の介在する余地はまったくない。仏のはからいあるのみである。こうした立場にたって一遍は法門を開いた。彼は「決定往生の信たらずとて、人ごとに歎くは、いはれなき事なり。凡夫のこゝろには決定なし。決定は名号なり。しかれば決定往生の信たらずとも、口にまかせて称せば往生すべし。是故に往生は心によらず、名号によりて往生するなり」（一遍上人語録巻下）と述べ、信がないからといって歎くことはない、凡夫には往生の可否を決める決め手はない、信がなくとも、口に名号をとなえるだけで往生はできるのだといっている。また「我《われ》も我にあらず、故に心も阿弥陀仏の御心、身の振舞も阿弥陀仏の御振舞、ことばもあみだ仏の御言なれば、生たる命も阿弥陀仏の御命なり」（同上巻上）といい、もはや生とか死という、人と弥陀の区別はない。念仏をもって名号に帰命しさえすれば、人はすでに人ではなく、言葉もその振舞も阿弥陀仏と一体となり、人は生きたままで仏になるのだ。長いあいだ、時間をかけて念仏する必要もなければ、無理に信をおこさなくても、念仏をとなえるだけでよい。それというのも、十劫の昔から浄土に往生することは約束されているからである。その約束が念仏算という、極楽往生を保証する極楽行きの切符を入手したことによって確実となる。算を手にする、これほど確かなことはない。簡明に往生の確実性を示した一遍の教えは、一般民衆から迎え入れられる要素を多分にもっていた。その教えを遊行という手段によって、津々浦々に弘めようとした。

熊野から京をめぐり、西海道を経て、建治元年（一二七五）ひとまず本国伊予に帰った一遍は、伊予を勧化したのち、翌二年九州に渡り師聖達に謁し、筑前から南下して大隅正八幡宮に参詣、九州を廻って豊後では大友兵庫頭頼泰の帰依をうけ、またここで真教と「同行相親の契《ちぎり》をむすび」同行七、八人を具して、弘安元年（一二七八）夏伊予に渡り、秋には安芸の厳島をまわり、冬備前国に入り、福岡の市では吉備津宮の神主の子息が帰依したのを手はじめに、「彌阿弥陀仏・相阿弥陀仏をはじめとして、出家をとぐるもの、惣じて二百八十余人」いたという。勿論これらの人たちのなかには俗時衆も多く含まれていたであろうが、その数も次第に多くなったので、弥陀四十八願になぞらえて、八人を一グループにした六番の「一期不断念仏結番」を定めた（清浄光寺文書）。六グループにしたのは六時（晨朝・日中・日没・初夜・中夜・後夜）に勤行する僧尼のふり分けのためであった。したがって、その僧尼の数がふえればグループを構成する人たちの数はふえるが、グループ（六番）そのものはふえていない。

翌二年、京にのぼり因幡堂に入り、八月ここを立って近江路から木曾路を経て、再度長野善光寺に参詣した。当時の善光寺の本尊阿弥陀如来は、三国伝来、わが国初渡の仏として、また一切衆生を結縁する現在仏として、当時の人たちの尊信をあつめていたからである。この年は歳末の別時を伴野の市庭《いちば》で修したが、小田切の里のある武士の屋形で踊躍念仏を修したのも、信濃国での出来事であった。彼が伴野で別時を修したのは、承久の乱に際し、一遍の祖父河野通信が一族の多くをひきいて宮方についたため、乱後一族百四十余人の所領をはじめ、あたえられた特権はことごとく没収され、通信は陸奥国に流され、その子で一遍の叔父にあたる八郎通末は伴野に配流されていた。すでに五五年の歳月を閲していたが、一遍はこの地に巡錫して、故人となっていた通末の菩提を弔う意味で、入念な念仏を修したのであろう。それがはしなくも、踊り念仏の濫觴となったらしい。このとき一遍は縁側に立ち、食器の鉢を叩きながら音頭をとり、前庭では十数人の時衆が念仏房（尼）ともう一人の僧をかこみ、はだしで踊っている。とっさに何の用意もなしにはじまったという感がする。しかし、これも二年ばかりのちになると、板屋根の踊り屋を周囲の見物人よりも一段と高くつくり、胸に鉦鼓をつるした時衆が床を踏みならし、右廻りに踊るようになる。見せるための踊り念仏になってきたことが知られる（以上引文は聖絵巻四）。

同三年、善光寺から陸奥国に赴き、白河の関を経て江刺の祖父通信の墳墓をたずねて転経念仏した。通信の墓(3)は、今なお、ひじり塚と呼ばれ下方上円墳、一一・五メートル四方もある堂々たるもので、北上市稲瀬町に現存している。その後松島・平泉地方を化益して常陸国に入り、武蔵国石浜を通って、同五年「ながさご」から鎌倉に入ろうとした。「ながさご」は、境川沿いの長後ではないかという。しかし、三月一日小袋坂で武士の制止にあい鎌倉入りができず、翌二日片瀬の御堂に入り、七日に地蔵堂に移った。鎌倉入りができなかった理由について、『聖絵』には「今日大守、山内へいで給事あり、このみちよりはあしかるべきよし」と記し、この日は執権北条時宗が山之内に出向することになっていたためであると述べている。しかも、その下に「念仏勧進をわがいのちとす、しかるをかくのごとくいましめられれば、いづれのところへかゆくべき、こゝにて臨終すべし」という一遍の問に、「鎌倉の外は御制にあらず」と木戸をまもる武士が答えている問答をのせている。この問答からすれば、念仏禁制もその一理由であったらしい。だが、当時然阿良忠にしても、念仏者の主領と目されていた道阿弥陀仏にしても鎌倉にいて弘教していたから、それはあくまでも口実であり、真意は山野をすみかとした一行の風体があまりにもみすぼらしかったからではあるまいか（以上引文は聖絵巻五）。七月十六日片瀬を立ち、伊豆国三島を経て、駿河国井田・蒲原をすぎ、富士川を渡り、翌六年には尾張国甚目寺についた（聖絵巻六）。さらに美濃国から近江国草津を経て関寺に入り、ここで七日の行法を修し、同七年閏四月十六日、四条京極の釈迦堂に入った。一七日の後、再び因幡堂に移ったが、その後「寺の長老の召請」によって、三条悲田院・蓮光寺・雲居寺・六波羅蜜寺など、当時民衆の信仰あつくにぎわいをみせていた町寺をつぎつぎに巡礼し、「空也上人の遺跡市屋」では数日をすごすなど在洛四八日におよび、五月二十二日「市屋をたちて、桂にうつ」った（以上引文は聖絵巻七）。秋には桂をたち、篠村・穴生を経て、翌八年五月上旬丹後国の久美浜に至り、但馬国くみから因幡国をめぐり、伯耆国おおさかを過ぎて美作国一の宮に参詣。同九年には四天王寺に詣で、住吉神社に参詣したのち、和泉国から河内国に入った。磯長の聖徳太子の廟に三七日の参籠をすませた一遍は、大和国に入り当麻寺に寄り（以上聖絵巻八）、冬のころ石清水八幡宮に参詣した。

再び四天王寺にもどり歳末の別時を修し、播磨国尼崎・兵庫を経て、印南野の教信寺に詣り、沙弥教信の古跡を追慕した。翌十年の春書写山に詣で、さらに国中を巡礼して松原八幡宮に参詣したが、ここで念仏和讃をつくったようである（以上聖絵巻九）。十二道具の持文も「弘安十年三月一日制定」となっているので、このころ定められたものであろうか。この年には備中国軽部・備後国一宮に賦算し、秋のころ厳島に詣でた。厳島では内侍らが帰敬して臨時の祭礼を修し、翌正応元年伊予国に渡り、修行時の思い出深い菅生岩屋をめぐり、繁多寺《はた》には三か月在住したが、時に「親父如仏多年の持経として、西山上人・華台上人の座下にして訓点まのあたりにうけ、読誦の功をつむあひだ、相伝のゝち秘蔵して、所持し給へる」三部経を、末代利益のために施入し、十二月十六日大三島の三島明神（大山祇神社）に参詣された。今、大三島の大山祇《おおやまつみ》神社にある一遍上人奉納と伝える宝篋印塔は、このとき施入されたものであるという（以上聖絵巻十）。

こうして一遍は、しばしば各地の神社に参詣して結縁している。一遍以前の専修念仏者は神祇をも雑行として廃捨し、「永く神明と別かれ」「権化実類を論ぜず、宗廟大社を憚」ることがなかったが（興福寺奏状）、一遍は神明の威を仰ぎ、社壇で本地の徳を拝することは雑行でもなければ雑修でもないといっている。このように考えていた背景には、「神明仰崇之界者国土豊饒也」（念仏者追放宣状事）といった古代的伝統的な思想と本地垂迹思想を素直な気持で受容するとともに、諸天善神を仏法守護の神とみていた伝統性がひそんでいたのであろう。それならば、どこの神社でもよかったかといえばそうでもない。今、一遍が参詣し結縁した神社を上に表示してみよう。

表1　一遍智真結縁の神社

年時		結縁の神社	出典 聖絵	絵詞伝
文永十一年		熊野	3	1（建治二年夏）
建治　二年		大隅正八幡宮	4	1
弘安　元年	秋	安芸国厳島神社	4	
三年		白河の関の明神	5	2
五年	夏	伊豆国三島神社	6	
八年		美作国一宮（中山神社）	8	
九年		摂津国一宮（住吉神社）	8	
	冬	石清水八幡宮（男山八幡）	9	
十年		播磨国松原の八幡宮	9	
		備後国一宮（吉備津神社）	10	
	秋	安芸国厳島神社	10	4
正応　元年	十二月十六日	伊予国一宮（大山祇神社）	10	
二年	二月　五日	伊予国一宮	10	4（二月中旬）
		淡路国二宮（大和国魂神社）	11	
		淡路国しつきの北野天神	11	

「聖絵」「絵詞伝」の項の数字は巻数を示す

熊野権現では「信不信をえらばず、浄不浄をきらはず、其札をくばるべし」（聖絵巻三）といふ神託をうけ、念仏算をくばることについての承認を得たが、詣でた熊野は「民庶を嫌はず、緇徒を容受」[4]する極めて大衆的な神社で、平安末期には熊野証誠殿の本地は阿弥陀仏、新宮速玉宮は薬師仏、那智結宮の本地は千手観音と信じられていたらしく、『親鸞伝絵』（巻下）にも「証誠殿の本地すなはち今の教主なり。故にとてもかくても衆生に結縁の志ふかきによりて、和光の垂跡を留たまふ」とあり、また『一遍上人語録』（巻下）の門下伝説の下にも「熊野の本地は弥陀なり。和光同塵して念仏をすゝめ給はんが為に神と現じ給ふなり。故に証誠殿と名づけたり。是念仏を証誠したまふ故なり。阿弥陀経に『西方に無量寿仏まします』といふは、能証誠の弥陀なり」といっているように、当時弥陀本地熊野垂迹説が浸透していたようである。また大隅正八幡宮では「とことはに南無阿弥陀仏ととなふれば、なもあみだぶにむまれこそすれ」（聖絵巻三）と示され、石清水八幡宮では「往昔出家名二法蔵一　得レ名報身住二浄土一　今来娑婆世界中　即為三護二念念仏人二」という託宣と、「極楽にまいらむとおもふこゝろにて　南無阿弥陀仏といふぞ三心」の御詠を受けている（同上巻九）。娑婆世界の中にあって、念仏人を護念しようとする主体は権化の八幡大菩薩であり、八幡が念仏の衆生を護念して下さるのは弥陀の応現なるがゆえである。石清水八幡宮には、かつて境内に極楽寺が存在していたという。(5) 極楽寺といえば、阿弥陀仏を本尊として安置していた寺かも知れない。八幡も「昔空也上人夢の中に、極楽へまうで給たりけるに、中央にむなしき華座ありき。ことの故を衆会の聖衆にとひ奉り給ければ、此の国の教主は阿弥陀仏と申す。衆生利益のために南閻浮提日本国に出給へり。其名をば八幡大菩薩と号すとのたま」（絵詞伝巻十）ったというように弥陀の垂迹とみられていたらしく、また天神に詣でたのも「天神は西土補助の薩埵として、蓮台を迎接の砌にかたぶけ、東域垂権の明神として、華夷を安寧の世にまぼり給、現当の利益ならびな」（聖絵巻十一）く、尊卑の帰依たゆることなき神であったからである。西土とは西方極楽浄土を指すものとみられるから、弥陀の補助の薩埵というのは観音・勢至と思われる。とすれば仁和寺の僧西念が臨終のことを弥陀に祈ったとき、弥陀が北野（天神）に聞いてみなさいと示現したというのは、弥陀が脇侍である観音・勢至に相談するように指示したものと解してよいであろう。これは厳島神社にもいえる。『とはずかたり』に「十三夜の月、御殿のうしろの深山より出づる気色、宝前の中より出で給ふに似たり。御殿の下まで潮さしのぼりて、空に澄む月の影、また水の底にも宿るかと疑はる。法性無漏の大海に、随縁真如の風をしのぎて住ひ初め給ひける御志も頼しく、本地阿弥陀如来と申せば、光明遍照十方世界、念仏衆生摂取不捨、もらさず導き給へと思ふにも、濁りなき心の中なれば如何にと、我ながらもどかしくぞ覚ゆる」と記しているように、厳島にも本地弥陀という思想が古くからあったようである。一遍の滅後一〇年にして成立した『聖絵』は、当時の社会と一遍聖の思想を最もよく把握しており、ここに示されたところによるかぎり、聖の神祇観は熊野や八幡・厳島の本地が阿弥陀仏であり、天神の本地が弥陀補助の薩埵であるという旧仏教の神祇観である当時の本地垂迹思想を前提に成りたっているといえる。

また大三島明神に詣でたのは、「聖の曩祖越智益躬」が「当社の氏人」であり、また祖父通信が「神の精気をうけて、しかもその氏人」で、「参社のたびには、まのあたり神躰を拝し、戦場のあひだには、かねて雌雄をしめ（聖絵巻十）」たという河野家ゆかりの神社であったからであるが、本地大通智勝仏は過去三千塵点劫以前にあらわれ『法華経』を説いた仏であった。『法華経』化城喩品によれば、大通智勝仏には在世時一六人の王子がおり、王子は次々に出家して沙弥となった。そのうち第九の沙弥が成仏して阿弥陀仏となり、第一六の沙弥は釈迦如来になったという。河野家と三島明神との結びつきは親清から始まっている。親清は通信の祖父である。親清は子にめぐまれなかったので大三島明神に参籠し、子を授けてほしいと祈願した。その甲斐あって生まれたのが通清である。こうしたことが因縁で、以来神社の本地大通智勝仏に因んで、代々通の字をつけるようになったという。一遍は通清の曾孫に当たっていたので、こうした話を在俗時聞いたことがあったであろう。伊豆三島神社に参詣したことを示す文の下に、「まことに大通智勝の昔より、和光利物のいまにいたるまで、本迹の本懐をたづぬるに衆生の出離をすゝめむがためなれば、仏法を修行せむ人は神明の威光をあふぎたてまつるべきものをや」(聖絵巻六)と語っているのは、かかる思想が基盤になっている。こうして一遍が結縁した神社は、何らかの意味で聖自身、神祇の信仰に大義名分を明らかにすることのできる、いわば何の抵抗もなしに接近することの可能性をもつ神社であったということができよう。田村圓澄氏が、(6) (一)一遍が参詣し結縁した神社のうち、男山八幡・松原八幡・しつき天神を除く神社は式内社であって、朝廷や貴族と関係の深い古代国家の神々ではなく、地方庶民の崇敬をあつめていた社であり、(二)「凡そ我朝の大事、神宮に過ぎたるはなし」といわれた古代国家の頂点にたつ伊勢神宮に参詣していない、と指摘しているように、結縁した神社の多くは「民庶を嫌はず、緇徒を受容し」「現当の利益ならび」なき、在地庶民の崇敬をあつめ、しかも地方武士の信仰にささえられていた神社であった。伊予の大三島明神に参詣したときには、あたかもその日は恒例の桜会の日にあたっていた。しかも大三島明神は河野家ゆかりの神社である。そこで大行道にたち、衆生を済度しようとして大念仏の法楽を修し、贄を精進ものに替えたといっているが(聖絵巻十)、これも念仏を通して神社と結縁しようとした意図の発露とみられるものであって、しかも人々の多くあつまる参道にたち、踊念仏を桜会の興にそえるという手段をとっているのは、とりわけ多く参集する祭祀日という条件からしても、念仏の布教力を十二分に発揮し、より多くの人に念仏の喜びをあたえようとする積極性の表現でもあったといえよう。

かくて一遍は、神社に参詣したときには「白川の関にかゝりて、関の明神の宝殿の柱にかきつけ給ひける。ゆく人をみだのちかひにもらさじと、名こそとむれしら川のせき」（聖絵巻五）といい、「いま一遍上人参詣して桜会の日、大行道にたち、大念仏を申」（同上巻十）したというように和歌を奉納したり、法楽を捧げたり、垂迹をたずねたり、夢想を得たりして、神と結縁しようとしている。正応二年（一二八九）淡路国の二宮に参詣のとき、霊験あらたかな神であるということを聞いたが、祭神は明らかでない。僅かにわかったことは伊弉諾尊ということであった。そこで聖は「出離生死をば、かゝる神明にいのり申べきなり、世たゞしく人すなをなりし時、勧請したてまつりしゆえに、本地の真門うごく事なく、利生の悲願あらたなるものなり」（同上巻十一）といい、本地を聞き、はじめて神明に祈り捧げようとされた。この淡路国二宮の神に結縁しようとされたのは、民衆の崇敬あつい霊験あらたかなる神ということが原因をなしている。こうして神祇にも結縁すれば、念仏もする。それが一遍の宗教の中核をなしていた。当時の人たちにしても、「社壇に詣でては幣帛を捧げ、堂舎に臨では礼拝を致」（供僧等学念仏者所行由事）すことに、何ら躊躇することもなければ懐疑することもなかった。いわば聖は、土によごれ埃にまみれて実際に指導するにあたって、宗教生活が二元に分離し争剋をくりかえすことは、堪えることのできない苦悩であることを身に泌みて感じ、一面平和な宗教社会を建設することも容易でないことを知っていたから、現実に即して鞭韃することを目途に、神祇をしりぞけることなく、宗教的使命に精進していったといえよう。

正応二年讃岐国に入り、善通寺・曼荼羅寺をめぐって阿波国に移ったが、そのころより病を得ていた一遍は、六月一日より「心神例に違し、寝食つねならづ《（ママ）》おはしまし」たにもかかわらず、七月初め病をおして阿波国をたち、淡路国福良の泊に渡り、国中を化益したのち、七月十八日明石の浦に着いた。病状はかなり進行していたらしい。死期の近づきつつあることを知った一遍は、沙弥教信の風を慕い、「いなみ野の辺にて、臨終すべきよし」を考えたが、兵庫より迎えの船が来たので乗船し、「いづくも利益のためならば、進退縁にまかすべし」といって、兵庫の観音堂に入った。かくて八月十日の朝、所持する聖教の一部を書写山の僧に託し、その他所持する書籍は「一代聖教みなつきて、南無阿弥陀仏になりはてぬ」といい、念仏をとなえつつ焼きすて（以上引文は聖絵巻十二）、二十三日辰の刻に入滅した。時に年五一。

第二節　時衆と一向衆

一　時衆とは

「松島・平泉のかたすゝめまはりて、常陸国にいて給けるに、悪党の侍りけるが、時衆の尼をとらむとしけるに」とか、「武蔵国石浜にて時衆四五人やみふしたり」（聖絵巻五）「武蔵国あぢさかの入道と申もの、遁世して時衆にいるべきよし申けれども、ゆるされなかりければ、往生の用心よく〱たづねうけ給」（同上巻六）と述べているように、一遍は自らの集団を時衆と呼んでいたらしく、いわば時宗は一遍とその同法によってささえられていた衆団にあたえられていた宗名であったといえよう。したがって、一遍やその流れを汲む人たちの衆団に入ることを「時衆に入る」といっていたが、二祖真教が「親子を捨て、住処を離れ、身をなきものになして、身命をほとけに帰入して、決定往生を遂べき信心計りにて、一切の用事をつくしてさふらふものどもを時衆とは名づけ」(他阿上人法語巻三)るのだと述べているように、少なくとも初期教団においては、親子骨肉の縁をきり、身命を阿弥陀仏にささげ、現実の執着をはなれ捨てた人が時衆に入ることを許された。唐善導の撰述である『観経疏』玄義分「先勧大衆発願帰三宝」の偈に示された「道俗時衆等、各《おのおの》無上心を発《おこ》す」の文によって時衆と名づけたとも、六時(晨朝・日中・日没・初夜・中夜・後夜)に別時念仏を修する六時衆、また臨命終時を重視する衆に由来するともいわれているが、一遍がなぜ時衆と称したか、その真意ははっきりしていない。五来重氏は時衆は斎《とき》衆で、斎衆(念仏衆)は村の最も権威のある葬式講として、葬式・逮夜の通夜(伽《とぎ》)を重要な任務としていた伽《とぎ》衆ではなかったかとしているが[7]、時宗教団に道時衆と俗時衆があり、その周辺に結縁衆が存在していたことからすれば、「道俗時衆」等の文によって時衆と名づけたものであったろう。

一遍が時衆の語を用いたのは弘安五年(一二八二)に入ってからのことらしく、『聖絵』巻五にはじめて見られる。それ以前すなわち巻四以前には「同行三人相ひ具して与州をいで給ふ」(聖絵巻二)、「他阿弥陀仏はじめて同行相親の契をむすびたてまつりぬ」(同上巻四)というように、行をともにした人たちを同行と呼んでいる。当初同行とよばれていた衆団は、熊野で神勅を領解し自己の信念を確立し得たとき、遊行と賦算に対する自覚が生まれ、九州で弟子を得、備前では二百八十余人が出家した。出家したすべての人たちを、たとえ遊行が本来的使命であるとしても引きつれて遊行することは困難である。ここに聖に随従して修行する道時衆と、在俗のまま帰依者として家にあって同じ信仰に生きる俗時衆が生まれたらしい。しかし、時衆という称呼は一遍の宗団にのみあたえられた固有名詞ではなかった。一向俊聖も「文永十年夏の比、無常の偈・浄土和讃を作りて、時衆に示してのたまはく、凡そ仏道修道の品多しといへども、念仏の一行は余行に勝れ、功徳不可思議なり。そのかみ善導大師十四行の偈を結びたまふ」（一向上人伝巻一）といい、その弟子礼智阿も「スベテ緇素男女人ヲエラバヌ御教ナレバ、在家出家・老若男女イリマジリ、踊躍ヲ勤メタマヒシトキ、上人時衆ニ告テ曰ク、踊躍念仏ヲ勤ムルコトハ、大経ニ謙敬聞奉行踊躍大歓喜トアリ」（礼智阿上人消息巻中）といっているところからすれば、その衆団を指して時衆と称していたようである。勿論、一遍・一向ばかりではなしに、道（出家）俗（在家）の二衆を構成分子とする衆団は、「道俗時衆等」の文により、誰いうとはなしに時衆と呼ばれていたのではあるまいか。古来、時衆には一二派あったといわれ、時宗の名のもとに宗的組織化がなされたのは幕藩体制確立期であったというが、その場合、時衆と呼ばれていたために、最も強大をほこっていた藤沢時衆、すなわち藤沢清浄光寺の傘下にくみ入れられたふしがあるところからすれば、かつては解意派にしても、六条派・霊山派[8]にしても、同じく時衆と称していたのかも知れない。そのため合流されたのちでも、たどってきた歴史性を尊重し、一派として認めるに至ったのではあるまいか。

蓮如が「夫一向衆と云は時衆方の名なり。一遍・一向是なり。其源は江州ばんばの道場、是則一向宗なり」（帖外御文巻四）といっているのは、その行業の上において、一向衆が時衆と呼ばれるにふさわしい内容を有していたからであろうが、本来一向衆は一向俊聖を開祖と仰ぎ、近江国番場の道場蓮華寺を頂点として、いくつかの末寺を傘下に配する衆団であった。

二　一向俊聖の思想と行実

では一向俊聖とは、どのような僧であったろうか。一向、諱は俊聖、一向はその号で、草野永泰の第二子として暦仁二年（一二三九）正月筑後国竹野荘西好田に生まれた。永泰の兄永平は「朝威を仰ぎ、無二の忠を致し訖んぬ。仍って筑後国在国司・押領使両職、本職たるの間、知行すべきの由、これを申すと雖も、かくのごときの事、頼朝の成敗に非ず候」（吾妻鏡巻六、文治二年閏七月二日条、原漢文）といい、また「平家、朝威に背き零落の時、鎮西の輩、大略相従ふと雖も、永平彼の凶徒に与せず」（同上、八月六日条、原漢文）といっているところからすれば、源平争乱の折には源氏方にくみしていたようである。しかも、彼は前々から筑後在庁の官人で、傍ら「肥後国（松浦）鏡社宮司職」をつとめ、弁阿聖光に帰依して建久三年（一一九二）善導寺を建立したといえば、永泰は兄永平から浄土教的影響を受けていたであろうことがうかがわれ、このような宗教的雰囲気が彼をして浄土門に心をかたむけさせることになったのかも知れない。

寛元三年（一二四五）七歳のとき書写山に登り天台教学を修め、建長五年（一二五三）三月剃髪受戒して名を俊聖と改めた。以来、天台の教えにもとづき、専ら得脱をめざして精進したが、「妄波きそひ起り、定水静り難く、散乱の風吹て智恵の燈び明らかならず、命は念々につゝまり、死は歩々に近づく。衆生皆是のごとくならば、成仏は誠にかたかるべし」(一向上人伝巻二)と、ついに得脱することの難きを知り、翌年夏下山して南都におもむいた。南都には書写山で求めて求め得なかった教法があるのではないかと、心ひそかに期待をもって明師をたずねたが、出離の要法はここでも求めることはできなかった。そのとき暗夜に灯火を得たように目にしたのは、『安楽集』の「我が末法の時、中に億々の衆生ありて、行を起し道を修するもの、いまだ一人もあらず(中略)ただ浄土の一門のみありて、通入すべき道なり」(原漢文)の文であり、この上は浄土門によるほか出離の道はないものと、早速俗兄永平の帰依した聖光の弟子然阿良忠を東国にたずね、以来一五年のあいだ、そのもとに侍って浄土の心行を究めたといわれる。一説に[9]一遍智真について教えをうけたともいわれるが疑わしい。業成った一向は「是ぞ時機相応の法門なるとて、顕密諸宗の解を放下」して、名を『無量寿経』の一向専念無量寿仏の文によって一向と改め、「四大本《もと》より空、五蘊《ごうん》仮《かり》に建立し、宝号を所々に留む。これを名づけて一向と謂ふ」の頌を結び、「浄土宗も機を見て、猶同異二類の助業を勧む。此の宝号に何の不足あらん

一向上人像(藤沢清浄光寺蔵)

や」と、「浄土の宗名を棄捐し、経論の義学を放下」して、良忠のもとを辞し、諸国遊行の途についた（以上引文は一向上人伝巻二）。文永十年（一二七三）二月のことである。

法然は往生浄土の行として、ただ口称念仏の一行をもっぱらにすべきことを説き、とかく解行双修せねばならぬといっても、解に傾くか行に泥むか、そのいずれかに傾きやすい。ゆえに智顗も「文字法師・暗誦禅師」（摩訶止観）といって警戒しているが、法然もまた「我ガ門徒ハ其ノ義ヲ好ムベカラズ。其ノ論ヲ好ムベカラズ。例セバ彼ノ慈覚・智証ノ論義ヲウトミ給ヒシガ如シ。称名ノ行者ハ一字ヲ知ラザル身ト成テ、黒白ヲモワキマヘザル身ト成テ、称名バカリヲ以テ誦フベシ。吾身ニ於テハ愚者ト卑下シテ他門ト論ズベカラズ」（法然聖人御説法事）と門弟を誡めている。法然門下の時代になると安心領解をもととする一派と、行門を主とする起行派に分かれた。聖光や良忠は一応起行を主体とするとはいうものの、良忠門下には幾多の英哲が出て正系非正系、優劣の論義に花をさかせ、行より解に向かいつつあった。このような社会環境のなかに育っていった一向は「身命を仏に帰し奉る上に称ふる念仏は生仏不二・能所一致の行にして、能化も阿弥陀、所化の我等も阿弥陀」（一向上人伝巻三）であるといい、また「仏の本願に帰命し奉り、智識の教にまかせて唱ふべし」（同上巻一）といって、身も心もともに仏に帰命して、宝号をとなえるところにこそ、行の成就があるのだと述べている。智識は絶対者であり、阿弥陀仏の代官として、往生の得否すら定め得る権限を有していたから、あたかも親鸞における法然上人にすかされまいらせてもという信念が、一向衆徒にとっても、智識の教えにまかせてとなうべき条件として付与されていた。身命を阿弥陀仏にまかせ、同異二類の助業までをも捨て、「身の浄不浄をも顧みず、仏の摂不摂をも論ぜず」「仏の捨てしむるものを捨て、仏の行ぜしむるものを行」（同上）じて、ただ一向に宝号をとなえるほかには安心もなければ、起行もない。宝号あるのみである。この宝号を今世にのこし、後世に伝えることこそ、一向俊聖に課せられた使命であるという自覚が四大頌となってあらわれた、いわゆる「宝号を所々に留む」という文である。宝号について二七代同阿は「宝号とは名号なり、果号の一法は一乗の極唱、万行円修の最勝、衆生得脱の珍宝也（中略）故に宝号と云ふ」（四大偈註解）と註し、また二祖礼智阿が「六字の名号は、今時重病の妙薬なれば、別して宝号と呼び侍る。世間の宝は得かたふして失ひ易し、貴賤品異に男女形別なれども、寒冷にも汗を流し、炎天にも心を冷すは唯此財欲の為なり。田なければ田を求め、宅なければ宅を求め、之を求めてたまく得れば、亦失はむことをおそる。有るにも無きにも、苦となるものを衆生妄りに宝と思へり。漸く是を積み置きて一期守り居て、終に白日のもとを辞し、独り黄泉の底に入るとき、財宝は悉く他の有となり、誰か我が身に随はん乎。此の宝の為に罪を作りて三途に苦を受る時も、宝は吾が苦に代るものに非ず。今念仏の宝は現当二世の利益あり。是れ無上の珍宝なれば、宜く宝号と申すべし」（一向上人伝巻三）と、波多野某の問に答えているように、宝号とは阿弥陀仏の名号であり、それは功徳最勝なるがゆえに、特に宝号と名づけた。

文永十一年春大隅八幡に参詣し、未敷蓮華の神授を得て結袈裟とし、秋には宇佐八幡に詣でて踊念仏を修したという。踊念仏は一向俊聖によって創始されたものではない。伝によれば、すでに新羅の元暁が修したといわれ（宋高僧伝巻四）、その流れを汲んだものに空也の鉢叩念仏があり、一遍が踊念仏を修したのは弘安二年のことであった。一向は「夫踊躍念仏は仏願易行の大法に逢ひ、他力難思の往生を喜び、信心内に深く、歓喜心に満て忽然として他念を忘れ、欣然として踊躍するなり」(一向上人伝巻二)と述べている。この歓喜にみちて踊躍する念仏のすがたこそ、庶民階級にまでアピールして、今まで高嶺の花としてしか仰ぐことのできなかった仏教を、身にしみてあじわうことのできる機会をあたえ、しかも念仏を申しさえすれば往生できる、お前は念仏申したから死後の往生は疑いないということを、弥陀の代官としての知識から、直接耳にすることができたのである。これほど民衆にとって力強いささえはない。しかし、このことは一面からみれば難行をつまなければならないことを要求される聖道門の人たちにとっては、容易に首肯できるものではなかった。難行にたえることのできない多くの人人にとり、易行としての浄土門は、どれほど一般の人たちから迎えられたかはかり知れない。念仏に志向する人が多ければ多いほど、聖道門にみきりをつけて、易行道にはしる人が多かったのである。観音房が「念仏を疑ひ、踊躍を嘲り、上人を待ちうける」(同上巻三)態度をとったのも、また加賀国金沢の弥陀の道場で踊躍念仏を修していたとき、聖道僧三〇人が一所にあつまり評議の上、「踊躍して念仏する、偏へに狂人のわざならむ」(同上巻四)とて念仏の経証などについて詰問したのも、ともに「参詣の貴賤、結縁の男女袖を列ね、踵をつぎ、老若衢を諍ひ、道俗を成した」(同上)という現実に対する脅威からであった。それほど踊躍念仏は多くの人たちの注目を浴び、隆盛の一途をたどったのである。

建治元年(一二七五)薩摩国から四国を遊行、八月讃岐国州崎に清海寺を創め、翌二年春には阿波国板野、秋には伊予国桑村に遊行して最初の弟子俊阿を得、同三年夏には吉備津宮に参詣して礼智阿が入門した。この人こそ一向俊聖のあとをついで番場二代の法灯をついだ僧であった。弘安元年八月出雲国水尾宮に詣で、同国意宇では及言を、翌二年長門国豊浦では解意阿を教化して、石見国邇摩を通り、三年美作国に入って江河刑部に念仏行者の利益を説いたという。翌四年春には因幡国で、読誦と念仏の利益を論じて

譬へば読誦は医師の医書を読むが如く、礼拝は薬能を貴み、種々に取り置きこしらゆるが如く、観察は能毒を観察するが如く、讃嘆は薬種の能を説き沙汰する如く也。第四の称名正行は万病を治する阿伽陀薬にたくらべたり。此の薬は医書を読まねども薬性を知らざれとも、其能を説かねども、仏大医王の与へ給ふとおもひ、只飲めば、必ず苦をのがるゝのみならず、浄刹金剛の身となり、寿命無量の金仙にも登り侍る。対機説法・応病与薬にてあれども、末代重病の者には此の薬ならでは叶ひ難く侍る。吾が弥陀は遙に是をしろしめして本願と立てたまひ、恒沙の諸仏は御舌を出して証誠し、教主釈尊は叮嚀に未来へ附属し給ふ。三仏の大悲、三国の祖意、唯此の念仏の一行を専とし給ふのみ。(同上巻四)

と、念仏のすぐれている所以を明かし、医師はこの教誡に伏して讃阿と号し入門した。同五年与謝の法順に「衆生の念仏は未敷蓮華なり。此蓮、臨終の夕べには仏願の日にひかれて、賤がふせ屋、はにふの小屋までも迎へに来り給ふとき、開発の蓮と云はるゝ也」(同上)と持蓮華について教示し、翌年入洛して古跡霊場を巡礼し、七年の春には加賀国金沢に至り踊躍念仏を修し、越前国では武田荘司に会い、その子童の唖者をして常人とならしめ、夏には近江国に向かい馬場米山の辻堂に入り、住僧蓄能・蓄生の好意と土肥三郎元頼の帰依をうけて蓮華寺を創建したという。その後、念仏三昧に日をおくったけれども、いかんせん病魔のおかすところとなって、弘安十年十一月十八日、法を高足礼智阿に付し、「歓喜の笑を含み、立ちながら息を絶へ」(同上巻五)たと伝えている。

一向俊聖の画像としては、藤沢清浄光寺・番場蓮華寺にそれぞれ所蔵されている肖像画と、京都中西文三氏蔵の臨終絵がある。臨終絵には、下段に臨終のありさま、中段に野辺の送り、上段に荼毘に付する光景が描かれており、臨終の図には跪坐して往生している一向俊聖のすがたが描かれている。『一向上人伝』には立ちながら往生したと述べているが、鎌倉末期の製作と推定されているこの臨終絵には跪坐している。たとえ跪坐であったとしても、立とうとする意志があったけれども、立つことができず、跪坐したままのすがたで往生したとすれば、その意志を尊重して立ちながら往生したと表現することもあり得るであろう。こうして下段には、道場の中央に阿弥衣と牧子《ぼっこ》の袈裟を着し、居ながらにして往生をとげたというすがたを描いているが、その近くには大きめに、しかも精細に面貌の描かれた幾人かの僧がいる。これらの僧は礼智阿・俊阿・行蓮・道日といった人であるらしく、上方の簾ごしに見える女性は「夫婦ともに道場にこもり居」(一向上人伝巻五)たという土肥三郎入道道日の夫人らしい。下方前面には法縁につらなる在家の人たちがいるが、そのなかには「無常の速なる事を弁へけるにや。忽もとどりを切り、真の道に入」(同上)ろうとした人のすがたも描かれている。一向俊聖その人の像としては、清浄光寺と蓮華寺に所蔵されているものがあり、ともに鎌倉後期のものと推定されている。これらの画像を同一人と見た場合、臨終絵と清浄光寺本が壮年期のものと認められるのに比し、蓮華寺本は晩年の風貌をのこしているといえるが、森暢氏(10)は同一人とするよりも「想像をたくましくすれば、清浄光寺本の風貌は、どこか臨終絵の、上人の左側に見える高弟(礼智阿)に似ている」という。

三　一向衆の性格

永仁四年（一二九六）の成立と認められている絵巻物『天狗草紙』には、一向衆について

或一向衆といひて、弥陀如来の外の余仏に帰依する人をにくみ、神明に参詣するものをそねむ。衆生の得脱の因縁さま〴〵なれば、即余仏余菩薩に因縁ありて、かの仏菩薩に対して出離し、神明又和光利物の善巧方便なれば、即垂迹のみもとにして、解脱すべし。しかるに一向弥陀一仏に限て、余行余宗をきらふ事、愚痴の至極、偏執の深くなるが故に、袈裟をば出家の法衣なりとて、これを着せずして、なまじひに姿は僧形なり。袈裟は、これ三世諸仏の解脱幢相の法衣なり。何これをすつべき。或は馬衣《うまぎぬ》をきて、衣の裳をつけず、念仏する時は頭をふり、肩をゆりておどる事、野馬のごとし。さわがしき事、山猿にことならず。男女の根をかくす事なく、食物をつかみくひ、不当をこのむありさま、併畜生道の果因とみる。

と述べているが、これによれば一向衆は、㈠弥陀一仏のみに帰依し、余仏・余菩薩を仰信しない、㈡遊行を旨とし、㈢踊躍念仏を行じ、㈣民衆を基盤とした教団であったらしい。

「夫一向専修ト申スハ、今度ノ後生御助ケ候ヘト思フテ、阿弥陀如来ヲタノミマヘラセテ、一筋念仏シ、余行余法ニ心ヲフラズ、他力本願ヲ信ジテ、少シモ疑ヒアヤシム心ナク、現世後生トモニ如来ヘマカセ、此度往生スルゾト思フテ念仏スルヲ、一向専修ノ行者トイフ」（礼智阿上人消息巻上）といい、また「本師の誓ひを助けて専修の道を改め、末世の機を鑑みて同異二類の助業を捨て、宝号」（一向上人伝巻五）をとなえて弥陀如来に絶対帰依して

一途に念仏すべきことを勧め、たとえ「余仏菩薩に因縁ありて、かの仏菩薩に対して出離」しても、「神明又和光利物の善巧方便なれば、即垂迹のみもとにして解脱」すべきではあるけれども、弥陀一仏にのみ帰依しなければならず、「弥陀如来の外の余仏に帰依する人をにくみ、神明に参詣するものをそねむ」と、余行雑業を修することのないよう極力いましめている。そして一心に念仏を行ずるのであるが、その結果信心のあつきことによって、歓喜の心のそとにあらわれたものが踊躍念仏であり、踊躍念仏こそは別時念仏の絶対的極致のすがたであるという。すなわち一向俊聖は「夫踊躍念仏は仏願易行の大法に逢ひ、他力難思の往生を喜び、信心内に深く心のみちて、忽然と踊躍する」（同上巻二）ことであると述べ、念仏の喜びがやむに止まれぬ歓喜の形態として、外姿にあらわされたエクスタシーが踊躍念仏であったといっているが、「形に恥ぢて励ますこともあれば、踊躍により て歓喜を引きをこす下根の人の便り」（同上）であったこの念仏が、民衆教化の手段として用いられ、一般社会の人々に迎合され、民衆のあいだに浸透するに至ったとき、身の風儀をもかまわず、踊躍念仏した態度は人々の注視を浴び、世の批判を受けることになった。踊躍念仏のすがたを、「物狂はしく金拍子をたゝきとり、はねて念仏申し」（新池殿御消息）たといい、『天狗草紙』には「念仏する時は、頭をふり肩をゆりておどる事、野馬のごとし。さわがしき事、山猿にことならず」と述べているが、世の批判を浴びたのは踊躍念仏そのものの行儀というよりも、むしろ「男女の根をかくす事なく、食物をつかみくひ、不当をこのむありさま、併《（ママ）》畜生道の果因とみる」とされた、風紀紊乱が原因であったらしい。それは「人放言して、見ぐるしきところをかくさゞるは放逸の至り也」（野守鏡）といい、「非人之行儀」のあったことが禁圧の根拠であったと指摘している事実によっても明らかである。

他面、一向衆禁圧の原因を「諸国を横行する人を禁制せらるる御教書に云く、一向衆と号し群を成するの輩、諸国を横行するの由、その聞えあり」(専修寺文書、原漢文)としていることは、一向衆が時宗同様、知識を中心とし、一所不住に行脚して、念仏を諸国に勧進した移動集団で、一所にとどまることなく、裳なしの馬衣を着し[11]、踊躍念仏をすすめ、遊行(横行)していたであろうことを物語っている。袈裟は「出世の法衣」であり、また「三世諸仏の解脱幢相の法衣」でなければならないのに、「たふとき法衣をあらためて、畜生愚癡のつたなき馬衣をき、たまたま衣の姿なき裳を略してき」(野守鏡)たことも、非難の対象となっている。

四　一遍智真と一向俊聖の交渉

時衆と一向衆、それぞれの祖と仰がれる一遍智真と一向俊聖は、早くその名を記録にとどめた実在の人物であり、一般庶民層のあいだにまで念仏を弘通せしめた念仏僧であった。しかも踊躍念仏・遊行という行儀の上に共通点がみられるにもかかわらず、二人の間柄ということになると皆目はっきりしていない。すなわち二人がいつごろから交渉をもつようになったか、またまったく交渉がないままに両衆がたがいに発達したものかということになると、『一遍聖絵』にも『一向上人伝』にも、明記されたものがないので何ともいえない。少なくともいえることといえば、ともに遊行し踊躍念仏を行じていたという事実のみであろう。今、両聖の足跡を伝記によってたどり対比してみると、次表のようになる。

表2　一遍智真および一向俊聖の略年譜

年時	西暦	年齢	一遍智真（一遍聖絵）	一向俊聖（一向上人伝）
延応元年	一二三九	一	伊予国で出生、父は河野七郎通広	正月朔日、筑後国竹野荘西好田に生誕、父は草野冠四郎永泰、幼名松童丸
寛元三年	一二四五	七		二月十五日、播磨国の書写山に登る
宝治二年	一二四八	一〇	悲母を失い、無常の理を悟り、出家し随縁と名のる	
建長三年	一二五一	一三	春、僧善入と相具して鎮西に修行し、太宰府の聖達の禅室に入る。聖達の指示により、肥前国清水の華台に師事し、名を智真と改む。以来一両年浄土宗の章疏を学ぶ	
四年	一二五二	一四	春のころより、聖達に随逐給仕す	
五年	一二五三	一五		三月十八日剃髪受戒して、名を俊聖と改む
六年	一二五四	一六		夏、書写山を出て、南都におもむき、以来六年のあいだ、出離の法を学ぶ
正元元年	一二五九	二一		三月、東国に下向し良忠に師事、以来師事すること一五年におよぶ
弘長三年	一二六三	二五	五月二十四日、父如仏の帰寂にあたり、生国に帰る	
文永八年	一二七一	三三	春、善光寺に参詣し、ときに二河白道の本尊をえがく 秋、伊予国窪寺に松門柴戸の閑室をかまえ、東壁に二河白道の本尊をかけ、万事をなげすてて、専ら称名す	
十年	一二七三	三五	七月、伊予国浮穴郡菅生の岩屋で参籠	良忠のもとを辞し、諸国遊行の途にのぼる。夏、無常の偈・浄土和讃をつくる

十一年	一二七四	三六	二月八日、同行三人相具し、伊予国を出ず この年四天王寺に参籠、四天王寺より高野山に詣で、夏、高野山をすぎて熊野に参詣 六月十三日、新宮よりたよりにつけて、消息を聖戒におくる	大隅八幡宮に詣で、四十八夜の不断念仏を執行 秋、肥後国の菊池に遊行し、武田兵助を教化 豊前国宇佐八幡で、四十八夜の踊念仏を修す
建治元年	一二七五	三七	熊野を出て、京をめぐり、秋のころ本国に帰る	薩摩国を遊行、八月中ごろ讃岐国州崎の浦にのぼり、讃岐国を修行
二年	一二七六	三八	事のゆえありて、伊予国を通り聖達の禅室におもむく 大隅正八幡宮に参詣 大友兵庫頭頼泰、一遍に帰依し、衣などをたてまつる この年、他阿弥陀仏入門す	春、阿波国を修行し、板野で真木外記を教化す 秋、伊予国桑村を修行、時に俊阿はじめて弟子となる
三年	一二七七	三九		夏、備中国吉備津宮で、七日の念仏を執行、時に礼智阿弟子となる 十月中ごろ、備前国を修行。速見隼人出家し、見阿弥陀仏と号す
弘安元年	一二七八	四〇	夏、伊予国へわたり、秋、安芸国の宮島に参詣 冬、備前国藤井にて、吉備津宮神主の妻、法門を聴聞し出家す 福岡の市で念仏をすすむ。吉備津宮神主の子息をはじめ、彌阿弥陀仏・相阿弥陀仏ら二百八十余人出家す	春、安芸国宮島にて、草壁兵部、礼智阿の教化により弟子となり、西運と号す 同国高田波多野某、礼智阿の教えを受く 八月、出雲国水尾宮にて七日の念仏執行 同国意宇にて、及言弟子となり、存阿弥陀仏と名のる
二年	一二七九	四一	春、京に登り、因幡堂にやどる。八月、因幡堂を出て、善光寺に赴く。その後、信濃国佐久郡伴野の市場の在	長門国豊浦を修行したとき、解意阿、一向の弟子となる 石見国邇摩を遊行のおり、合掌について教示する

年時	西暦	年齢	一遍智真（一遍聖絵）	一向俊聖（一向上人伝）
			家で、歳末別時を修したとき、紫雲がたつ 同国小田切の里の或る武士の屋形で踊念仏をはじむ 冬、同国佐久郡の大井太郎という武士は、一遍に会い三日三夜供養をのべて、念仏を修す その後、下野国小野寺を遊行	
弘安三年	一二八〇	四二	善光寺より奥州におもむく 奥州江刺の郡に至り、祖父通信の墳墓をたずね、その後、松島・平泉をまわりて、常陸国に入る	美作国勝田に遊行の折、江河刑部、一向に帰依し、名を行蓮と改む
四年	一二八一	四三	武蔵国石浜を遊行の折、時衆四、五人病み臥する	春、因幡国を遊行、ときに智頭の順医師、一向に読誦と念仏の優劣を問う この歳、丹波国草野辺の兵衛、巡礼のことを礼智阿に問う
五年	一二八二	四四	春、ながさごに三日とどまり、三月一日小袋坂より鎌倉に入ろうとしたところ制止を受く 三月二日、片瀬の館の御堂で断食し別時念仏を修す。時に願行の門弟上総国の生阿弥陀仏来臨して十念を受く。三月七日の日中、片瀬の浜の地蔵堂に移る 七月十六日、片瀬をたち、遊行しつつ、伊豆国三島に着く	丹後国与謝の法順、一向に持蓮華のことをたずぬ
六年	一二八三	四五	尾張国甚目寺につき、七日の行法いまだとげざるうちここを立ち萱津の宿にやどる	夏、一向京洛に入り、古跡霊場を巡礼。このとき礼智阿、京は生国であるとのことで、一向とわかれ、伊勢

			美濃・尾張両国を通り、近江国草津に至る 横川の真縁にあい、数日の化導をなす 関寺に入らんとしたとき、園城寺の制止あり、やむなく夜は関のほとりの草堂に立ちよる	国におもむき修行 この歳、一向鞍馬に詣で、毘沙門堂にて一七日参籠して念仏法楽す
七年	一二八四	四六	閏四月十六日関寺より四条京極の釈迦堂に入り、一七日ののち因幡堂に入る。その後、三条悲田院に一日一夜、蓮光院に一時在住したのち、雲居寺・六波羅蜜寺を次第に巡礼し、空也の遺跡市屋道場にて数日おくる 五月二十二日、市屋道場をたち桂に移る。秋、桂をたち北国へ赴き、篠村で林下に草のまくらを結ぶ	春、加賀国金沢の弥陀安置の道場で踊躍念仏を修す。このさまを見て、三〇僧ばかり徒党をかまえ道場に入り、踊念仏の経証につき責む 越前で、武田荘司の一子である唖者を教化し、常人とならしむ 夏、一向近江国に遊行し、坂田郡馬場米山の麓の一草堂に入り念仏を修す。ときに土肥三郎元頼、一向に帰依し、名を道日と改め、大檀那となり、蓮華寺を建立
八年	一二八五	四七	五月上旬、丹後国の久美浜で念仏を修し、因幡国・伯耆国おほさかを経て、美作国一の宮に参詣	
九年	一二八六	四八	四天王寺に詣でたのち、住吉神社に参詣、その後、聖徳太子の御廟を拝し三日参籠、当麻寺へ参る 冬、八幡宮に詣でたのち、四天王寺で歳末の別時を修す。四天王寺をたち、播磨国のかたから、いなみ野の教信寺に参る	
十年	一二八七	四九	春、播磨国書写山に参詣。この山を出て、なお国中を巡礼 三月一日、十二道具の持文を書きしるす。この歳、軽	十一月十二日微疾をうけ、十八日立ちながら往生す

年時	西暦	年齢	一遍智真（一遍聖絵）	一向俊聖（一向上人伝）
			部の宿にて、花のもとの教順四十八日、結縁し、知識の教えによって往生す	
正応元年	一二八八	五〇	この歳、備後国の一の宮、秋には安芸国の宮島に参詣 伊予国にわたり、菅生の岩屋を巡礼し繁多寺にうつる	
二年	一二八九	五一	讃岐国をこえ、善通寺・曼荼羅堂を巡礼したのち、阿波国に移る 六月一日より心神例に違し、寝食つねならず 七月はじめ、阿波国をたち淡路国の福良の泊にうつる 七月十八日、明石の浦に渡り、さらに兵庫におもむき観音堂に宿す 八月二日、縄床に坐し、南に向きて法談す 八月十日朝、所持の書籍等阿弥陀経をよみて自ら焼く 八月二十三日、禅定に入るがごとく往生す	

両聖が遊行の途上、相会したとしているのは、『一向上人縁起絵詞』(12)で筑前国を遊行のおり会ったとし、また『本朝高僧伝』(13)は「また一何あり、また聖達に随ひ専念の法を受け、真と業を同じうす。共行共坐ともに宝号を唱へ、一夕、真とともに賀茂神に詣で、鼓を打ち念仏す。ときに雷鳴り風烈しく、山木動揺し、急雨盆を傾け、河水暴《はげ》しく漲る。二人逡巡し、殿門に憩い立つ。神、社司に託し、祠前に掛くる所の鉦をもつて、折りて両片となし、分つて真と何に賜ふ。これより二人、神の賜ふものを崇め、逓《たがい》に鉦片を持ち、考撃して念仏し州里を勧誘

す。時人、これを鉦鼓といふなり」（原漢文）といい、一何すなわち一向俊聖は賀茂神社に一遍ともども参詣した旨を記している。しかし、両伝を比較してみたとき、もし仮に会っていたとすれば、一遍が「京をめぐり、西海道をへて」（聖絵巻二）伊予国に入ったのは建治元年（一二七五）の秋であり、一向が「薩摩国を遊行ましくて」「四国へ渡らせ給ふ」（一向上人伝巻二）たのは八月のことであった。また一向が安芸国宮島に遊行し、出雲国に旅立ったのは弘安元年（一二七八）八月のことであり、一遍が伊予国から安芸国宮島に参詣したのが、その年の夏であったから、もし両聖が会ったとすれば、建治元年か、さもなければ弘安元年のころであって、賀茂神社に参詣したときのことではあるまい。また両聖の伝記には賀茂神社に詣でたとはしていない。しかし、相会という事実がそれほど重要な問題であるとしたら、両聖のいずれかの伝記のうちに、その片鱗さえ見えていてしかるべきであるのに、まったく見えていない。ということは、相会の事実はなかったものとみてよいのではあるまいか。思うに両聖はともに、法系と発想を異にして念仏僧となっている以上、二人のあいだには何か相互に影響しあうものがあって聖となったというよりも、当時空也の流れをひき、遊行しつつ踊躍念仏を行じた一流があり、その影響をうけていくつかの衆団が形成されたとみた方がよいのではあるまいか。時宗や一向衆はこうして形成され、幸いにして史上に、その名をのこしたものの一つで、他の多くは露のごとく消えさってしまったものと思われる。

第三節　『一遍聖絵』『一遍上人絵詞伝』の成立

次に一遍伝の成立について述べてみたい。一遍智真の伝としては『一遍聖絵』(14)と『一遍上人絵詞伝』(15)、それに真教の『奉納縁起記』に名のみとどめ現存していない『一遍上人行状絵』一〇巻がある。『行状絵』は真教が自ら筆をとり掃部助入道心性と、その子藤原有重が絵を描き、嘉元四年（一三〇六）熊野本宮に納めたといわれているものである。この『行状絵』を除けば『聖絵』と『絵詞伝』の二本の系統しかない。このことは法然に室町期以前成立したものだけでも十数本あり、しかも同系統に属すると考えられるものがほとんどないのと対蹠的である。では、両本はいつ、誰の手により、どのような社会を背景に成立したものであろうか。

一　『一遍聖絵』

『聖絵』の原本は京都歓喜光寺に伝存しており、絹本で、縦およそ三八センチ、詞書の料紙には彩色がほどこされ、文様なども描かれている。その奥書には「正安元年（一二九九）乙亥　八月廿三日　西方行人聖戒記之畢、画図法眼円伊、外題三品経尹卿筆」と記されているので、正安元年一遍の入滅後一〇年にして成立したものと考えられ、内容的には僅か一三歳の一遍が生家をあとに九州に師を求めて修行に出る光景にはじまっている。ついで善光寺・窪寺・菅生の岩屋など、彼の思想的発展を物語るかずかずの事跡を描き、高野山から熊野に至り権現から神託をうけるまでの悟道の過程を明示し、以来諸国を遊行し正応二年(一二八九)八月二十三日入滅するまでを、こと細かに記している。なかんずく臨終の段のごときは『絵詞伝』が僅か巻四の第五段だけしかあてていないのに、第十一の最後の段から巻十二のすべてをこれにあてているのは、人間一遍のすがたを描きだしたものとみてよいであろう。このことはまた末尾に「彼五十一年の法林すでにつきて、一千余人の弟葉むなしくのこれり。恩顔かへらず、在世にことなるは四衆恋慕のなみだ、教誡ながくたえぬ。平生におなじきは六時念仏の音ばかりなり。緑樹ものいはざれども、秋の霜沙羅林の色をうつし、蒼海こゝろなけれども、暁のなみ抜提河の声をつたふ(中略)たがひに西刹の同生をちぎりて、こゝにわかれ、かしこにわかれし心のうち、すべて詞のはしにものべがたく、筆の跡にも記しがたくこそ侍しが、まさにいま遺恩をになひて報謝しがたく、往事をかへりみて忘却する事をえず。しかるあひだ、一人のすゝめによりて、此画図をうつし、一念の信をもよをさむがために、彼行状をあらはせり」(巻十二)と記された、著者の慕情ともいうべき師一遍に対する感情が生き生きと写しだされていることによっても知ることができる。

『聖絵』は「一人のすゝめにより」「遺恩をになひて報謝しがたく、往事をかへりみて忘却する事をえず」(巻十二)聖戒が筆をとり、円伊の手になる画図をのせて行状を記したという。「一人」を「ひとり」と読むか、「いちのひと」と読むかについては異説もあり、「ひとり」とすれば不定代名詞で、誰か一遍に帰依した人ということになり、「いちのひと」と読めば摂政関白の位にある人の異称ということになる。佐々木剛三氏[16]は前者の意にとり、(一)公朝の記事をのせた部分の詞書が異常に長いこと、(二)入洛にともなう園城寺関係の記事を所収していること、㈢歌に素養のある僧が関係していると考えられること、を根拠に託摩の僧正公朝にあてている。これに対し宮次男氏[17]は絵巻が絹本であり、詞書の料紙にも彩色を施し装飾を加えているところからすれば、権門をバックに成立したものであろうと、左大臣西園寺公衡が願主となってつくられた『春日権現験記絵巻』を例に引いて論証している。摂政関白の位にあった人とすれば、一遍入滅後『聖絵』成立時に至る間の「いちのひと」は、表3のようになるので、そのうちの誰かであろう。正安元年の段階で「一人のすゝめ」といっているところからすれば、むしろ当時の摂政であった藤原(二条)師忠の子兼基ではなかったろうか。望月信成氏[18]は『開山彌阿上人行状』(京都歓喜光寺蔵)に

　于時人王九十二代後伏見院御宇、九条関白忠教公、上人を帰依によつて九条の殿に参り、時宗の法要・一遍聖人の行状、身命を法界につくし、衆生平等化益の修行し、諸国にて念仏勧進し給ひ、諸仏神も感応おはしましけるよし、悉く詞説し給ふに、忠教公是を深く信心し給ひて、来世の衆生結縁のために、聖の行状をあらはし置べしとて、土佐円伊に画図をうつさせ、詞書を堂上の諸官寄合書にし、外題は三品経伊卿書給ひ、画図の四十八段、六八の誓願を表す

とあるところをもって関白忠教にあてているが、『行状』には元弘元辛未年二月十五日の記年があり、元弘は元徳三年(一三三一)八月十日に改元したので、その六か月も前に元弘の年号を用いているのは不可解である。また『行状』そのものも江戸中期以降の書写にかかるものであって原本ではない。こうした理由から林屋辰三郎氏[19]は元弘元年のものではなく、この年に仮託してつくったものとみている。宮次男氏は、たとえ『行状』が後世の著作で信

表3　摂関在任者

在任年時	摂関別	在任者
弘安十・八―正応二・四	関白	藤原師忠
正応二・四―同　四・五	同	藤原家基
同　四・五―同　五・二	同	藤原忠教
同　六・二―永仁四・六	同	藤原家基
永仁四・七―同　六・七	同	藤原兼忠
永仁六・正―正安二・正	摂政	藤原兼基

憑性に乏しいとしても、忠教を出しているのは信ずべき典拠があったからであろう、忠教は正応四年五月から翌五年二月の間に関白の位置にあった人であるから、その時から準備しはじめたとすると、準備期間は十分にあったはずである、と述べて忠教説を支持している。また画師円伊についても、『尊卑分脈』の大炊御門経宗の家系にみえる寺僧正（園城寺）円伊説と専門絵師としての円伊説があるがはっきりしていない。[20]

編者聖戒は文永八年（一二七一）を去ること、あまりへだたらないころ、一遍に従い、太宰府に赴き聖達の門に入り「あひしたがふ身となり（聖絵巻一）、同十年七月にはただ一人一遍に随従して、「観音影現の霊地、仙人練行の古跡」菅生の岩屋に参籠している。ここで修行したのち、聖は「ながく舎宅田園をなげすて、恩愛眷属をはなれて、堂舎をば法界の三宝に施与し、本尊・聖教は附属をうけたてまつりき。わづかに詮要の経教をえらびとゝのへさせて、修行随身の支具となされ侍き」と述べているように、「修行随身の支具」となる「詮要の経教をえらび」、他の一切の本尊・聖教を聖戒にゆずり、翌十一年二月八日超一・超二・念仏房ら三人の同行をともない伊予国を出立した。聖戒は菅生の岩屋について詳細に記しているところをみると、聖の付属を受けて永くここに留まっていたと思われ、彼にとって菅生は記念すべき因縁の地であったようである。聖戒は二人の子をつれた女性とともに見送り、彼はすぐそのあとを追い五、六日ばかり同行したのち、桜井で「同生を花開の暁に期し、再会を終焉の夕にかぎりたてまつ」って別れている(同上巻二)。二人の子をつれた女性は聖戒の母で、一遍にとっては継母にあたる人であったらしい。聖戒がたとえ五、六日であったにせよ何故随従しなければならない状況にあったかは知るに由ない。

時に聖と聖戒は「師弟の現当の約」を結び、「臨終の時は、かならずめぐりあふべし」と約束し、聖は「名号をかき」十念を授けている(同上巻二)。その後、同十一年六月十三日聖は「たよりにつけて、消息」をしたため、「念仏の形木」を付属し結縁あるべきよしを、こまかに説示されたが、聖戒がいつごろ聖に再会し随従するようになったかは明らかでない。しかし、建治元年(一二七五)秋のころ「有縁の衆生を度せんため」本国に帰り、国中あまねく勧化したのち、再び翌年にも「事のゆへありて」伊予国を通っているところからみると(同上巻三)、建治二年のころ随従するに至ったものではあるまいか。「事のゆへ」が何を意味するか明示されていないが、思うに一遍は「有縁の衆生」である聖戒を教化しようとして伊予国に留錫したが、すぐにも返事ができないような状態であったため、再度入門をすすめに来錫したのであろう。ここで、聖戒がはっきりと入門の事実を記していないのは、すでに現当の約を結んでいるからには、わざわざ入門をしるす必要はないと認めたからではあるまいか。

越えて正応二年(一二八九)八月、もはや遊行もこれまでと兵庫の観音堂に入られてより以後、聖戒の名はしばしば見えかくれしている。聖戒の名が、明らかに『聖絵』の上にあらわれてくるのは八月二日のことで、この日聖戒は一遍の右脇に侍り、聖の口述するところを筆にとり法門の要をしるし、十五日には時衆たちの集まったところで、聖は「こゝろざしのゆくところなれば、みなちかづきぬ。結縁は在家の人こそ大切なれば、今日より要にしたがひて、近習すべし。看病のために相阿弥陀仏・彌阿弥陀仏・一阿弥陀仏ちかくあるべし。又一遍と聖戒が中に人居へだつる事なかれ」(同上巻十一)といい、看病のため近くにやってきなさい、結縁するということは、在家の人こそ大切なことです、きょうからは必要に応じ、近くで奉仕して結構ですが、一遍と聖戒とのあいだにだけは分け入らぬように、と申されている。そして十七日の酉時、浜に出たところ御臨終だといって人々が騒いでいたので、聖のもとにいそぎ行ってみると、聖は聖戒に「かくて存ぜる事、自のため他のため、其詮なければ臨終してみれば其期いまだいたらず、たゞ報命にまかすべきか、又しゐて臨終すべきか」と教示したとか、翌十八日には聖戒を呼びよせ、「わが目を見よ、赤物《あかきもの》やある」と仰せられ、また二十一日の日中、踊念仏を修されたとき、聖戒が聖のもとに参ると「時衆みなこり(垢離)かきて、あみぎぬ(阿弥衣)きて来るべしよし」をことづけているというように(以上巻十二)、巻十一から巻十二にかけて、『聖絵』は殊更に一遍聖と聖戒との関係を説き、なかんずく八月十七日西に向かって合掌し、自ら臨終を待っている場面では、互いに凝視しあい、聖戒はのりだして何事か答えているかのようである。しかも二人は真剣そのもので、心なしか顔かたちはよく似ている。瓜二つといった方がよいかもしれない、それほどよく似ている。聖と聖戒との関係を『開山彌阿上人行状』は「予州河野家の嫡孫」であるとし、『越智系図』は弟通定にあてている。一遍入滅後僅か一〇年にしかすぎないころの成立である『聖絵』のなかに、相似の面貌を描かしめたからには、彼の周囲にはその事実を知っていた人もいたであろうことを考慮に入れてみたとき、それは事実であったとみて大過あるまい。通常、聖戒は彌阿弥陀仏と号したといわれているが、『聖絵』には終始聖戒として記され、京都宝菩提院旧蔵[21]の聖徳太子像の胎内銘にも「南無阿弥陀仏 仏子聖戒敬白 仏子聖阿弥陀仏敬白」とあり、阿弥陀仏号は付与されていない。『聖絵』に「看病のために、相阿弥陀仏・彌阿弥陀仏・一阿弥陀仏ちかくあるべし。又一遍と聖戒の中に、人居へだつる事なかれ」と記されているところからすると、聖戒のほかに彌阿弥陀仏と称する人が、同時代同門にいたのではあるまいか。とすれば「廿一日の日中のゝちの庭のをどり念仏の時、彌阿弥陀仏聖戒まいりたれば」(同上巻十二)というのは、本来彌阿弥陀仏と聖戒の二人であったのを、後人が同一人としてしまったために、聖戒が彌阿弥陀仏と称したとし、更に『彌阿上人行状』に至り「諱は聖戒、阿号は彌阿」と記録してしまったらしい。事実、原本を見ると彌阿弥陀仏と聖戒のあいだには、一字分の空きがある。

聖戒の周辺にいて、彼をささえていた人としては、彌阿弥陀仏・相阿弥陀仏(巻四)・一阿弥陀仏(巻六)がおり、生阿弥陀仏も同心と認められていたらしい。彌阿弥陀仏・相阿弥陀仏は弘安元年冬備前国福岡を遊行していたとき、二百八十余人の人たちと共に出家した僧の一人であり、薗阿弥陀仏・頼阿弥陀仏(巻十一)も同法と認められていたようであるが、『絵詞伝』はこれらの人たちについては黙殺して言及していない。ということは自分らの味方でないと認めていたからではあるまいか。

二　『一遍上人絵詞伝』

『絵詞伝』は一〇巻より成り、宗俊が編述したもので、前四巻に一遍智真の伝を、後の六巻に真教の伝を収めている。原本は失われているが、この系統に属する類本はおよそ十数本現存し、内容的にはすでに成人した一遍が兇賊にあい、危く難をのがれたという場面にはじまり、次いで熊野参籠・因幡堂止宿・佐久での踊念仏等山場《やまば》ともいうべきものが描かれている。一遍を描く場合は、他の人物より大きめにかいて理想化し目立たさせようとしており、また他面世人から最も軽蔑され、社会からその存在を無視されていた乞食・癩者に米などの施しをしているさまを描いたり、僧尼を規律正しく二群に分けているのは、教団の在り方を示そうとする意図をもっていたことを暗示している。その場合、尼僧の顔は必要以上に白く塗られ、女性であることを意識させているし、屋内の場合は十二光箱を並べて席を分けている。勿論、席を十二光箱によって分けるのは『聖絵』とて同様であるが、どちらが僧であり尼であるかは明瞭でない。分けていることを示せばよい。すなわち、ここに描かれているのは法談する一遍と聴問する時衆を描きさえすればよかった。ところが『絵詞伝』の場合は、「又僧・尼の両方の隔に、十二の箱を置て、蓋の上に白色を四五寸ばかり、一すぢとをされたり。是は水火の中路、白道になぞらへて、男女の愛恚の煩悩をさけむが為也」(巻三)と述べているように、多数の僧尼が一団となり遊行生活をおくったとき、男女間の問題が生起したため、世の批判を受けることになった。その時、教団側としては、その事実を否定しなければならない。このように僧尼の席を分けているので、愛恚の問題が生起することはないということを強調するために、殊更に十二光箱をおいて区別する図を描いたものであろう。

『絵詞伝』によれば、一遍聖は建治二年(一二七六)熊野に参詣し、権現より「御房の勧によりて、始て衆生の往生すべきにあらず、阿弥陀仏十劫正覚に一切衆生の往生は、南無阿弥陀仏と決定する所也。信不信を論ぜず、浄不浄を嫌はず、たゞ其札を賦て勧べし」と教示を受け、更に翌三年九州を遊行し、大隅正八幡宮に詣でたとき、「とことはになもあみだ佛とゝなふれば　なもあみだぶつにうまれこそすれ」の歌をしめされたという。九州回国の折、真教は弟子となったといわれ、しかも一遍聖にとって、彼の入門は「はじめて随逐した」、いわば根本の弟子であったと伝えている（巻二）。このことは『聖絵』にも「すでに九州をまはりて、四国へわたり給はむとし給けるに、大友兵庫頭頼泰帰依したてまつりて、衣などたてまつりけり。其所にしばらく逗留して法門など、あひ談じ給あひだ、他阿弥陀仏はじめて同行相親の契をむすびたてまつりぬ」（巻四）とあって、他阿弥陀仏すなわち真教の入門はすでに無視できない事実として、宗団内に知れわたっていたのであろう。以来、他阿弥陀仏は影の形にそうがごとく、常に聖に随逐し、弘安三年には奥州に赴いている。下向の途次白河の関で西行が詠んだ歌を思い出し、他阿弥陀仏は関屋の柱に「白河のせきぢにも猶とゞまらじ　こゝろのおくのはてしなければ」と書きつけた。時に聖もそれに和して「ゆく人を弥陀の誓ひにもらさじと名こそとゞむれ白河の関」（絵詞伝巻二）と詠まれたといっているが、『聖絵』には「弘安三秊、善光寺より奥州へおもむき給に、旅店日をかさねて勝地ひとつにあらず、月は野草の露よりいでゝ、遠樹の梢をいとはぬさかひもあり、日は海松《みる》の霧をわけて、天水の浪にかたぶくところもあり、漁人・商客の路をともなふ。知音にあらざれども、かたらひをまじへ、邑老村叟のなさけなき勧化をまたずして縁をむすぶ。かくて白川の関にかゝりて、関の明神の宝殿の柱にかきつけ給ける」（巻五）として、何ゆえか他阿弥陀仏については全くふれていない。

更に正応二年、もはやこれまでと兵庫の観音堂に入られたとき、あたかも他阿弥陀仏も病の床に臥する身となったが、ときに聖は「われ已に臨終近付ぬ、他阿弥陀仏はいまだ化縁尽ぬ人なれば、能々看病すべきよし」のたまい弟子たちをして看病せしめたといい、また「南無阿弥陀仏は、うれしきか」との下問に、はらはらと落涙した。その由を見た一遍聖は「直他人《ただびと》にあらず、化導をうけつぐべき人なり」と申され、他阿弥陀仏こそわが教えを領解し、法をうけつぐにたえたる器量の仁であるとして、遺誡の法文をあたえたという。八月中旬、病悩重くなったとき、聖は念仏のほか他事なく、ために訪う人があれば他阿弥陀仏が代って接し、書札があれば聖に代って返書をしたためたといわれ（絵詞伝巻四）、いよいよ命終するや、「知識にをくれ奉りぬるうへは、すみやかに念仏して臨終すべし」と丹生山にわけ入り、その日を待ちわび、ひたすら念仏をとなえていた。ときに粟河の領主の切なる望みによって、念仏の算をあたえられたが、領主の「如此《かくのごとく》化導ありぬべからむには、徒《いたずら》に死ても何の詮か有べき、故聖の金言も耳の底に留り侍れば、化度利生したまふにこそ」という言葉にはげまされ、教団を組織し再出発することになった（同上巻五）。

こうして『絵詞伝』は、一遍聖から他阿弥陀仏へと教団の路線がしかれ、両者の間には全く異途なく、聖から生前教団をうけつぐにたる人であるという印可をうけていたことを示すために作成されたものであり、しかも「諸国修行の念仏勧進の聖他阿弥陀仏は権化の人也」（巻九）といい、「観音をば済度利生のために、娑婆へつかはす、其の名を他阿弥陀仏と号す、勢至ぼさつをもつかはしたりき、一遍房といひしが還り来れるなり」（巻十）と述べているところによれば、他阿弥陀仏は権化であり、観音の示現であったといっているように神格化され、その流れは正しく聖の流れを汲む法流であって、それは絶えることなく後世までつづいていることを示そうとする意図をもっている。

　編者宗俊の伝ははっきりしていない。宗俊は、一遍の弟子というよりも、他阿弥陀仏真教のもとで薫陶を受けた僧であったらしく、一遍伝の知識は当然真教から聞いたであろうが、多くは『聖絵』によって著述をすすめている。すなわち両者を些細に読んでいくと、二〇か所にもおよぶ同文がある。今、そのうちのいくつかを列挙してみよう。

表4　『一遍聖絵』と『一遍上人絵詞伝』との本文比較

聖絵	絵詞伝
其年信濃国佐久郡伴野の市庭の在家にして歳末の別時のとき、紫雲はじめてたち侍りけり。	同二年佐久郡伴野といふ所にて、歳末の別時に紫雲始て立侍けり。 さてその所に念仏往生をねがふ人ありて、聖を留奉ける比、そゞろに心すみて念仏の信心もおこり、踊躍歓喜の涙いともろくおちければ、同行ともに声をとゝのへて念仏し、提(ママ)をたゝいておどり給けるを、みるもの随喜し、聞人渇仰して、金磬をみがき鋳させて、聖に奉けり。 然ば行者の信心を踊躍の皃に示し、報仏の聴許を金磬のひゞきにあらはして、長き眠の衆生をおどろかし、群迷の結縁をすゝむ。
抑をどり念仏は、空也上人、或は市屋、或は四条の辻にて始行し給けり。	抑おどり念仏は、空也上人、或は市屋、或は四条辻にて始行給けり。
彼詞云、心無所縁、随日暮止、身無住所、随夜暁去、忍辰衣厚、不痛杖木瓦石、慈悲室深、不聞罵詈誹謗、信口称三昧市中是道場、順	彼詞云、心無所縁、随日暮止、身無所住、随夜暁去、忍辰衣厚、不痛杖木瓦石、慈悲室深、不聞罵詈誹謗、信口称三昧市中是道場、順

声見仏、息精即念珠、夜々待仏来迎、朝々喜最後、近住三業於天運、譲四儀於菩提矣、是依為聖持文載之

それよりこのかたまなぶもの、をのづからありといへども、利益猶あまねからず、しかるをいま時いたり機熟しけるにや。（巻四）

弘安三年、善光寺より奥州へおもむき給に、旅店日をかさねて勝地ひとつにあらず。

月は野草の露よりいで丶、遠樹の梢をいとはぬさかひもあり、日は海松の霧をわけて天水の浪にかたぶくところもあり、

漁人・商客の路をともなふ。知音にあらざれども、かたらひをまじへ、邑老村叟のなさけなき勧化をまたずして縁をむすぶ。

かくて白川の関にかゝりて、関の明神の宝殿の柱にかきつけ給ける。（巻五）

武蔵国にあぢさかの入道と申もの、遁世して時衆にいるべきよし申けれども、ゆるされなかりければ、

往生の用心よく〳〵たづねうけ給て、蒲原にてまちたてまつらむとていでけるが、

富士河のはたにたちより、馬にさしたる縄をときて腰につけてなん

声見仏、息精即念仏、夜々待仏来迎、朝々喜最後、近任三業於天運、譲四儀於菩提文

それよりこのかたまなぶもの、をのづからありといへども、利益猶あまねからず、而今時いたり機熟して、化導諸国にひろがりけるにや。（巻二）

同三年奥州へおもむき給ふ。

修行日を送て地形一にあらず。

月は野草の露より出て、遠樹の梢をいとはぬ境もあり、日は海岸の霧に傾て双松の緑にうつろふ所もあり、

かくて白河のせきにかゝられけるに、関屋の月のもるかげは、人の心をよむるなりけりと、西行が読み侍ける。おもひ出でられて、せきやの柱に書付給ける。（巻二）

同年七月の比、駿河国井田といふ所におはしける時、あぢさかの入道と申もの、時衆に入べき由申けれども、ゆるされなかりければ、

さていかにとして、生死をば離侍べきぞと申に、たゞ念仏申てしぬるより外は別時なし、との給けるに、さてはやすき事に侍りとて、

蒲原にて待奉るべしとてゆきけるが、

富士河のはたに立よりて、馬にさしたる縄をときて腰につけて、汝

聖絵	絵詞伝
ぢらつゐに引接の讃をいだすべしといひければ、下人、こはいかなる事ぞと申に、南無阿弥陀仏と申てしねば、如来の来迎し給と、聖の仰られければ、極楽へとくしてまいるべし。なごりを惜む事なかれとて、十念となへて水にいりぬ。すなはち紫雲たなびき、音楽にしにきこへけり。しばらくありて縄をひきあげたりければ、合掌すこしもみだれずして、めでたかりけりとなむ。（巻六）	等つゐに引接の讃いだすべしと云ければ、下人、こはいかなることぞと申に、南無阿弥陀仏と申てしねば、仏来迎し給と、聖の仰られつれば、極楽へとくしてまいるべし、なごりをおしむ事なかれとて、十念唱て河に入にければ、やがて紫雲水にうつろひ、音楽浪にひゞく。暫ありて縄を引あげたれば、合掌の印すこしもみだれず、往生の相めでたかりけるとなむ。（巻二）

次に『絵詞伝』の成立年時について考えてみたい。詞書中に「抑、弘安二年六月より嘉元々年十二月に至まで、首尾廿七年の間に、臨終する時衆、惣じて二百六十九人也。僧百四十一人 尼百二十八人 此内制戒にそむく旨ありといへども、廻心せざりける間、往生をとげざるもの七人ありけるとなむ」（巻十）とあり、真教の伝をのせるといっても当麻の独住や入滅を記していないところからすれば、成立は嘉元元年（一三〇三）十二月をさかのぼり得ないし、また入滅の文保三年（一三一九）正月以後でもあるまい。ちなみに真教は嘉元元年十二月、相模国当麻での歳末別時念仏を最後に法灯を智得に譲り独住生活に入ったので、この年は真教にとって記念すべき年でもあった。しかも『絵詞伝』の書写を示すものとして、京都金蓮寺本には「徳治第二之天初夏上旬之候馳筆終功畢」とあるので、徳治二年（一三〇七）が成立をしめす下限年代である。したがって本書は、嘉元二年正月から徳治二年四月（初夏）の間に成立したものとみてよいであろう。さらに手がかりを示すものとして『時衆過去帳』（清浄光寺蔵）があり、これに

よれば「僧衆」では嘉元二年正月二日の恒阿弥陀仏が一四一人目、「尼衆」では同十二月二十四日の当仏房が一二八人目にあたっている。不往生者の場合、嘉元元年十二月の段階では僧五、尼一の六人で、「往生をとげざるもの七人」とするには、嘉元三年十二月の盧阿弥陀仏をまたなければならない。往生できぬと決めつけられた人のなかには、『過去帳』に載せられていない、すなわち死後のとり消しばかりではなく、生前烙印をおされた人もあったであろうから、嘉元元年すでに七人に達していたかも知れぬ。これを嘉元元年十二月としたとき、「僧衆」では更に二人の往生者がいる。こうして僧衆・尼衆・不往生者の数を一点において『絵詞伝』の数と一致させることは不可能であるが、嘉元二年を去る余り隔たらないころ成立したものであろう。なお宮次男氏は、原本は失せてないにしても、張りのあるしっかりした描線で描かれ、人物の面貌もまじめで、特に目の表現は上下のまぶたをはっきり引いて眼精を点じ、似絵的な趣をもっている大和文華館本の『絵詞伝』をもって、原本に近いものとみている。(22)

三　両伝成立の背景

このように『聖絵』『絵詞伝』の成立について考察してみたとき、一方は聖戒を、他方は他阿弥陀仏真教を一遍に最も近い人として画いている。そして、ともにわれこそは聖の法灯をうけつぐ正統者であることを自負しているかのようである。聖戒は血縁的に聖に近く、真教は受法者として最も早い時期に入門したことは、両者たがいに認めていたところであったらしい。真教が有力門弟であればあるほど、聖戒は自分の真教に対する優位性を示さなければならない。そこで彼が同行相親のちぎりを結んだ以前、聖達門での同行であったとして、「いま一度、師匠に対面のこゝろざしありとて、太宰府へおもむき給ふあひだに、聖戒も出家をとげてあひしたがひたてまつりき」(聖絵巻二)と、その事実をもちだしたのではあるまいか。しかも、真教は終生聖の近くに侍っていたとしても、その地位は「一化の間、かはる事なき調声」であったにすぎないとしている(同上巻十二)。この場合、聖戒が言わんとしているのは、調声の地位は低いということであるらしい。また、一遍聖が頭北面西して念仏していたとき、道俗多く集まり、堂上堂下さわがしきことはなはだしかった。時に「今が臨終ではないのだから、人をのけよ」と仰せられたので、その由を真教がふれ廻ったけれども静かにならない。そこで聖戒が時衆をのけ、自席を定めてもとのごとく座らせたところ、皆の者は納得し、はじめて静まったといっているのも、聖戒こそ真教よりも統率力があり、なおかつ優位にあることを示そうとした意図をもっての記述であったろう。しかし、調声の地位は高くないといった場合、真教の流れを汲む者としては、到底そのまま是認することはできない。そればかりか、不利な位置にたつことは明らかである。そこで真教の流れを汲む時宗内では「調声は、上人在世より聖一人つとめられける」(絵詞伝巻十)とか、「純阿弥陀仏を調声のため遣はし候、此仁は遊行にても一方《ひとかた》ならぬ用人にて候へども、諸事を閣《ひら》きのぼせ候」(七条文書、一鎮書状)といっているように「一方ならぬ用人」的地位にまで引きあげなければならなかった。

『聖絵』と『絵詞伝』を対比してみると、両書の成立時的段階においては、少なくとも聖戒と真教派とは相入れない、対立状態におかれていたであろうことを知ることができるが、このような様態を呈するようになったのは、いつごろからのことであったろうか。一遍聖は、常に一期《いちご》の間の教化であるといっているから、聖に教団存続の意志はなく、したがって分裂をはらむような動きは、少なくとも在世中は存在していなかったとみてよいであろう。とすれば分裂の萌芽は聖の入滅によって惹起したとみられる。すなわち、弘安元年制定の『一期不断念仏結番』(番帳)には四八名の時衆をのせているが、『番帳』には『聖絵』や『絵詞伝』が有力門徒とみなしている聖戒派の彌阿弥陀仏(二番筆頭)・相阿弥陀仏(四番筆頭)もおれば、真教派の浄阿弥陀仏の名も見えている。これが嘉元四年正月制定の『別時念仏結番』になると、真教は知識の位につき番外となっているが、彌阿弥陀仏・相阿弥陀仏は第一線からしりぞき、主要な地位についていない。

真教に対し、聖戒がどのような動きをしたかは、『聖絵』が一遍聖入滅後の行動について言及していないので、はっきりしない。しかし、『聖絵』が在洛時のようすを、「七季(弘安)閏四月十六日、関寺より四条京極の釈迦堂にいり給。貴賤上下群をなして、人はかへりみることあたはず、車はめぐらすことえざりき。一七日のゝち、因幡堂にうつり給。そのとき土御門前内大臣念仏結縁のためにおはしまして、後におくり給へる」(巻七)といい、「又三条悲田院に一日一夜、蓮光院に一時おはします。これらは彼寺の長老の召請のゆへにぞ侍りける」(同上)とか、「そのゝち雲居寺・六波羅密寺《(ママ)》、次第に巡礼し給て、空也上人の遺跡市屋に道場をしめて数日をゝくり給しに、唐橋法印印承、勢至菩薩の化身にておはしますよし、霊夢の記をもちてまいれり」「又従三位基長卿、ひごろは信心したてまつる思なくて、結縁も申さぬところに、たちまちに瑞夢のつげありとて、一巻の記を持参せられたりき」(同上)と記し、公家衆と交渉をもったことを述べ、「一人のすゝめ」によって『聖絵』が成立したと

表5　一遍智真の結縁者一覧

階層	結縁者	聖絵	絵詞伝	語録
公卿	土御門入道前内大臣	○	○	○
	従三位基長	○		
	大炊御門の二品禅尼	○		
	頭の弁なる人		○	○
	西園寺殿の御妹の准后			○
	殿上人			○
武士	大友兵庫頭頼泰	○		
	信州佐久郡の大井太郎と申ける武士	○		
	武蔵国あぢさかの入道	○	○	○
	尾張の二宮入道	○		
	たかはたの入道	○		
	丹波国の山内入道	○		
	地頭代平忠康	○		
	中務入道	○		
	播磨の淡河殿	○		
神主	吉備津宮の神主が子息	○	○	
旧仏教僧	延暦寺東塔桜本の兵部卿竪者重豪	○	○宴聡	○
	願行上人の門弟生阿弥陀仏	○		
	鎌倉の詑磨の法印公朝	○	○	○
	横川の真縁上人	○		○
	前天台座主菩提院僧正証覚		○	

いう背景を考え、更にその後の行動範囲を『開山彌阿上人行状』によってみるに、聖戒の遊行賦算は京洛を中心として行じていたのではないかと思われる。かくて道場に止住し、貴紳に接近し、貴紳をかさにきての行動は、真教に対する対抗政策であり、そのため寺基の拡大を可能にし、布教は保障されたであろうけれども、早く遊行をとどめる結果となってしまった。『聖絵』の語るところによれば、「十六年があひだ、目録にいる人数」は二五億(ママ)一七二四人をかぞえたといわれ、「其余の結縁衆は齢須もかぞへがたく、竹帛をしるしがた」（巻十二）いといっているが、今諸伝をもとに一遍聖が結縁したという人を表示してみると、上表のごとくなる。

これによって見るに、『聖絵』は公家と武士によりも多くの結縁者をもち、『絵詞伝』は結縁者として旧仏教関係者を挙げている。このことは、また両伝

竹中法印承詮		○	
唐橋法印印承	○	○	
興願僧都			○

の成立とこれら階層とは無関係でなかったことを物語っているといえよう。すなわち『聖絵』は「よき武士と道者とは、死するさまをあだにしらせぬ事ぞ」（巻十二）といって武士を称揚しているが、それは聖戒が一遍聖の弟であるとすれば、当然彼も武士の流れをくむ人であったから、武士を公家と同様、自分の側にたつ理解者としてあげ、武士階層の力強いささえによって、教団が形成されていることを説こうとしたのであろう。また『絵詞伝』に旧仏教教団関係の僧が見られることは、真教を含めて一遍の流れが、旧仏教から公認されていることを誇示しようとする意図があり、それは聖戒の流れに対する優位性を示すためのものであったかも知れない。

註

（1）五来重氏は見送る婦人と見送られる尼について、ともに一遍の妻であるとし、「還俗時に二人の妻をもち、そのトラブルから再出家するに至ったといい、見送られる尼すなわち超一は妻、超二はその娘。聖戒は見送る婦人の子であると述べている（熊野詣）。もちろん、こうした説は古くからあり、『北条九代記』には

開山一遍上人は、伊予国の住人河野七郎通広が次男なり。家富み栄えて（中略）二人の妾あり、何れも容顔麗はしく心ざま優なりしかば、寵愛深く侍りき。

と述べているが、むしろ見送られる尼は一遍の妻、見送る婦人は父如仏の後妻、その子が聖戒で、一遍と聖戒は異母兄弟だったのではあるまいか。拙著「一遍――その行動と思想――」三〇頁以下参照。

（2）成道の年について、『聖絵』は文永十一年夏、『絵詞伝』は建治二年夏、『奉納縁起記』は建治のころとしており、『一遍上人年譜略』は建治元年十二月十五日とし、『一遍上人行状』は建治元年三月二十五日と建治二年夏の二回熊野に詣でたとしている。

（3）北上史談会刊『河野通信事蹟と墳墓発見の報告』、北上市教育委員会刊『一遍上人祖父通信ヒジリ塚』（文化財調査報告一）等参照。

（4）長寛勘文（群書類従二六の二五六頁）。

（5）『石清水文書』五、宮寺縁事抄十三に「奉レ為二石清水八幡大菩薩三所君達一、梵天・帝釈・天神・地祇、兼、師僧父母・六親眷族・三界法界有識無識、皆悉為レ令レ往二生極楽浄土一」とあって、八幡大菩薩に往生極楽を願求するというのは、八幡が阿弥陀仏の垂迹と考えられていたからであろう。

（6）田村圓澄『日本仏教思想史研究　浄土教篇』所収「一遍と神祇」の項参照。

（7）五来重「一遍と高野・熊野および踊念仏」（日本絵巻物全集10、『一遍聖絵』解説三七頁）。

（8）『国阿上人絵伝』には

　愚痴闇鈍の衆生を度せんと云願ありて、恵心僧都・法然上人の風をしたひ念仏三昧の行人となり、諸国修行に出給ふ。其の比遊行七代他阿上人、諸国をめぐり念仏化導し給ふに行逢ひ、念仏の安心を聴聞し、感心渇仰して時衆となり、名を改め国阿弥陀仏と号し（巻一）

と述べ、他阿上人に帰依した以前、すでに諸国遊行していたという。とすれば国阿弥陀仏を中心に遊行していた宗団は、やはり時衆と呼ばれていたのではあるまいか。

（9）一遍に師事したとする説は『時宗要略譜』と『一遍上人絵詞伝直談抄』にのみ見える説で、前者は遊行派日輪寺呑了の撰述にかかるものであり、後者は『要略譜』を引用したものであって、両者の成立は一連のものである。この説をなした人については知ることができないにしても、呑了以前一遍の法系上に一向俊聖をのせているものは見当らない。拙著『番場時衆のあゆみ』四〇頁以下参照。

（10）一向俊聖の画像および臨終絵については、森暢「一向上人の臨終絵と画像」（国華八六九）参照。

（11）一遍は阿弥衣を着用しているが、一向俊聖は「馬牧子ト云フ物ヲ取リ袈裟」（別時作法問答）とした、いわゆる馬衣を着しており、遊行二十一代知蓮も、この馬衣こそ「今馬場門徒（番場蓮華寺一派の意で一向衆の流れを指す）時衆ノ懸クル結袈裟是也」と述べている。

（12）『一向上人縁起絵詞』は、奥書によれば「文明二庚寅中春日八葉山蓮華寺一向第十四世同阿」とあり、文明二年の成立と考えられるが、現存本は絵の部分を欠き、しかも下巻をとどめない零本で、江戸末期に近いころの転写本である。

（13）『本朝高僧伝』巻十五、摂州光明福寺沙門知真伝の条下に収められている。一何について撰者師蛮は、時宗徒の名として不似あいな

ものと考えたのであろうか「考、一何、恐らくは一阿の誤り」と註記し、『時宗要義問弁』の著者も

金磬の事、伝へて云く、流祖一阿と加茂の神祠に詣ず。則ち神、宮司に託し、懸くる所の鰐口を割り、半隻を智真と一何に賜はしむ。

として、一何を一阿と改めているが、一何が宝号をとなえ、遊行して念仏の弘通につとめているところからすれば、一何は一向俊聖であり、運筆の結果生じた誤写ではないだろうか。

(14)『聖絵』の原本は京都歓喜光寺に所蔵されているが、うち第七巻は出でて東京国立博物館の有に帰している。京都新善光寺に所蔵されていたものは御影堂本と呼ばれていたが、現在では奈良北村家（四巻）と、東京前田育徳会（七巻）に分蔵しており、それぞれの巻末には「佐女牛室町新善光寺御影堂納物　不可出他所者也」と記されている。

このほか『聖絵』の類本は大阪藤田美術館と佐渡大願寺に各一二巻現存し、前者はもと京都七条道場金光寺に伝来していたものであるという。

(15)『絵詞伝』の類本は京都四条金蓮寺（徳治二年奥書、二〇巻）・神戸真光寺（元亨三年奥書、一〇巻）・藤沢清浄光寺（一〇巻）・山形光明寺（文禄三年最上義光寄進、一〇巻）・新潟北条専称寺（一〇巻）・同十日町来迎寺（一〇巻）・京都市姫金光寺（四巻）・長野野沢金台寺（一巻）・愛知大浜称名寺（一巻）・東京遠山元一氏（元徳元年奥書、一巻）・京都四条金蓮寺（一巻）等に現存し、奈良大和文華館・アメリカ合衆国フリア美術館等には断簡が所蔵されている。

その他、記録によれば藤沢清浄光寺には古縁起・新縁起と呼ばれる『絵詞伝』があったというが、前者は明治四十四年、後者は安政五年焼失し、東京国立博物館にはその模写本が残されている。

(16) 佐々木剛三「歓喜光寺蔵『聖絵』の画巻構成に関する諸問題とその製作者について」（国華九一二）参照。

(17) 宮次男「一遍上人絵伝」（日本の美術五六）四一頁参照。

(18) 望月信成「一遍聖人絵伝について」（日本絵巻物全集10、『一遍聖絵』解説七頁）参照。

(19) 林屋辰三郎「法眼円伊について——一遍聖絵筆者の考証——」（画説六三）参照。

(20) 宮次男「一遍聖絵と円伊」（美術研究二〇五）には諸説を紹介して園城寺円伊説を批判し、専門画家円伊を中心とするアトリエないしは画派というべきものが存在した可能性のあることを指摘している。

(21) 聖徳太子像は現在京都大原野勝持院に所蔵されており、像高七〇センチ。
(22) 宮次男氏は、「宗俊本中、現在知られている作品について、製作年代の判明しているものについてのべると、先ず徳治二年本(一三〇七)があげられる。しかし、これは金蓮寺本の奥書によって、その存在を知るにすぎない。次に元亨三年(一三二三)の真光寺本、元徳元年(一三八一)の遠山家本、文禄三年(一五九四)の光明寺本が製作年代の判明する遺品であるが、その他の遺品について描法・様式などから製作年代を推定すると、金台寺本は十四世紀前半、焼失古縁起及び金光寺本は十四世紀中頃、常称寺本は十四世紀後半、金蓮寺本は十五世紀、清浄光寺本は十六世紀と一応考えられる。これらの遺品に徴して本断簡(大和文華館本)を位置づけると、最も古く、また優れた作ということができる」と述べている(「大和文華館蔵『一遍上人絵伝』断簡をめぐって」大和文華五一)。

第二章　初期教団の形成

第一節　一遍入滅後の教団の動向と他阿真教の嗣法

「我が化導は一期ばかりぞ」（聖絵巻十一）といい、「一代聖教みなつきて南無阿弥陀仏になりはてぬ」（同上）と述べ、教団存続の意志がないと認めている以上、時宗は一遍の死とともに瓦解の運命にあった。一遍の入滅とともに教団としての役割が断ちきられることは、「専ら知識の教えを守り、恣に我意に任」（時衆制誡、原漢文）せてはならないという態度を厳持するかぎり当然なことであった。聖の死を歎き時衆や結縁衆のなかで、観音堂の前の海に身を投じた人もいれば、(1)聖戒や仙阿のように京都に行ったり、故郷の伊予国に帰った僧もいた。聖は「没後の事は、我門弟におきては葬礼の儀をとゝのふにおよばず、野にすてゝけだものにほどこすべし。但、在家のもの結縁のこゝろざしをいたさむをば、いろふにおよばず」（聖絵巻十二）と遺言したが、在家人たちは承知せず孝養したいと申し出たので、観音堂の松のもとで荼毘に付し墓所をしつらえた。そのとき高弟の真教は丹生山(2)にわけ入り速やかに念仏して往生したいと考えた。丹生山の南麓を流れる山田川に沿った有馬から三木にぬける街道は、古来西国街道の裏街道として発達したところで、丹生山には明要廃寺があり、その旧参道を中心とした一帯には鎌倉末期から室町期に至る石造美術品が多く散在しているという。(3)この寺がいつ廃絶したか知ることはできないが、『絵詞伝』に「かくて山をこへ、谷をへだて、或所に寺あり。仏閣零落して蘿苔礎をうつみ、寺院破壊して荆棘道をふさぐ」（巻五）と記してあるところからすると、真教がここに来住したときにはすでに廃寺に帰していたのかも知れない。真教の一行は朽ちくずれた堂を見つけ「林下に草の枕をむすび、藂辺に苔の莚をまうけて、夕の雲に臥し、暁の露におき」（同上）念仏しながら死を待っていたところ、山麓の栗河の領主が時衆のいるという噂を聞き、念仏を受けたいといってたずねてきた。そのとき真教は、自分たちは亡くなった師一遍のあとをおい、ただただ臨終を待っている身です、したがって念仏の算《ふだ》を与えるような資格もなければ、賦算権をもたない私は算を所持してもいません、といって固辞した。ところが領主は「このように縁を結びたいと願っている人がいるのです。どうか算をいただきたい」といって承知しない。算は後世の往生を保証する手形である。やむなく師から拝受した念仏算を授与したとはいうものの、考えて見れば念仏算を欲しいと要求しているのは私一人だけではない、死んだからとてどうなるものでもない。それよりも賦算して衆生を化益することこそ、仏者にあたえられた使命ではないのか、それを救済をのぞむ人をよそに死んでゆこうとする。救済の手をさしのべてほしい、こうした発言にはたと迷った。師に殉じて餓死するか、師の芳躅を慕いながら念仏勧化するかの岐路にたたされた。ときに、領主のこうした言葉にはげまされ、思いなおし死をとどめ真教を知識として時衆たちは山をおり、化益の旅にたたれたという。こうして時宗は、真教の手により再編成がなされ、教団として再出発することになった。

死の道をえらぶことは、むしろ知識の命を遵守することである。すなわち、身命を知識にまかせているからには、知識と仰ぐ一遍が入滅したとき、帰命している時衆のすべてが、そのあとを追って死ぬのは当然の処置である。したがって、道場の前の浜で時衆が入水往生しても、『聖絵』や『絵詞伝』はそれを当然なこととして記録しているし、『絵詞伝』はまた「遺弟等、知識にをくれ奉りぬるうへは、すみやかに念仏して臨終すべし」(巻五)と自らの死を淡々と書きながしている。死を何ら罪の意識としてとりあげていない。真教が臨終地と定めた丹生山は兵庫の北方一五キロにある山で、六甲山地の裏側に位置している、まったくの深山である。なぜ、この地を選んだかは、はっきりしていない。一遍がここを遊行した形跡もなければ、真教にとって有縁の地でもない。にもかかわらず、師の入滅後ここに直行しているのは、当時ここを霊山と見る思想が存在していたからではあるまいか。

一遍は教団の存続を否定しているとはいえ、「一千余人の弟葉」(聖絵巻十二)がいて、教説を奉じ各地に散在していたらしく、聖の臨終を耳にして「所々の長老たち出来て、御教化」(絵詞伝巻四)にあずかった人もいれば、また「たがひに西刹の同生をちぎりて、こゝにわかれ、かしこにわかれし心のうち、すべて詞のはしにものべがたく、筆の跡にも記しがたくこそ侍」(聖絵巻十二)ったと述べているように、同行と別れて思い思いの土地に行き、師一遍の教えを伝えていた僧もいた。「所々の長老」といっているかぎり、在世時すでに時衆が散在し、長老格の中心となるべき指導者がいたことは事実であったろう。こうした人たちのいるかぎり、門弟の何人かが入水往生したからとて、一朝一夕に教団は解体するものではない。長老たちを中心に時衆はまとまり、それが聖入滅後、真教が遊行相続者と認められて多くの時衆の支持者を得たとき、彼らを次第に統率して教団を成立させていった。

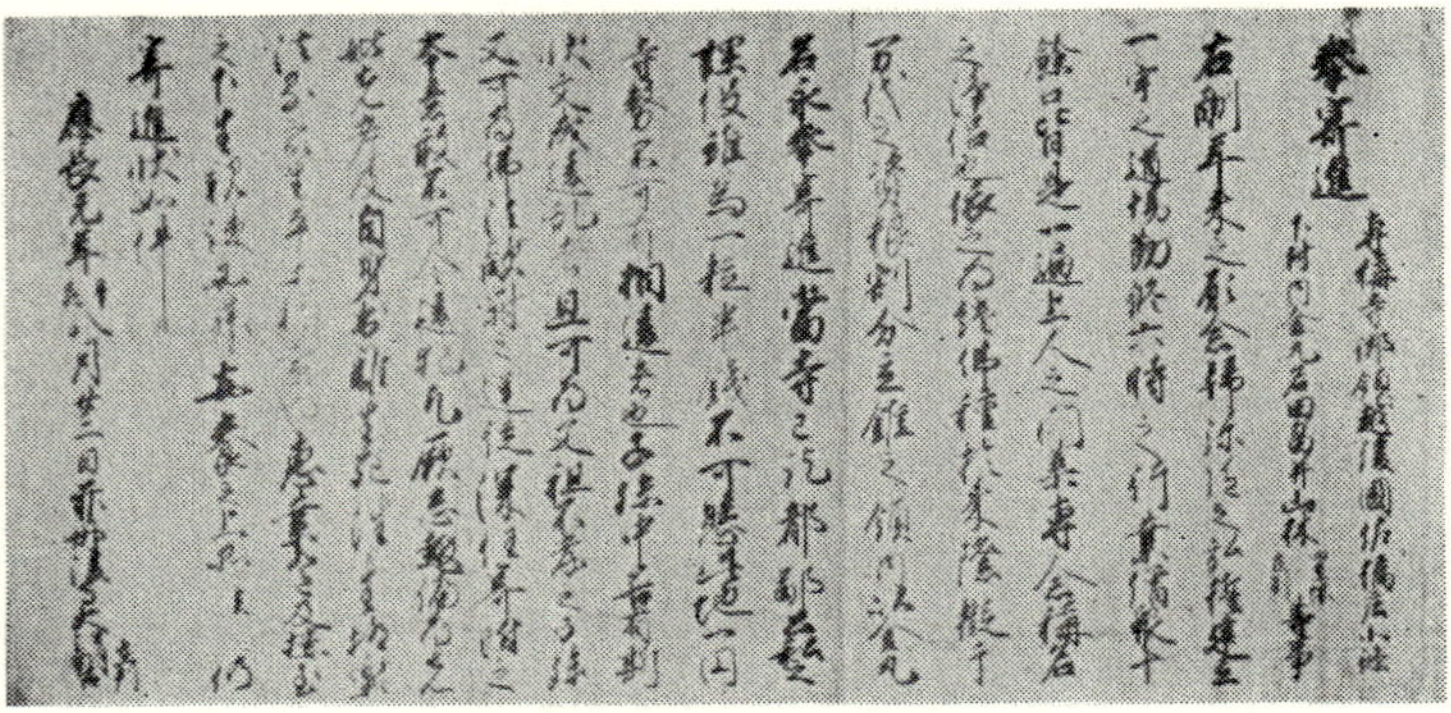

毛利丹後守時元寄進状（佐橋専称寺蔵）

ここに真教が大上人と呼ばれ、一遍智真の廟所真光寺が本山とならずに、真教の廟所をもつ相模国当麻の無量光寺が本山となった理由がある。いわば真教は瓦解寸前の教団を再編成した、事実上の開祖であったといえる。

越後国佐橋荘北条《きたじょう》では、北条毛利丹後守時元が弥陀の弘誓に帰し、六時の行業を勤修するため一宇の道場＝専称寺を建立し、一遍聖の門葉の僧衆十余人をおき、浄業を修していたという。これらの僧たちは「専念称名之浄侶」であり、道場の建立は時元にとって「年来之願念」であったから、寺基を永代に伝え、道場の存続を可能ならしめるためにも、経済的基盤となる寺領は不可欠の条件であった。そのため応長元年（一三一一）八月「佐橋荘北条下村の内、金丸名の田畑並びに山林」を寺領として寄進し、「都鄙・公私の課役は一粒半銭たりと雖も、此地に懸くべからず」と沙汰している（以上専称寺文書、原漢文）。時元は毛利宮内少輔入道道幸（専称寺過去帳）ともいい、北条毛利氏の初祖である。これより先、正安二年（一三〇〇）ごろにはすでに陸奥国で五十余人の結縁衆をもった衆団が踊念仏を修していたらしく、宮城県登米郡南方村板倉には「右為四十八日踊念仏□□（礼拝）五十余人結縁、正安二年閏七月十五日」と記された板碑が造立されている。正安二年といえば、一遍が「奥州江刺の郡にいたりて、祖父通信が墳墓をたづね」（聖絵巻五）た弘安三年から未だ二〇年ほどしか経っていない。踊念仏は同二年「信濃国佐久郡伴野の市庭の在家にして、歳末の別時のとき」（同上巻四）はじめて行われ、以来行くさきざきで修されたであろうから、翌年陸奥国まで伝えられたことは十分推測される。とすれば板碑銘に見える踊念仏の結縁衆は、一遍聖によって教化された時衆とみて大過あるまい。これらの地には今でこそ時宗寺院は存在していないが、かつては数十人の時衆を擁する道場があったことを知るのであり、九州には豊後国大野荘に風早東西阿弥陀堂が設けられ、時衆が存在していたようである。[4] 大友氏が一遍に帰依したことは、『聖絵』に「大友兵庫頭頼泰、帰依したてまつりて衣などたてまつ」（巻四）ったとあることによって知られるが、風早阿弥陀堂は頼泰の父親秀の母にあたる深妙＝風早禅尼が、夫能直の菩提をとむらうために創建したものであって、時衆化がすすめられたのは弘安十一年（一二八八）以前のことであった。この年は、聖の在世中であり、生存中すでに九州にも時宗道場があった。能直は源頼朝の実子で、母は大友四郎大夫経家の女。こうして建立された道場は、正和五年（一三一六）ごろすでに一〇〇か所におよんでいたという。[5]

第二節　他阿真教とその教団

真教は、弘安元年一遍が九州を化導したとき、豊後国大野荘で入門した。[6] 以来、彼は一遍の高足として、常に随逐し遊行をつづけること一二年。一度は「知識にをくれ奉りぬるうへは、すみやかに念仏して臨終すべし」(絵詞伝巻五)と死を決意したこともあったが、粟河の領主のすすめにより、衆におされて知識となり念仏勧化の旅にのぼった。正応三年(一二九〇)夏越前国国府に赴き、惣社に七日参籠したのち、佐々生・瓜生などを化益し、冬には再び越前国の惣社にもどって歳末の別時念仏を厳修し、一七の間「暁ごとに水を浴、一食定斎にて、在家・出家をいはず、常座合掌して一向称名の行間断なく、番帳を定めて、時香一二寸をすぐさず、面々に臨終の儀式」(同上)を考えて修行にはげんだ。翌四年八月、加賀国今湊・藤塚・宮腰・石立を賦算した彼は(同上)、秋のころ人々の召請によって、再び惣社に参詣したが、ときに国中の尊卑の人たちから帰依をうけたことが縁となり、これに心よからぬ平泉寺法師らは越前国から真教を追い出そうと企て、数百人が社頭をかこみ、鬨の声をあげ、石を雨霰のように投げたという。衆徒の迫害をのがれて加賀国に入り、同六年には越後国波多岐荘で中条七郎蔵人の帰依をうけ、越えて永仁五年(一二九七)には上野国を修行し、同年六月小山新善光寺の如来堂に逗留したというが、永仁二年(正応六年八月、永仁と改元)から四年までの足跡は明らかでない。思うに越後国において教化していたのであろうか(同上巻六)。しかし、永仁三年書かれた『野守鏡』や翌四年成立した『天狗草紙』には、「一返(マヽ)房といひし僧、念仏義をあやまりて、踊躍歓喜といふは、をどるべき心なりとて、頭をふり足をあげてをどるをもて、念仏の行義とし、又直心即浄土なりといふ文につきて、よろづいつはりてすべからずとて、はだかになれども、見苦しき所をもかくさず、偏に狂人のごとくにして、にくしと思ふ人をば、はゞかる所なく放言して、これをゆかしくたふとき正直のいたりなりとて、貴賤こぞりあつまりし事、さかりなる市にもなほこえたり」

（野守鏡）とか、「あわや紫雲のたちて候はあなたふとや、一遍房あをひで人の信ずるは、そらより花のふればなりけり、なまい□はい〱や、やろはい〱、ろ《（ママ）》はいや〱、天狗の長老一邊《（ママ）》房、いまは花もふり紫雲もたつらむぞ、御房たちいでゝみ□□、はなのふり候、人々御らむ候へや、いかなるかはなにて候ぞ、まほしこそちるめれ、□をば三輩に□□もたするに、□はい〱といふはなにぞも、念仏のふだ、こちへもたびさふらへ、あれみよ、しとこうものゝおほさよ、これは上人の御しとにて候、よろづのやまひのくすりにて候」（天狗草紙）と述べて、時衆の踊念仏を非難したり、嘲笑しているところをみると、そのころ時宗教団はいちじるしく盛大となり、世人から注目されていたことを知ることができる。

真教は、永仁六年武蔵国村岡で『他阿弥陀仏同行用心大綱』を書いて時衆の心得を示し、その後、越中国放生津、越後国池・鵜河荘萩崎を経て、国府より関山・熊坂を越え、信濃国におもむき、善光寺に参詣した。信濃路に入った真教は、それより甲斐国一条（絵詞伝巻七）・中河・小笠原を経、御坂から河口をまわり、再び正安三年（一三〇一）越前国におもむいたようである。甲斐国では一条時信の帰依を受け、その弟小六郎宗信は法阿弥陀仏と名乗り、真教の遊行回国に随伴し、時にまた板垣入道が入信したという。越前国に入った真教は角鹿笥飯（敦賀気比）大神宮に詣で、時衆らとともに、自らもっこをにない土を運んだといわれ、世にこれを「遊行のお砂持ち」と呼んでいる。『絵詞伝』には、その状況について「社司・神官等大に悦て、先縄を引て、道のとほりを定む。広さ二丈あまり、遠さ三丁余也。さても其あたりはおびたゞしき沼なりければ、すべてうむべき土のたよりもなかりけるを、聖、社頭より四五町許ゆきて、浜の沙を運はじめ給程に、時衆の僧尼、われも〱とあらそひける。其外も諸国帰依の人、近隣結縁の輩、貴賤を論ぜず道俗をいはず、神官・社僧・遊君・遊女にいたるまで、七日夜の間は肩をきしり、踵をつげり。海浜すこぶる人倫を成し、道路ますく市のごとし」と述べている(同上巻八)。

八月十五日兵庫におもむき「故上人の御影堂にまうで」、十七日より一七日の別時念仏をなして十三回忌の追善を修し(同上巻九)、十月伊勢国に入り細谷で如阿弥陀仏の一周忌をつとめた(他阿上人法語巻八)。十一月のはじめ櫛田の赤御堂に逗留し、ついで大神宮に参詣して賦算し念仏を勧化しようとしたが、一人として受けようとする者はいなかった。それというのも大神宮では三宝を忌むからであったが、ときに「宮の政所大夫雅見」は現に真教に神異あることを知り、たちまち信敬して上人を拝し十念をうけたところ諸人ことごとく念仏を受けたという。次の日、内宮に参詣すると禰宜定行もまた霊夢を感じ信心をおこし、神の法楽、人の結縁といって日中礼讃を所望されたので、間道の傍らの芝の上で念仏を修していると聴聞の人々は感涙をおさえて信仰した。乾元元年(一三〇二)春またもや越前国敦賀に行き、小野社の神主実信の霊夢によって招かれ、三月四日近江国に赴いた。「あらちの山かとおぼえける所を」越え、海津の浜に出、その後竹生島や小野社に参詣した(絵詞伝巻九)。秋、武蔵国浅堤を化益、歳末の別時を相模国当麻で修したのを最後に、翌二年九月のころ法灯を量阿智得にゆずり独住することになった。時に六八歳。当麻は駿河国から相模国に入る官道=足柄道にそい、この道は坂本・小総・箕輪・浜田を経て、武蔵国店屋に通じていたが、これら諸駅のなか浜田は「地形的に考察すると、当麻でなければ」ならず(吉田東伍編『大日本地名辞書』)、武蔵国にあった石川・小川・由比・立野・秩父など「諸牧からの若駒の献進は当麻を通った」（相模原市史第一巻）といわれ、またここには市場があったという。こうした要衝の地に留まり布教したであろうことは当然考えられることであり、[7]留錫が縁となって当麻道場が建立された。このほか「鎌倉帰住当時はその儀なく候」（他阿上人法語巻四）、「春より秋にいたりはるかなる長途夜を日につぎ、すでに八月のはじめに坂東をこへ、鎌倉に入さふらはゞ」（同上巻六）といい、また「鎌倉を出し時は、秋をはるぐおもひやりしかども、月日を送る盗人のおそろしさは、いつの間にかくれぬらむ。はや秋のするになりをはんぬ」（同上）と述べているところからすれば、鎌倉に住していたこともあったらしい。しかも、それは当麻の別院というかたちでの道場であったようであるが、その創建年代とか所在地については知ることができない。

真教の布教態度で注目すべきことの一は、一遍の教化対象としなかった新地域へ遊行の目を向けたこと、二に遊行地が越前国を主とする北陸地域と上野・下野・武蔵・相模諸国にかけての関東の地に限定していること、三に小野大菩薩を崇敬していたこと、である。一遍は生涯をかけて全国を遊行し、一定の地域に長く留まることはしていない。そのため、説いた教えをじっくりかみしめ他の人にも勧化するといった自信教人信の態度をとりつづけた時衆は、さほど多くはない。こうした態度に疑問をもった真教は、正応三年から永仁元年までの三年間は越前国を中心に、加賀国・越後国を遊行し、その後同五年上野国から関東に入ってからというもの、兵庫に出掛けて師一遍の十三回忌をつとめたり、伊勢参宮し、その帰途越前国に立ち寄ったのを除けば、嘉元元年までの六年間は主として関東一円を遊行している。広くもない北陸と関東をくりかえし遊行した真教は、東国入りしてからでも永仁六年と正安三年の二回北陸に行っている。正安三年には越前国から近江国・播磨国兵庫へと行ったが、帰りも同じコースをたどりながら越前国を通って関東に帰って来た。教化のあとを、目で確かめずにはいられなかったといった態度が見られる。ではどうして、この両地域に限って遊行したのであろうか。鎌倉は政権の中心地であり、善光寺如来の信仰は広く関東一円に弘布していた。この信仰は、浄土教の本質から離脱していなかったので、時代精神にあまり反逆性をもたない一遍の教えを継承するうえからしても真教の教えは、両者の教えを基盤にして、武士をはじめ一般民衆に素直に受け入れられる素地をもっていたであろう。また交通・商業の面でも関東は他地域にくらべ開けていたので、多くの人たちの集まる場所もあり、教えを容易に説くことができるという地の利から東国への布教を積極的におしすすめたであろうことも考えられる。北陸の場合は、一遍も真教も、一遍在世時遊行していない。無縁の地に、それが不毛の地であるか、他宗教が浸透しているかどうかも知らないで、賦算後、直行することはあるまい。直行するにはそれだけの用意と覚悟があったはずである。とすれば、ここには真教をささえる人がすでに存在していたからであろう。北条毛利丹後守も越後国にいたことを考えれば、一遍の京都ないし鎌倉周辺での化益をとおして結縁していた時衆が、早くここに入っていたことは当然考えられ、また越前惣社ともなんらかの関係があったのではないかとも思える。真教は少なくとも三回惣社に詣でている。いずれにせよ、一遍も真教も遊行したのは、ともに一六年間である。その一六年間を一遍は全国を遊行し、真教は二地域を限って教化した。集中して同一地域を幾たびとなく化益したのは、一遍の遊行態度に対する批判が出発点となっている。すなわち結縁者の固定化をはかることにより、教団を発展させたい、腰をおろして相手の領解するまで法談し、自信教人信たらしめたいと念じていたからであろう。

真教は畿内に足をふみ入れても、京洛の足跡については何もふれていない。一遍が京都での勧化を強調しているのにくらべると、なぜか黙殺している。おそらく、こうした態度をとっているのは、六条道場を中心に聖戒が布教していたため、遠慮したからではあるまいか。聖戒とて彼の同門であってみれば、極力軋轢をさけたい、教団を伸長することこそ第一条件でなければならないと考えていたからであろう。だが聖戒は一遍の教えを守り、その芳躅を慕いながら、時衆や円伊らの絵師をともない遊行した。遊行の旅にでれば京都の布教は自然おろそかになる、こうした状勢をよみとった真教は、京都の化益を志し浄阿弥陀仏と有阿弥陀仏を派遣した。すなわち、浄阿弥陀仏は「自身京都の算を勧」めるということで出雲五郎左衛門入道の斡旋により賦算が許され、有阿弥陀仏も「御化導の時すゝめ、念仏にもれさせ給候人々」(七条道場金光寺文書)がいるからということで藤沢四郎太郎の斡旋により形木《かたぎ》の名号の付与がなされた。しかも、それは「京都にて勧めらるべきの由」(同上)とあることからすれば、あくまで京中にかぎっての賦算であった。当時、全国を遊行していたのは聖戒であり、(8)彼は生前一遍から念仏の形木をあたえられて賦算が許されていたが、真教は賦算をしていたとはいうものの、一遍の承認も得ていなければ、熊野権現から認証も受けていない。それはただ自己のはからいにのみよったものである。一六年間の遊行中、伊勢まで行ったのに熊野に参籠しなかった真教が、独住後二回まで熊野に詣でたのはなぜであろうか。参詣しなければならない理由は何か。それについて金井清光氏は「真教は、熊野神勅により六〇万人の賦算を始めた一遍と、その後継者聖戒とは別の教団を作ったのであるから、とうてい熊野へ参詣できるはずではなく、また一遍・聖戒の故郷の伊予へもとても行けた義理ではない。一遍は熊野神勅により信不信をえらばず賦算したが、真教は粟河領主の求めにより自力で賦算を開始したから、その賦算は熊野神および熊野神と同格の一遍の承認を得ていない。だから真教は遊行中一度も熊野へ参詣せず、のち教団の基礎づくりに成功し、聖戒教団を圧倒して事実上一遍の後継者となって当麻におちついてから、はじめて熊野に詣でて縁起を奉納し、自分が一遍の後継者であることについて熊野神の承認を求めた(9)」と述べている。熊野権現に代わり彼が教団擁護の神として仰いだのは小野大菩薩であった。

ここで、真教の神祇観について述べてみたい。

表6　真教の神社結縁の年時と参詣地

年時	参詣地	備考
正応三年夏	越前惣社	当国惣社より召請ありける間、七日参籠して、今南東と云ふ所へ立給。（絵詞伝巻五）
同　三年冬	同	又惣社より召請ありける間、其歳の別時は、彼社壇にて修せられけり。（同上）
同　五年秋	同	或人召請したてまつりける間、又越前国惣社へ参詣あり。（同上巻六）
正安三年	角鹿笥飯大神宮（気比神宮）	大神宮者大日如来之垂迹、仲哀天皇の崇廟也。（中略）爰正安三年、聖当社へ参詣ありけるに（同上巻八）
同　三年十月	伊勢大神宮	疥癩の類をば、宮河の辺にとゞめをきて、自余の僧尼以下は皆引具て外宮へ詣給に、敢て制し奉人なし。（中略）又、次日内宮へ詣給ふ。（同上巻九）
同　四年春	気比神宮カ	越前国敦賀に、又日数をゝくり給。（同上）
同四年三月四日	江州小野社	「汝かの上人を当社へ召請せよ、われ結縁すべし」と、しめし給間、子細を申入云々。仍神託の上は、すみやかに請に応ずべきよし返事ありて、同三月四日江州へ趣給。（同上）

真教は、右表にしめしたような神社に結縁しているが、真教の場合『絵詞伝』によるかぎり、七回ほど神社に

参詣している。うち三回は越前国の惣社であり、二回は気比神宮であった。こうして真教は主として越前と近江で神社に結縁しており、しかも一遍聖の没後、衆におされて知識となったとき、真っ先に越前に直行している。

正安四年春、他阿真教が敦賀に滞在していたとき、近江国小野（滋賀県滋賀郡和邇村小野）の神主実信から、「去正月二十八日夜寅剋、夢想に当社御宝殿の正面の御戸をゝしひらかれたるに、金色の光明ありて内外赫奕たり。御殿のうちよりけだかき御声してのたまはく、諸国修行の念仏勧進の聖、他阿弥陀仏は権化の人なり。汝かの上人を当社へ召請せよ。われ結縁すべし」（絵詞伝巻九）という小野大菩薩の示現があったから、小野の地にお出で願いたいという書状が届けられた。「神託のうへは、すみやかに請に応ずべし」と真教は返事をし、早速近江国に向かい、愛発《あらち》の山を越えて海津の浜に出で、竹生島を経て朝妻に着き、一泊したのちに小野社壇に参詣したという。真教が参詣した小野社壇は、坂田郡鳥居本村小野（彦根市小野）にあり、朝妻の南七キロに位置している。ここに参籠し、居ること一四日におよんだが、その間「霊夢以下の奇特数をしらず」という有様。また埴田《はねだ》社では「花ふり紫雲た」つなどの奇瑞があって、諸人随喜したというばかりではなく、小野大菩薩が招請してここに来たのだという風聞があったため、近江「国中の諸社より」真教は招かれ、多くの神社に結縁することができた。時に「いと不思議なりける事にや」と感じている。思うに真教は小野大菩薩を祖神と仰ぐ神社や、小野一族に関わりあいをもつ寺社に結縁して、近江国一円に教団の基盤をきずくに至ったものであろう。その後乾元元年（一三〇〇）の秋、真教が武蔵国浅堤に滞在中、小野社の神主実信より「去年九月廿四日夜夢想云、聖当社に参詣し給て、御宝殿の大床へのぼり給に、禰宜安重、外陣の妻戸の前に畳をしけり。彼妻戸をうしろにあてゝ坐し給て、十念唱給処に、御正躰一面、上人の左のたもとにおちかゝり給。安重、御殿の妻戸よりいでゝ、大床に侍て申て云、御神躰は一の御筥を社の筥と点じて、かの箱におさまりて、道場の守護神となるべしと、誓給て、上人の袖にとびうつり給なりと申間、彼御正躰を十二光の一筥におさめたてまつるとみて、夢さめ畢」（同上巻十）と記された進状が届いたという。このころ神主実信は「時に出家して、法名願阿」と名乗っていたと註が加えられているところからすれば、実信は正安四年の真教の小野社参詣が機縁となって出家したのかも知れない。この進状によれば真教の小野社参詣のおり、禰宜安重が外陣の妻戸の前に畳をしき、妻戸を背にして十念をとなえていると、御正躰の一面が真教の袂におちかかり、やがて御正躰は「時衆が廻国のおり持参する十二光箱中のお一《いち》の筥におさまり、時宗道場の守護神になるであろう。そして真教の袂にとび移るぞ」というお告げがあり、その御正躰をお一の筥に納めようとしているうちに夢はさめたといっている。『絵詞伝』によるかぎり、こうしてお一の筥には小野大菩薩の御正躰を熊野権現ともども納めるようになったといわれ、以来時宗では小野大菩薩を重視し、道場の守護神となしていたらしく、『奉納縁起記』にも「熊野・八幡は弥陀の応化、小野大菩薩は釈迦の化現也。此の二尊は我等の慈悲の父母也。憑むべく信ずべし。釈迦は発遣の教王、弥陀は又来迎の本尊也。娑婆垂跡《（ママ）》の神明は一切有情二世安楽の指南也。我が門弟努力《つとめ》て現世の利養を祈ること莫《なか》れ。後世を祈らば現世安穏の加護に預かるべし」（原漢文）と記し、真教は小野大菩薩を熊野権現と同格の位置においている。御正躰が何であるかは、お一の筥が現存しないかぎり知ることはできないが、通常御正躰は鏡であったから、かつては小野大菩薩の像をうつした銅鏡がおさめられていたのではあるまいか。

小野は琵琶湖の西岸和邇川下流の沖積地にあって古代の豪族和邇氏繁栄の地といわれ、ここを中心に古墳群が散在し、古墳上に小野神社が鎮座しており、各地に摂社・末社があった。和邇氏は奈良県天理市櫟本町和邇を本貫とする豪族で、水の呪術を自由にし、大和・河内・近江・若狭の国々を結ぶ水系の管理者であり、大和川水系のみならず木津川をも掌握していたといわれ、これらの河川を遡行することにより近江国に進出し、更に若狭・越前両国にまで進出した。かくて琵琶湖を中心とする湖上交通は勿論、湖畔の陸上交通をも掌握できたが、敦賀から和邇を経て、大和国へ通ずる湖西沿いの道は塩の道であるとともに、和邇氏が贄として蟹と蟹舞を大和朝廷に奉献した道すじにもあたっていたという。敦賀気比神宮も和邇系にぞくし、その系譜につらなる息長帯姫＝神功皇后を祭祀としていたから、気比と小野は同系の神であったといえよう。越前国の府中(現武生市)にあった惣社も和邇氏と深い関係にあった神社であった。また真教が海津から小野に向かう途中、立ちよった朝妻は息長氏の拠点息長郷に近接しているといえば、息長氏と和邇氏が同族であることからしても、真教は何らかの事情により和邇氏と交渉をもっていただろうことを示唆している。こうして真教は和邇・小野両信仰にささえられ、この信仰が教団発展の基盤をなしているが、それはいかなる原因に基づいているのであろうか。しかし、これに答える史料は残存していないが、真教が教団の成立を企てたとき、どこにも立ち寄ることなく越前国を指して下向しているところをみると、真教に教団の再出発をうながした淡河の領主と小野信仰との間に、何らかの関わりあいがあったのかも知れない。ちなみに三祖中聖智得の生国を『遊行系図』は加賀国堅田としているが、近江国堅田の誤りであるとすれば、小野と堅田とは僅か五キロほどしか隔たっていない。『絵詞伝』の作者は、奥書に「弟子宗俊、宿因多幸にして上人の済度に逢い奉り、出離の要法を聞くことを得」（原漢文）とし、報恩のため一遍聖と真教との師資の行業を図したといっている。もし『絵詞伝』の作者が小野社関係の人で、自らの出生地を語っているとすれば、宗俊と智得は同一人であったかも知れない。真教は、阿弥陀・釈迦二仏が神としてこの娑婆世界に垂迹されたのは、一切有情二世安楽の指南とするためであり、熊野・八幡は弥陀の応化であり、小野大菩薩は釈迦の化現されたものであって、迷える衆生を救わんとあたたかい手を差しのべておられる、いわば二尊は慈悲の父母ともいうべき存在である、したがって衆生は現世の利養を求めるために祈ることなく、ただただ後世を祈ることが肝要であり、後世を祈念することによって現世安穏の加護にあずかることができる、すなわち念仏に不求自得の益がある、といっている（奉納縁起記）。しかも、このように述べた『奉納縁起記』は、一遍聖と真教とが師資相承して遊行の法灯をついでいることを明示するため、熊野権現に照鑒を得たいという念願をこめて作成された『絵詞伝』の由来記ともいうべき性格のものである。そのかぎりにおいて真教と熊野との間には、一遍同様何らかのかかわりあいがあったものと思われるが、少なくとも現存している『絵詞伝』には彼が熊野に結縁したという事実は全く見えていない。『絵詞伝』に何らの徴証がみえていないとしても、聖の芳躅をついで教団の成立に意欲的であった真教は、一遍聖が熊野の神宣を得たのちであってさえ、三たび熊野に詣でて神の証《あかし》を受けていたというように（一遍上人年譜略）、熊野神宣すなわち熊野の神による認証状を得るために、熊野に詣でたと思われる。『他阿上人法語』に「同年（延慶三年）九月の頃、熊野より下向に、遠江国鎌塚宿にて勝田証阿弥陀仏まうでゝ、十五番の歌合申行ひ侍けるに」（巻八）といい、「熊野詣の時、遠江橋本辺にて必対面あるべきよし、兼て申ける人の俄にさはる事ありて、むなしかりけることを歎きて後に」（同上）といっているのは、熊野詣したであろうことを暗示している。『奉納縁起記』によるかぎり「当山に参詣し、参籠し玉ふこと三七日、訖て後ち万歳の峰に於て石の卒都婆を立て、之を吉祥塔と名づく」（原漢文）と、熊野をして当山と第一人称をもって呼称していることは、『縁起記』の成立した嘉元四年六月熊野に参詣したことを物語っているといえよう。その際、彼は「一遍の法灯を継承した後、多くの奇蹟奇瑞が身辺に生じたと、熊野の神に報告し、熊野神の認証を得たものとして、時衆教団に誇示する」[10]必要性を身にしみて感じた。こうした意図をもって作成されたのが『一遍上人絵詞伝』一〇巻であったという。認証を得たと意識したとき、熊野の本地を弥陀とし、弥陀に侍した観音・勢至の両菩薩は、一遍智真および真教となり、衆生済度のため、この世に向かったと主張するに至ったのであろう。思うに真教が熊野に詣でたのは、一遍聖を通じての因縁によってであり、熊野権現を祭祀することによって、熊野権現は教団の守護神となり、またそれぞれの道場における守護神の位置におかれ、その傾向は今に至るまでうけつがれている。

小野社に結縁し、熊野に詣でた以前、すなわち正安三年十月伊勢国に入り、十一月のはじめ櫛田赤御堂に逗留した真教は、伊勢大神宮に参詣したが、時に「疥癩人等付したが」っていたので、彼らを宮河のあたりにとどめおき、自らは僧尼を具して外宮に詣で、「中の鳥居までまゐりて、十念を唱」（絵詞伝巻九）えた。そのころ宮の政所大夫雅見は奇瑞を感じ、一禰宜定行は「山田の上大路を五躰すぎとをり給へる阿弥陀如来並菩薩・聖衆百躰ばかり引列て、黒衣の僧少々あひまじはりて、中の鳥居へ向てとをり給」う霊夢を見た。聞けば、あたかもそのころ真教の一行が通りすぎたという話を聞いて随喜して帰依し、その日真教は法楽舎に宿り、翌日内宮に詣で、二の鳥居で十念をとなえるとともに、「道のかたはらなる芝の上にて」日中の礼讃を修したという(同上)。真教が伊勢に詣でた目的が何であったかについては、これまた明記していないが、慈円が「トヲクハ伊勢大神宮ト鹿島ノ大明神、チカクハ八幡大菩薩ト春日ノ大明神ハ、昔今ヒシト議定シテ世ヲバモタセ給フ也」(愚管抄)として挙げた伊勢大神宮は、武家勢力の伸張にともない、「世ヲバモタセ給フ」神として尊崇をうけていた神社であり、日本の祖先を祭祀する宗廟としても尊信されていた。また「神明ノ加被ニ依リ、国家ノ安全ヲ得、国家ノ尊崇ニ依リ神明ノ霊威ヲ増ス」(倭姫命世記)神として、元寇以後「神風」が吹いたことにより「神国」とみなされ、「一筋ニ神明ノ扶ナラデハ、日本安全アルベカラズ」(八幡愚童訓巻下)として神明の擁護が強調されていたから、日本国内あまねく念仏を弘通するには宗廟の擁護がなければならない。願わくば外護にあずかりたいということで、伊勢大神宮＝宗廟に参詣したのではあるまいか。ちなみに真教が法灯をついだ正応二年は元寇の弘安四年以後八年目にあたっていた。こうして真教は一遍が結縁した熊野権現と、真教ないし彼をめぐる人たちにゆかりをもっていたであろう小野大菩薩、更には国内あまねく念仏を弘通するに雍護して下さる伊勢大神宮に、主として尊崇の念をささげたが、元来時宗のとった念仏弘通の背景に、これらの神が存在し守護して下さっているという確信が、念仏の弘通に自信と勇気をあたえたであろうことも否定し得ない。

こうして時宗は神仏習合を強調し、神社を手がかりとして農村社会に浸透していったが、彼らを迎えいれた社会的基盤は、㈠一遍や真教に帰依したものに武士が多く[11]、㈡一遍の思想に禅的色彩がみられること、㈢板碑造立者のなかに多くの時衆名が見られるとともに、板碑の造立を可能にした階層は武士層と考えられることなどから推定するならば、武士が多くいたであろうことを知ることができる。しかも、その武士があじさか入道のように「弓箭を帯」し「下人」を従えていた地頭名主級の在地領主＝武士であったとすれば（絵詞伝巻二）、武士には「神社ヲ修理シ、祭祀ヲ専ニスベキ事」（御成敗式目第一条）が要求され、また武士は神祇信仰を精神生活のささえとしていたから、浄土教＝専修念仏に志向し神祇に背を向けることは、幕府に背を向けることになる。『御成敗式目』に示された神社は特定の神社を指したのではなく、「関東ノ御分ノ国々、並ニ荘園」の神社、「有封ノ社」一般であって、つまり諸国の農村に根をはる神祇信仰が母胎をなしている。そのかぎりにおいて、神仏習合を説くことは、幕府政策に順応することであり、武士層をして念仏門に志向させるよき機縁ともなったといえよう。

当麻独住後、嘉元三年（一三〇五）白幡の道場で別時の勤行をつとめ（他阿上人法語巻八）、翌四年正月二十五日『別時念仏結番』を定め、九月十五日には『道場制文』をつくり、徳治二年（一三〇七）には「ひとの招請」によって上総国に赴き、長南の道場に留錫し、越えて延慶三年（一三一〇）冷泉為兼の下向にあたり、為兼に見参して念仏往生のいわれを説いた（同上巻八）。為兼に見参した地がどこであるかについては明記されていないので明らかにすることはできないが、この年上洛したらしい。九月には熊野を経て、遠江国鎌塚宿に至り勝田証阿弥陀仏（越前左近大夫蓮昭）と会ったが、この時ここに『夫木抄』の撰者長清も真教をたずねてきて、一五番の歌合せを行なった。十二月の別時勤行には長清は真教を自宅に招いて、歌の贈答をしている。とすれば長清は鎌塚宿に住していたらしく、『他阿上人法語』によるかぎり長清は真教の弟子であったらしい。

越えて正和二年（一三一三）八月十五日、暁月房は当麻に参詣し、「今夜は明月なればとて、歌」を詠まれ（同上巻八）、暮には寿阿弥陀仏（佐竹安芸守貞俊）が詣でた。翌三年九月には近江の安食九郎左衛門実阿弥陀仏の質疑に答え（安食問答）たが、実阿弥陀仏とは「面謁のなじみ」があり、以前にもたびたび会ったことがあったらしい。

安食は犬上郡豊郷村にあって、多賀神社のほど近くにあり、帰途九月二十六日四条道場に立寄り河端女院の願いに応じ、浄阿真観に賦算を許したが、それは形木名号をおくってから（応長元年）三年後のことであった。同五年六月冷泉為相は当麻に詣でたついでに「点あい」し、この年暁月房とも合点、文保元年（一三一七）には暁月房、翌二年冷泉為相と合点している。為相は正和五年以来、真教が終焉の夕べを迎えるまで歌の指南にあずかり、また為相の兄為教の子為兼は真教の歌三三首に合点、為守とも歌道の上で交渉があったらしい。為守が真教に近づいたのは、兄為相を介してであったろう。真教の法語中に見える由阿弥陀仏は『詞林采葉抄』の著者由阿と思われる。とすれば由阿も真教の弟子であったかも知れない。[12] このように彼は和歌に対するたしなみが深かったようである。一面彼は六八歳という年齢のかさねと、神経痛で、歩行にやや困難を生じたため当麻に独住してより以来、「身はこれにて候へども、心は遊行にて候なり」（同上巻八）という信念をもって、時衆や有縁の人たちを教化された。しかるに文保三年正月「十日の夜より病床につき」、十二日には「月ははや秋風に影ふけぬ、山のはちかき我をともなへ」（同上）の歌をよみ、二十七日当麻山無量光寺で入滅した。時に世寿八三。遺骸は一遍智真の御影堂の乾《いぬい》のかたに葬られたが、今に真教の忌日には藤沢山《とうたくさん》（時宗では清浄光寺のことを藤沢山と呼称する）より衆領軒が一宗一山を代表して墓参するのを例としており、時に当麻山では榧《かや》の実からしぼった油でこしらえた揚げものを馳走するという。榧の老樹は裏参道の路傍にあり、幹回り五メートルもあろうか。

彼の伝は『一遍上人絵詞伝』巻五以下に収められ、著述したものとしては『奉納縁起記』と『道場制文』があり、消息法語の類を集大成したものに『他阿上人法語』八巻がある。その他法語は『三代祖師法語』『代々法語』等にも散見し、自筆本としては『安食問答』『六時讃』（藤沢清浄光寺蔵）『晨朝讃《じんちょうさん》』『晨朝礼讃《らいさん》』（愛知県大浜称名寺蔵）が現存している。『他阿上人法語』は、岩松青蓮寺の玄加が「播州集・大鏡集又云二祖大法語・器朴論等は祖師遺書、文義幽深にして知綆汲み難し」（時宗統要篇後跋）といっているところからすれば、『大鏡集』とか『二祖大法語』とも呼ばれていたらしい。

第三節　三祖智得とその教団

真教のあとを承け、時宗三祖の法灯をついだのは智得であった。彼が真教の芳躅を慕い入衆したのは、真教が加賀国を遊行していた正応四年（一二九一）のころであったらしい。[13] この年は真教が衆におされ知識となり、越前国府に入った翌年であったから、真教にとって智得は最も早く入衆した弟子の一人であったといえよう。以来十余年のあいだ、真教に師事して念仏修行に専心した。真教から智得に送った消息に「先度両通のふみに、委細まうしつかはしをはんぬ。さだめて衆中にも、面々にみしり有らむ人の、人界に生をうくるに、その体相は別々なるに似たれども、仏性はかはる事なし。然れども知識のくらゐになりては、衆生の呼ところの名なれば、自今已後は量阿弥陀仏を捨て、他阿弥陀仏と号せらるべし。この名は一代のみならず、代々みな遊行かたにうけつぐべきなり。これへのふみのうら書には、本の名をかゝるとも、他所へのふみには他阿弥陀仏とかゝるべきなり」（他阿上人法語巻一・法語集）と述べており、この消息は、「九月晦日、他阿弥陀仏」の発信で「嘉元二年十月十二日到来」したと智得が記録しているところからすれば、知識の位についたのは、嘉元二年九月下旬のことであったろう。ちなみに、宗内では智得が法灯をうけ賦算したのは、嘉元二年正月十日、相模国平塚宿においてであったとしているが、この消息は九月晦日発信し、十月十二日入手しているので、真教が当麻にいたとすれば、智得はかなりの遠隔の地にいたのではあるまいか。『七条道場文書』によれば、智得は「無道をばたくみ候らめ、君の心をうるを忠臣と申《もうす》、知識の心を得るを弟子とは申」すのであるといって、「身命を仏に帰命」し、「金剛の信心のかね」をうったとき知識と時衆のあいだに主従関係が生じ、それは主に忠を尽すと何らかわりはない。したがって入衆したからには「たとひ首・足・手をもがるとも、一念のうらみをなす」ことなく、ただひたすら師命を唯一のきずなと身に体し、念仏の弘通に生涯をささげるべきであると述べている。そのかぎりにおいて真教の教えと行儀は、智得と一体不離のものであったといえよう。しかし、時宗を受容した社会的環境は元寇後の混乱時（真教）と、ようやく安定期を迎えた時期（智得）とでは、おのずから相違があったであろうから、両者のあいだに多少の改変がなされたであろうことは、必然的傾向として認めてもよいであろう。

知識のくらいについた智得は、中聖《ちゅうしょう》または中上人(14)と呼ばれ、教団中興の聖と見られていたようである。智得の伝は『遊行系図(15)』に「人王九十三代後二条院即位三年嘉元二甲辰年正月十日、相州平塚宿ニ於テ賦算四十四、修行十六年。九十五代後醍醐院元応二庚申七月朔日相州当麻山無量光寺ニ於テ入滅六十。入戒三十。独住二年。

賀州堅田ノ産」と記されている程度で、行歴の細伝と思想を知ることはできない。『歴代譜』としてのこされているもののすべてが、賦算を通して、遊行上人の正統性を誇示することを主眼として記述していることからすれば当然であろうが、それにしても中上人と呼称されている僧にもかかわらず、伝歴が詳らかでなく、宗団史上においても高く評価していないのは、一つに『知心修要記』『念仏往生綱要』等数部の著書と消息三通、それに和讃しかのこしていないので[16]行業と思想の体系を知り得ないこと、二つに当麻から藤沢清浄光寺に主導権が移ったことにより、当麻に独住した智得のかげを意識的にうすくさせたのではないかということも考えられる。

智得は入衆にあたり、「今身より未来際を尽して、身命を知識に譲り」誓戒を守るとちかい、もし誓戒を破ったような人があった時には、「今生にては白癩黒癩と成りて、後生には阿弥陀仏の四十八願にもれ、三悪道に堕ち」るようなことがあっても、決して後悔するようなことはしないという知識帰命の論理を強調しているが、この論理は智得にはじまったものではなく、すでに真教に見られる。およそ時宗は念仏称名を本体とし、「身の浄不浄をえらばず、心の乱不乱を論ぜず、四魔縁に任せて、声々唱を続け」ることによって、弥陀は救済の手をさしのべ、その仏の願力に乗じて往生ができるのであり、また「罪悪生死の凡夫と信知し、一心に専称名号に帰入」することによって、弥陀の「願力に乗じて往生を決定す」(以上念仏往生綱要、原漢文)ることができる。かくて智得は念仏と往生との関係を

唯文義ヲ離レ、名号声中ニ出ズルヲモツテ本トナシ、自力情執ヲ廃シ、他力専称ニ帰スルヲ体トナス。然レバ則チ能説ノ釈迦、念仏ヲモツテ本懐トナシ、所説ヲ経教、専ラ口称ヲ勧ムルヲ聖意トナス。能讃ノ諸仏、

名号ヲモッテ証誠トナシ、所讃ノ弥陀、称名ヲモッテ本願トナス。爰ニ定善之門、称念ヲモッテ出離ノ正因トナシ、散善之門、念仏ヲモッテ往生ノ正行トナス。(三心料簡義)

と述べている。念仏は弥陀の誓われた本願であり、釈迦出世の本懐であって、諸仏の証誠されたものである。したがって専念称名の行者は念仏が正行であるから、称名をとなえる行者の往生は疑いない。しかも、その機は罪悪生死の凡夫である。凡夫なればこそ浄不浄をえらぶこともなければ、乱不乱を論ずることもなく念仏せよと勧めたのであるが、念仏すれば一切の罪障は消滅するから、念仏罪皆除の前提として、どのような罪をおかしてもよいということにはならない。すなわち入衆の条件として誓った戒は永久不失のものであり、いかなることがあっても破ることは許されない。入衆のとき、知識に誓った一念の誓いを破り、また愛心に耽ったり、ことさらに戯笑をなすなど制戒に反する行いのあった場合、入衆にあたり知識よりあたえられた往生の保証は取り消された。今、『時衆過去帳』によって

表7　不往生者一覧

歴代		遊行在世年時	不往生者	
歴代	上人		法名	入滅年時
1	一遍	16	常一房	弘安五年六月
			良一房	弘安五年十月二十六日
			終阿弥陀仏	弘安六年三月
2	真教	16	我仏房	正安二年九月十五日
3	智得	16	当仏房	嘉元二年十二月二十四日
			与阿弥陀仏	嘉元三年三月十一日
			盧阿弥陀仏	嘉元三年十二月十三日
			菩一房	延慶二年二月二十六日
			礼仏房	延慶三年五月六日
			浄阿弥陀仏	延慶三年八月二十一日
			対仏房	正和三年十月十二日
			護一房	正和三年十二月一日
			月阿弥陀仏	正和五年六月十日
			善仏房	文保元年十月
			金阿弥陀仏	文保二年正月十二日
			至仏房	文保二年二月
4	呑海	7	大一房	元亨四年四月二十四日
			薗阿弥陀仏	元亨四年六月七日
5	安国	3	智仏房	正中二年七月六日

不往生者と認定された時衆を調べてみると、上表のようになる。

歴代宗主別にみると智得在世時が最も多い。往生を許されたにもかかわらず、後日不往生と判定され、「不」と記入された年時がいつであったかについても考慮に入れなければならないが、それが同世代時ないし多少おくれたものと仮定してみた場合、それがしめす傾向は歴代宗主在世時における不往生者であ

6	一鎮	12
	給阿弥陀仏	元弘三年正月十五日
	普仏房	元弘三年二月十一日
	解仏房	建武四年
	素仏房	建武四年八月十六日
	微仏房	康永元年六月十五日
	証仏房	貞和三年八月十七日
	亦仏房	観応二年六月二十四日

（以下略）

ったとみてよいであろう。とすれば智得在世時なぜ多くの不往生者を出したのであろうか。不往生者が教団の制規違反者であったとすれば、多くの不往生者が存在したことは、教団が弛緩したか、さもなくば教団の再編成を企図したための犠牲者であったとみてよいであろう。思うに「一念の信をおこして、南無阿弥陀仏とゝなへ」させるところに一遍による賦算の前提があり、自己のはからいを捨て「信不信をえらばず、浄不浄をきらはず」念仏せよと勧進し賦算した（一遍聖絵巻三）。しかし、この賦算が形式化し称名さえすれば算《ふだ》が受けられるという安易なシステムに、怠惰のきざしがみえたとき、教団制規に反する分子の整理が要求され、生ける者に対しては教団を追放し、またすでに『過去帳』に記載し往生が保証されたものには「不往生」の烙印がおされ、教団の粛正が企てられたのではあるまいか。

教団の宗主＝他阿弥陀仏は遊行回国を本体として諸国を巡歴しなければならない。教団の粛正を企てるとしても、他阿弥陀仏が一所不住の遊行の旅をつづけていては、主体は常に移動して何かと不便を感ずることになりか

ねない。真教は乾元元年（一三〇二）の暮、歳末の別時を相模国当麻で修したのを最後に独住することになったが、それは一つに六八歳という年齢のかさねと、神経痛による病の結果と考えられ、『麻山集』には「衰老漸ク逼テ行歩ノ自由ヲ得ズ、殊ニ近年病患ニ侵サレ、回国ノ修行稍々意ニ任セ」ざるがゆえであるとしているが、智得の場合は教団の中心道場を形成したいという意欲と、真教の住地当麻が霊山として、「誠哉覧、ゆるされのなくは、とても地獄におつべからむには、押て当麻へ参てこそ死なめと申」（七条道場文書、智得書状）し、当麻詣をしようとする人があったため、師のあとをついで、独住するようになったらしい。「我々も人々の請によりてこそ、心ならず独住をもして候へば、身は是に候へども、心は遊行に候」（同上）といっているのは、衆生に賦算をとおし念仏をすすめたいのが本旨であるが、心ならずも人々の所請によって独住することになったという感懐を述べたものであるが、「人々の請」によって独住した智得が、独住を請われたのは当麻の人たちからであった。当時当麻は、真教が一六年にわたって独住した結果、時宗教団の中心道場となっていたため、独住を失った当麻では、その後に他阿弥陀仏として、回国遊行していた智得を迎えたのであろう。

こうして智得は、当麻を教団の中心道場にすえ、知識のましまず浄土としたと同時に、内にあっては教学の組織化につとめている。真教は和歌をよくした僧であり、筆まめに「関東の荒武者どもにとりこめられ、身暇をゆるされ」（他阿上人法語巻五）ざる繁忙のさなかにあってさえ、有縁の人たちにはねんごろに法文をもって接し、また能声であった彼は和讃を教化の手だてとし、庶民層の教化に力をそそいだが、弟子智得は一遍の教えに直参して、一遍の真理を体得し、「専ら名号を称し、単に来迎を期す」るには種々の行があることを明かし、念仏行者の守るべき旨を『念仏往生綱要』に説き、念仏を修するには三心を具することの必要性を『三心料簡義』に明かした。また念仏行者のあるべき姿を『知心修要記』にしるすなどして教義の再編成につとめるとともに、体系化に心血をそそぎ、一遍智真・真教による布教に教義の裏付けをされた。いわば智得は一遍教学の祖述者であり、組織化した学僧であったといえよう。

当体の一念に、十劫正覚は南無阿弥陀仏と決定するとみるのが一遍教学の本体であって、(17)当体の一念とは只今の一念である。この一念は機の上からいえば初一念であり、本質的には臨終もなければ平生もない、否定を肯定にかえて当体の一念を臨終と定めるかぎり、臨終と平生は同一であって、これを臨終平生一同といっている。したがって当体の一念で即便往生できるのであるが、一念でとどまることなく念仏相続せよ、相続が多念であり、時分であるという。智得が

過去・未来ヲ縁ズルモ現在ノ一念ナリ。臨終・平生ヲ分ツモ当体ノ一心也。現在ヲ去ラズシテ、時々ニ遷サレ、当体ヲ離レズシテ尅々ニ転ゼラル。諸法ハ不常不断也。業報宛然トシテ事ヲ成ズ。是ノ故ニ一念ニ生ズルコトヲ得レドモ相続スベシ。相続ニ時分有リト雖モ、称念ハイツモ一声ナリ。(中略)仏力不捨ノ誓光ノ中ニ住スレバ、天魔波旬モ障礙スルコト能ハズ。慈悲加祐シテ不退ノ位ヲ成ズ。此ノ如ク安心領解決定スレバ、大地ヲ的ト為シテ、射ハヅサヾルガ如シ。(念仏往生綱要)

と述べているように、当体の一念は過去と未来をつなぐ現在の一念であって、この一念はまた臨終と平生をつなぐ一念でもある。いわばこの一念によって臨終と平生が分けられ、只今の一念は臨終と平生に先行するといえよ

う。また念仏に時分と多念があるが、そこに介在するのは一声であって、一声は現在を去ることなく、つねに遷流して止まることを知らない。念々声々に時分があって相続となるのであるが、端的にいえばそれは一声であって、一声に他力の功徳が円満し、一念一念に摂取不捨の光益がある。したがって一念によって往生が決定し、浄土への往生が約束されるのであり、智得の「相続ニ時分有リト雖モ、称念ハイツモ一声ナリ」という心意は、当体の一念をしめしたものである。また『三心料簡義』に

一行ヲ修行スルモ六字ノ中ノ修行也。行ノ功ヲ仮ラズ、善ノ徳ヲ用ヒズ、但ダ能ク称名スレバ他力本願往相ノ廻向也。然レバ真実深信中ニ廻向シテ、彼ノ国ニ生ゼント願ズル者ハ、暫ク機情ニ約シテ廻行ト為スト雖モ、真実深信同ジク自力ノ執情ヲ廃シ、偏ニ本願ノ名号ヲ立テ、専ラ願力ノ廻向ニ依テ、自意ノ廻向ヲ用ヒズ、故ニ名号ハ即チ不廻向ノ体也。

と記し、願回向の志が切なるがゆえに往生できるというのは、十劫正覚の立場であるが、一念往生の立場からすれば名号即往生となり、「一念ニ生ズルコトヲ得レドモ相続スベシ。相続ニ時分有リト雖モ、称念ハイツモ一声」という当体一念のすがたとなり、しかも当体は弥陀願力の回向によって、自意の回向を用いず浄土に往生することができるから、不回向の体であるといっている。要するに人師が衆生を救済するのではなく、救済の主《あるじ》は阿弥陀仏であって、弥陀の代官である他阿弥陀仏＝知識は仏と人とを結ぶ橋渡し的役割、すなわち往生決定権をゆだねられ、しかも往生は十劫の昔、南無阿弥陀仏と決定されている。その南無阿弥陀仏が十劫の昔にもあれば、只今にもある。只今の念仏が一念であり一遍であって、一遍聖は「まよひも一念なり、さとりも一念なり。法性の

都をまよひ出しも一心の妄心なれば、まよひを翻すも又一念なり。然れば一念に往生せずば、無量の念にも往生すべからず」（一遍上人語録巻下）といい、また智得は「過去・未来ヲ縁ズルモ現在ノ一念ナリ。臨終・平生ヲ分ツモ当体ノ一心也」（念仏往生綱要）と述べているが、ともに同意であって、ここにいう一念とは只今、または只今の念仏である。今の念仏のほかに過去にも未来にも考えることのできなかった、いわば本当に現実にねざした念仏が、只今の念仏であった。両師の教えを比較することによって、一遍智真の教えを正しく理解し体系づけたのが智得であったことを知ることができる。(18) 従来、智得については教団史的には真教から呑海に至る橋渡し的存在としてしか考えられていない。しかし、彼が「往生を遊行の聖に譲奉て、化導を三代に欲レ令レ継候」（七条道場金光寺文書）といい、師は私に法灯をゆずって一遍—真教とつづく遊行賦算権を相承させたとしているかぎり、彼は三代相承者であることをつよく意識し、教団の形成と粛正につとめ、他面また一遍教学の正しい祖述者として教義の組織化に努力した上人であったことを知ることができる。ちなみに彼の遊行は一六年に及び、呑海が「六十余州の中、遊行に漏るゝ国わづかにありといへども、三億の異類、起縁いまだ不レ来者也。先師二代は南北に限りて利生し、中聖はひんがし夷国をさかふ」（呑海上人御法語）と述べているところを見れば、主として関東から奥羽の地にかけて遊行賦算したのであろうか。当麻独住一年にして、元応二年（一三二〇）年七月入滅した。世寿六〇。

第四節　呑海と藤沢道場の創建

智得の衣鉢をついだ呑海は相模国西野に生まれ、(19)永仁三年（一二九五）のころ真教に師事したようである。彼は、はじめ有阿弥陀仏と号し、また恵永と称した。戒臘三三というから、永仁三年三一歳のとき出家したらしいが、そのころの真教の足跡は詳らかでない。永仁元年越後国波多岐荘におり、同五年上野国を修行しているところをみれば、越後から関東のあたりを遊行し、相模国への賦算を契機に入門したのかも知れない。以来、真教に随従して回国したもののごとく、正安三年上洛中七条仏所の仏師某が真教に帰依して、その寺地を喜捨されたのが縁となり、真教は呑海に命じ、ここに七条道場を創建したという。寺伝では「七条道場金光寺の土地は、仏師康弁の代、二代上人へ寄附」したものであるとしているが、康弁は運慶の子であるから、康弁とするのは誤りであろう。在洛時、呑海は藤沢四郎太郎に出会った。四郎太郎は『楠木合戦注文』に「俣野彦太郎、並藤沢四郎太郎、若党十余人、楠木相向ノ処、玄月廿六日合戦、五人手負了」と見えている藤沢四郎太郎と同一人であって、諏訪神家の一族であり、相模国藤沢に住していた。呑海は俣野の出であったといえば、藤沢と俣野とは隣接した地にあるので、早くから藤沢・俣野両氏の交渉を通して、四郎太郎は呑海を知り、それが大番役で京都に在住したのが縁となり、急速に親近を深めるに至ったのではあるまいか。『七条道場文書』に真教が有阿弥陀仏呑海にあてた消息があり、その中に弘通念仏の摺形木一送進之候。
四郎太郎殿就夢想、念仏を有阿弥陀仏にすゝめさせ奉むと所望候。我々独住之後者、遊行聖にこそ念仏勧進をも、ゝたせて候へ。既道場百所許に及候。面々念仏勧候者、帰而軽相に覚候之間、一人に可二事足一候程に無二其儀一候之処、出雲五郎左衛門入道のもとより浄阿弥陀仏に念仏を勧させ奉べきよし所望候。其故者自身京都の籌を勤て在京仕候間、浄阿弥陀仏も京中に御渡候之程に、貴所へも召請せられ給候。次に御化導之時すゝめ、念仏にもれさせ給候人々、雖二御所望(ママ)一候。未レ蒙二免許一之間、不レ可レ叶之申給候。可然候者、念仏勧進を可レ有二御免一と被レ申候しにつきて、田舎などこそ候へ、我々者独住に候。可レ受レ之由所望之時は、京都にて可レ被レ勧之由返事申て、念仏の形木を一遣候し也。就其当時もすゝめ候。これよりは遊行聖に申付て候へば、事足候ぬと覚候。

と記されている。この文書によれば、四郎太郎は出雲五郎左衛門入道の要請で浄阿弥陀仏に念仏の形木を付与したことをたてにとり、有阿弥陀仏呑海にもあたえてほしいと懇請したようである。その結果、賦算権はあたえられたが、賦算は全国どこでもよいということではなしに、「京都にて可レ被レ勧之由返事申て、念仏の形木を一遣候し也」と述べているところからすれば、京都にかぎられていたようである。

元来賦算化益は、遊行聖にかぎり許されていた。しかし、ただ一人の遊行聖では化導にもれる人も多いので、聖戒は早く一遍聖から形木名号を与えられて化益を許され、その後正和三年出雲五郎左衛門入道の所望によって浄阿弥陀仏真観も賦算をはじめ、次いで呑海が真教から付属された。『洛陽七条道場之記録』に「有阿弥陀仏ハジメテ当寺ヲ建立シテ、十三年メニ旦越四郎太郎ニ夢ノ告アリテ、二代上人相模ノ国当麻ノ無量光寺ニ隠居シテ居給フ所ヘ申テ、弘通ノ摺形木一ヲ当寺開山有阿弥陀仏ヘ送タマハリシハ正和五年ノ事也」とあれば、賦算権の付与は正和五年のことであったらしい。しかも、これら聖戒・浄阿弥陀仏のそれぞれが六条・四条の両道場に止住して賦算し、かつ教団を形成しつつあったことからすれば、形木名号を相続したことは、遊行聖としての一分の権利を取得し、自らの基盤をもったことになる。有阿弥陀仏への消息に「可受之由、所望之時は可被勧之由」とある傍らに、同一の筆で「京都にて」と付加されたことは（七条道場文書）、賦算が真観同様京都にかぎっていたことを示している。呑海はその後、「辺土はいかゞあるべからん」「御田舎等へ御下候はん時は、定所望の人出来候はん」（喜連川東漸寺旧蔵「写本法語集」）という、雅楽助の京都在住の人はよいとしても、都から離れた人はどうしたらよいのだろうかとの切実な願いが入れられ、「所々別々子細あるべしとも覚す」（同上）ということで地方への賦算が許され、近傍から遠国にと及んでいったらしい。このとき賦算の拡大につとめた雅楽助は『時衆過去帳』の元応二年（一三二〇）六月二十一日条にみえる「称阿弥陀仏」（裏書「雅楽助」）にあたるのではあるまいか。元応元年十月四日付の智得の書状（七条道場文書）に

中国は更に始たる方にて候へば、相構へていそぎ給候はずして、一切衆生に札をくばり給候べく候。号阿弥陀仏、これへ可レ来にて候けるにとゞまるよし、此御房たち語申候。返々本意に相叶候也。年来にても候うへも、なまとしもよりて候へば、身にそへてこそ具すべきにて候しかども、諸事につけて道場の助縁ともなるべき物と思候て、とゞめて候し也。自余の御房たちも御同かるべきにて候。我々も人々の請により

てこそ、心ならず独住をもして候へば、身は是にて候へども心は遊行に候也。

と記されているところをみると、当時呑海は中国地方を遊行していたようで、時に智得は親愛の情をこめて、中国地方はいまだ化益の及んでいない所であるから、「相構へて、いそぎ給候はず」、ゆっくり腰をおちつけて賦算してほしいと書き添えている。五九歳の身であってみれば、明日をも知れぬ身とはいえ死を覚悟するような状態ではなかったから、こうした発言をしたのであろうが、それから九か月後には世を去った。智得入滅後、内阿弥陀仏真光があとをついで他阿弥陀仏となり、遊行賦算権を相続した。そこで真光は知識の位にのぼり他阿弥陀仏と名乗ることになったからよろしくという報を、書状をもって呑海に伝えた。驚いたのは呑海であり、彼は早速、

自二当麻内阿弥陀仏文一とて持来之処、彼状位所之躰存外無極候。此名字、代々遊行可二受継一之旨、故聖定置給之処、既其名を号して正背二知識遺命一間、不レ及二披見一、追二返其使一畢。然者於二此跡一、聊も如レ此及二是非相似違論一之謂出来之条、悲而雖レ有二余事一候、無力次第候。此遊行形儀化用、往古不二にして、相続候ながら於二此名字一黙止候はむ事、還又不信至候間、我々は只仰二先言一ばかりにて任二其旨一候畢。此等之趣、年来心得給人々にてをはしまし候へば、高宮小野方様へも便宜時などには可レ有二伝説一候。穴賢々々。

十月四日　　他阿弥陀仏

与阿弥陀仏

（七条道場金光寺文書、呑海書状）

と書状をしたため、他阿弥陀仏の号は代々遊行をうけついだ人がとなえる称号であり、私こそ賦算権をゆずられた知識であると憤満の情をこめ、他阿弥陀仏と自署して与阿弥陀仏に報じた。当麻の真光からしてみれば、当麻

を譲られたのは自分であるから、当然他阿弥陀仏を名乗る権利があると主張していたらしい。「遊行衆中に、若独住を望《のぞむ》心あらば、自ら不審すべし。其故は我々遊行に有《あり》し時、誰か独住を望し、而に此心の出来するは、今我々依㆓独住㆒也。此時は併《しかしながら》我々独住する事僻事《ひがごと》と成るべし」（遊行代々法語）といい、また「知識の命を背き、独住なるは不住になり、遊行なるは独住を望む」（四祖上人御消息）、「遊行を失せむと巧《たくむ》は謗法也」（呑海上人御法語）と述べて、独住にするどい批判をしていることは、時宗本来のすがたは遊行であり、遊行することによって一般民衆に念仏をすすめたい、賦算したいと念ずる呑海と、若年にもかかわらず智得のあとをついで独住する真光との対立を示唆している。賦算権を継承したからには、呑海は当麻をうけつぐべきであるのに、事実当麻を譲られたのは真光であった。譲渡さるべき器量の仁であった呑海をさしおいて真光が当麻に住したのは何がゆえであったろうか。智得が示寂したとき、遊行相続者であるならば当然当麻に帰山すべきであるのに呑海は帰ることなく、なぜか引きつづき「しゐて」遊行し、勧化六年におよんだ（遊行二十四祖御修行記）。これを前年の遊行に加うれば七年になる。呑海が帰山し独住しないならば、当麻には独住はいないことになる。そこで霊山化し当麻詣でする人の多いこの寺に、阿弥陀仏にも比すべき知識に独住してほしいという要請があるのは必然的傾向で、ときに「鎌倉の相公（北条高時）の命」で真光が止住することになった。呑海が後日、当麻に赴いたとき、「惟宝の山に入て空く帰り、渡海に望で船なきに似たり」（同上）と述懐しているのをみると、呑海とて入山の意志は充分にあったようである。まさか自分をおいて誰も入山することはないと考えた思惑が遊行を六年も続ける結果となり、一方当麻側からすれば一ときたりとも空位にしておくことはできないということで、幕府をも動かし真光がやむなく住するようになったのではあるまいか。とすれば真光とて知識相続と入山の挨拶をするのは当然であったろう。そのとき呑海は、「而るに先師の素意をうかゞはずして、恣に知識の号を望みて、中聖（智得）入滅の刻《とき》、遺言とかすめて名字をけがし、剰へ天に二の日なし、全く遊行の知識あるべからずと称す。依《テ》レ之《ニ》道俗相惑乱して、おほく往生の信心をうしなふ。このとが豈《あに》比類あらむや。雖《モ》レ然《リト》仏智の所レ推《ス》、世上の口遊のかれかたきによりて廻心すといへども、いまこのとがの分限を思ひしらず。所謂師命をかすめて破《ル》二誓意《ヲ》一は、既に逆罪也。遊行を失せむと巧むは謗法也。この二つの謗逆のとが、身をくだきても難《キ》レ謝《シ》者哉」（呑海上人御法語）と、言を極めて、先師の素意をも窺うことなく、師命をかすめ、中聖智得入滅のときの遺言だというごときは、もってのほかだと詰問している。

　呑海が消息をしたためた与阿弥陀仏は、呑海にとって憤満を聞いてくれる同心者であると考えていたが、事実は当麻真光の同心であったがために、「此度、当麻逆意の一体の者となり、既に死せし者は往生の素懐を空しくし畢。与阿・解阿等是也」（四祖上人御消息）と不往生の処分に付した。とすれば呑海と真光のあいだに溝ができたのは智得寂後のことであ

呑　海　像（川戸正治氏蔵）

り、智得とは終始友好的でいさかいをおこすような態度はとっていない。その結果真光としても事をあらだてず収拾しようとして、三年ほど遊行したのち、一度は呑海の主張に従い和解するため近江国に赴き、他阿弥陀仏をとり消したこともあったが、再び態度をかえて他阿弥陀仏と名乗ったらしい。すなわち「文保之比は押《シテ》而黷《シ》二名字《ヲ》一畢《ンヌ》。門弟道俗之謗難しげきによりて廻心すといへども、いよ〳〵これを呵破する間、遂《ニ》真意《ヲ》不レ達《セ》、仍《テ》為《ニ》レ達《セム》二此《ノ》意趣《ヲ》一、今謗逆の大罪をおこして、まさしく所備之知識に対して及《ブ》二敵論《ニ》一之条、門下之誓意を不《ル》レ知《ラ》のみにあらず、仏道之外道、化益之魔障也。若遊行可《キナラバ》レ為《ル》二三ケ年一者、何故《ガニ》去年江州に来て致《ス》二廻心《ヲ》一哉」（呑海上人御法語）と記しているのは、そのころの経緯を語っているようである。真光が廻心を表明し誓状を提出したのは文保三年（一三一九）のころと思われるが、その後三か年遊行したとすれば元亨元年（一三二一）ころまで遊行したようで、このとき呑海と真光との会談が行われたのかも知れない。だが呑海は更に三年のあいだ遊行し、正中二年（一三二五）当麻に帰山してみれば真光は他阿弥陀仏と号して止住している。「宝の山に入て空く帰り」当麻に訣別し清浄光寺の建立を企てたのであろう。

次に藤沢に道場を設けた理由を考えてみたい。道場を建立する場合、どこに道場を建ててもよいということにはなるまい。鎌倉時代ともなれば全国に守護・地頭がおかれ、領主のいない土地はなかった。とすれば遊行聖が来遊して布教し、また領内の社寺に立ち寄り宿舎を求めることができたとしても、寺院の建立にあたっては領主の許しを得る必要があったであろう。領主の信奉する教えと領内に新たに建立しようとする宗教とが異なる場合、たとえば日蓮が小松原で地頭東条景信からうけた法難も、法華信仰が領内に入ったときにうけた念仏者からの迫害であったが、一遍も延暦寺の領内では迫害をうけている。そのような信仰内容の異なる土地に新宗教を布教せしめるにはどうしたらよいか。村々の鎮守の氏神といわれ、また産土神といわれる神社は、それぞれの土地における守護神であって、地域性をその本質としている。荘園的支配組織が、村落の地縁性とは無関係に、時には地域的村落をいくつかに分断領掌して支配してきたのに対して、中世の村落が地縁的協同体として自らを結成せしめたのは、地縁的神社の信仰と行事のうちに育成されたからであった。したがって神社の信仰と行事に相反する宗教の宮座内における布教は容易ではなかった。その点、時宗は神仏習合を強調しており、一遍聖をはじめ歴代宗主は神社を手がかりとして、宮座のうちに念仏を浸透させる方法をとっている。領主の帰依をうければ村ごと、その教えになびくことも可能であり、上の信ずるところ下またそれになびくことは当然であろう。藤沢には諏訪神社が鎮座している。伝承によれば、呑海が信濃国遊行の折、諏訪神社の御正躰を得て帰り、清浄光寺の創建にあたって藤沢山鎮護のため勧請したのが諏訪神社であるという。諏訪神社の祭礼にあたり清浄光寺本堂前に遊行上人が出座し、礼式をすませたのち祭礼がはじまるのが、今なお慣例となっているのは、創建当初の風を伝えたものであろうといわれているが、事実は諏訪神社は藤沢氏外護のもとに、呑海が藤沢に入る以前から鎮座し、地縁的協同体の中心となっていたのではあるまいか。とすれば呑海は、京都で藤沢四郎太郎に接近したことが縁となり、藤沢氏の帰依をうけ寺地を提供されたのであろう。領主藤沢氏が呑海に帰依したことによって、領民もろともに呑海の教えになびき布教が可能となった。呑海が俣野氏の出であった関係で、当初はその領内に建てられたものらしく、今、西俣野に道場ケ原、東俣野に堂坂（道場坂）と呼ばれる地があり、往昔、清浄光寺がここにあったという伝承はそのまま認めてよいであろう。それが地の便を得ないことから、藤沢氏の好意によって西富台地に進出したのではあるまいか。

呑海は藤沢道場におること二年、元亨三年（一三二三）七月には『一遍上人絵詞伝』の模写を三井八律仏母金剛行顕に命じて執筆させたらしく、兵庫道場真光寺本の奥書に「元亨三年七月五日謹蒙二遊行上人禅命一駈二禿筆一畢、雖レ恥レ隔二芝池之往昔一、唯喜レ結二華台来縁一耳、執筆三井八律仏母金剛行顕」としるしている。智得は元応二年（一三二〇）示寂し、安国が遊行の法灯をついだのが正中二年（一三二五）であったから、ここにいう遊行上人はいうまでもなく呑海であったらしい。また彼は「既に三代の聖に補処して今に止むことなし、故に諸国に遊行して貴賤縁をむすぶ。其益広大にして先代未聞也」（呑海上人御法語）と述べて法灯は一遍・真教・智得にと相伝されて今に至っている。しかも「四代の相貌異にすと雖も、化益は不二にして五十余年也。専ら師資の補処を仰ぐと雖も、凡慮猶以て測り難ければ、此土の邪正は偏《ひとえ》に仏の知見に任する所也」（同上）と述べているところからすれば、呑海は四代であることを、強く意識し表明している。藤沢派からいえば呑海は四代であるが、あえて「三代の聖」「四代の相貌」といっているところに、当麻をはじめ法灯を継承した人たちが、われこそは正統伝受者であると主張していたであろうことを知るのであり、これを既定の事実として後の人に自分の位置を明示させようとする意図があったのではあるまいか。『一遍上人絵詞伝』によって、一遍智真と真教のあいだに相承のあったことは明らかであり、私は智得から法をうけたと、すれば智得は三代であり、私は四代である、師智得も「往生を遊行の聖に譲奉て、化導を三代に欲レ令レ継候」といっているではないか、こうした考えが呑海にはあったのではあるまいか。藤沢派に多くの『絵詞伝』がのこされているのは、こうした背景があったからであろう。

越えて嘉暦二年（一三二七）二月七日酉刻「命須臾にあり、終焉何れの時をか期せむ。大衆常に我為に、念仏勧《メ》て、惣《ジ》て休息する事なかれ。又睡眠絶息の時を可《シ》レ守《ル》云々。而《シ》て大衆、此《ノ》語を雖《クト》レ聴、□頭て不レ言《ハ》、只聖の称名の声に付て、一口同音に念仏のみ」（終焉法語）と遺言し、同十八日浄衣を著し、「平臥合掌の印、胸上」（四祖上人御消息）におき、高声念仏数十返となえて入滅した。時に年六三。翌十九日「本堂の前庭にて奉《リ》二荼毘一、納《メ》二遺骨《ヲ》於宝瓶《ニ》一、安二置仏殿《ニ》一」（同上）したという。『常楽記』嘉暦二年丁卯二月十八日の条に「藤沢他阿弥陀仏 祐阿弥陀仏也」とあるのは、呑海のことであろう。

第五節　他教団の動向

一遍から早く賦算を許された聖戒は、聖の入滅後京都に赴き貴紳に接近して『聖絵』一二巻を完成したが、それより前、正応四年（一二九一）には山城国八幡荘山下の善導寺に招かれて住したという。善導寺はのち東洞院魚棚上ル西に移り六条道場となったといわれるが、その後聖戒の流れが京都でどのような活動をしたかについては明らかでない。聖の入滅後四散した人たちのなかに仙阿がいた。彼は『条々行儀法則』に「奥谷宝厳寺開山仙阿ハ一遍上人ノ法弟也。彼弟子尼珍一房住持シテ相続」したと述べているところからすれば、一遍の弟子で伊予国奥谷に宝厳寺を開いていたようである。『河野系図』には一遍の兄伊豆房にあてているが、入滅後伊予に来ているところからすれば伊予国の出身であり、河野家の一族であったのかも知れない。仙阿のあとは尼弟子の珍一房が相続した。興国五年（一三四四）託何がこの地に遊行したとき、珍一房は道場の譲渡を申しでた。その時の経緯を『法則』は「六月廿一日、坊主珍一房来ツテ云ク、我ガ一大事ヲ申シ合セ奉ラムガタメ参詣ノ処、路次ヨリ心地違例シケレドモ、是マデ参レリ。其故、我ガ本意ヲ遂ゲテ後、彼ノ道場ヲバ偏ヘニ計リ賜ルベシト云云。同廿一日晨、是ノ如ク契約シテ泣々帰ラムトシケルニ、阿弥衣ヲ与ヘ『是レヲ著シ往生スベシ』ト云ケレバ、弥信伏随喜シテ名残ヲ慕ケリ。帰リテ同廿六日辰時往生シ畢ヌ」と記している。これによれば珍一房は「我ガ一大事」を語り道場を差しあげたいと語っている。「心地違例」であったけれども無理をおしてまで託何に謁したところを見ると、一遍入滅後すでに五四年、自分もすでに老齢の身、いつこの世を去るかも知れない。一人この寺を守ってきたが賦算権もなければ遊行権もなく、したがって法を伝えることもできない。別に一派をたてて別立する意図をもたなかった珍一房は、この機会に遊行上人の傘下に組みいれられることを望み、面謁したものらしい。このとき託何は『時衆過去帳』に「康永三年六月廿日　珍一房」（裏書「奥谷坊主」）と記入した。後世、奥谷派は一二派の一つにかぞえられ、住持が尼であった関係で、託何の代に藤沢派への合流はスムーズになされたと説かれてきたが、むしろ当初からこの派は存在していなかったとみたほうがよいのではあるまいか。もし、しいて一派と見なした時代があったとすれば、法脈上の相違ではなしに、地域的配慮による分類であったかも知れない。

一方京都には浄阿弥陀仏の流れが強固な地盤を形成していた。浄阿弥陀仏が真教と会ったのは、正安二年（一三〇〇）十一月、上野国板鼻でのことであった。彼は鎌倉極楽寺の忍性に師事して律を学んだ後、紀伊国由良の覚心について六年間禅法を学んだ。だが悟りを得ることができなかったので、覚心のすすめにより熊野本宮に参籠したが、ここでも得られない。更に熊野新宮に詣でた。ここで夢告を得、念仏の形木を賜わり賦算を命ぜられ、諸国に念仏を勧めることになったといい、『浄阿上人絵詞伝』には「新宮に参詣の夜、夢に念仏の形木を賜り、示して云く、此札を賦《くばっ》て衆生に利益すべし。名をば一阿弥陀仏と伝へしと神託に預り、其より由良に下向して、法灯に見《まみえ》て曰く、熊野に詣で念仏の法を得たり。問て云く、いかなるか念仏。答て曰く、南無阿弥陀仏、可とするにたらず、又参詣あるべし。則ち参詣あり、下向す。問て曰く、いかなるか念仏。答て云く、南無阿弥陀仏、可なり。其より念仏を勧進して国々を修行す」[20]と述べている。真教が熊野に詣でたのは嘉元四年（一三〇六）六月のことであったから、浄阿弥陀仏よりも一年ほど後のことであった。とすれば真教よりも早く夢告を得、認証されたということを誇示するため、後日藤沢派に対立して四条派が成立したとき『浄阿上人絵詞伝』は撰述されたものであったかも知れない。『絵詞伝』によれば浄阿弥陀仏はその後延慶二年（一三〇九）京洛を化益するため上洛して四条京極の祇陀林寺に留錫、応長元年（一三一一）後伏見天皇の妃河端女院広義門院寧子の難産にあたり算《ふだ》が求められ、その呪力によって無事安産したということで、同年八月寺号を錦綾山太平興国金蓮寺と改められ、上人号を許された。またこれが起縁となり波多野出雲入道道憲は早速飛脚を相模国当麻につかわし、算を求めたので真教は付与したものの、浄阿弥陀仏には賦算権は認められていない。このうえは賦算を認めてほしいと要求した。その結果、真教は六〇万人知識の形木名号と印可状を届けて賦算を認めた。浄阿弥陀仏は上人号をもっているが、真教は田舎に隠居している関係で黙殺され、上人号はない。明らかに浄阿弥陀仏は真教より優位をしめている。だが浄阿弥陀仏は真教の弟子であるから、本末転倒している。この上は是非とも真教に上人号を付与してほしいと上奏すると、他阿上人号が許されたという。ここには四条派を中心とした記述がみられ、真教に比し浄阿弥陀仏の手腕大であることを述べている。浄阿弥陀仏が出雲入道の斡旋によって形木名号を付与されたことは、「出雲五郎左衛門入道のもとより、浄阿弥陀仏に念仏を勧させ奉べきよし所望候」（七条道場文書、真教書状）とあることによってはっきりしているが、それがもし河端女院との関わりがあってのことならば、喜びの一言もあってよいはずであるのに、まったく触れていない。それはいずれにせよ、「浄阿弥陀仏も、京中に御渡候之程に貴所へも召請せられ給候」（同上）とあれば、次第に朝廷ないしは公家に接近しつつあったことは事実であり、浄阿弥陀仏は真教の代官として京都での賦算が許された。こうしてみると、真教と浄阿弥陀仏とのあいだには、その立場を互いにかばいあっているように見えながら、実は浄阿弥陀仏は真教に対抗しようとしている。少なくとも四条道場は京都においては高い地位におかれていたという。果して浄阿弥陀仏は、そのようなことを考えていたのであろうか、正和五年（一三一七）二月、後伏見天皇の弟花園天皇は極楽往生を祈念していたとき、感応の由が告げられた。この告《つげ》の内容は明示していないが、極楽往生のさまを観見したものであったらしい。ときに、天皇は「衆生の往生の事は世饒王仏の治定する所」、すなわち衆生の浄土に往生することはすでに阿弥陀仏が十劫の昔定められたものであるから疑う余地はない、「末代衆生のために聊か記」しておきたい、と記録している。(21) 浄阿弥陀仏は興国三年（一三四二）六月入滅しているので、このとき四条道場にいたのは初代浄阿弥陀仏であった。花園天皇はこの人の信仰をとおして結ばれ、時宗の教義を身に体し領解するまでの傾倒ぶりであったらしい。翌七月、作阿が法灯をついで浄阿弥陀仏となった。

このころ四条道場は四条朱雀道場と呼ばれていた。(22) その後、浄阿弥陀仏は藤沢清浄光寺(23)に行き、時の独住一鎮をたずねて連歌をつくり(菟玖波集巻二十)、遊行託何が同五年秋兵庫の島を遊行したときには待ち迎え一夜連歌に興じ(同上)、更に延文五年(一三六〇)八月二十五日入滅したときには、遊行白木は『時衆過去帳』に「浄阿弥陀仏」(裏書「四条」)と記入した。こうしてみると藤沢道場と四条道場とのあいだは極めて親密な関係におかれ、対立意識はまったくなかったといってよい。これより先、正平七年(一三五二)祇園執行顕詮は四条道場に出かけ、浄阿弥陀仏に対面した。ときに彼は、祇園造営料所、近江国麻生荘の件を佐々木判官入道道誉にとりなしを依頼した(祇園執行日記)。道誉にとりなしをたのむために、四条道場に赴いているところをみると、道誉は四条道場と深い関係にあったらしく、彼は延文元年八月将軍義詮より拝領した釈迦堂地を除く四条京極方四町の地を、元弘以来の戦乱で命をおとした敵味方の亡魂を供養するため四条道場に寄進し、翌二年七月にも近江国での年貢を御影堂に寄進している(金蓮寺文書)。顕詮は応安四年(一三七一)七月三日頓阿を訪い、十月十一日播磨国広峰に登り西一房のもとに宿し、翌五年七月二十三日には二条烏丸道場に現一房をたずねるなど(祇園執行日記)時宗道場と因縁深く、四条道場にもしばしば出入していた。同五年十二月二十八日には四条道場で別時ののち十念を受けているところからすれば(同上)、歳末の別時念仏も一遍聖在世時同様、引きつづいて行われていたらしく、この日は最後の十念がおわるまで参加していた。四代浄阿は応安三年隠岐から四条道場に入山した。道誉の一族佐々木氏が隠岐を領していたのが縁で教線をのばしたらしい。尾張国熱田円福寺が四条道場の支配下におかれたのは、いつのことであるか明らかでないが、寺伝では「元応元年尊氏将軍之為祈願寺御建立」と記している。この寺に厳阿弥陀仏がおり、住持厳阿の申沙汰によって、永和三年（一三七七）熱田神宮の内院に『日本書紀』一五巻を奉納した。その紙背には釈阿・厳阿弥陀仏・眼阿・顕阿・宣阿・法阿弥陀仏・也阿弥陀仏・相阿弥陀仏・連阿弥陀仏・琳阿といった多くの僧俗の和歌がしるされており、これによって当時四条道場で二条為世の孫の為重の指導によって月並の歌会が催されていたことを知ることができる。その後、四条道場に入って五代浄阿を相続したのは円福寺の厳阿慶恩であったが、彼は足利尊氏の伯父にあたっていたという俗縁で、至徳三年（一三八六）六月加茂川西岸の祇園社地が義満の命によって道場に施入され、嘉慶二年（一三八八）には四条京極釈迦堂の地が寄進された。

こうして浄阿弥陀仏の流れは四条道場を中心に、京都に強大な基盤を形成していたが、関東の藤沢道場とは対立しておらず、むしろ「本朝の時宗に三上人あり。一は則ち四条上人、京三里を化度し、二は則ち藤沢上人、奥六国を化度し、三は則ち遊行上人、日本国を化度す」(24)というように、賦算の範囲が協定され円満裡に交渉が行われていたらしい。もし、藤沢道場を頂点とする傘下の時衆と対立関係にあったものがあるとすれば、当麻道場と六条道場を中心とする時衆であったらしく、この派の僧尼は『時衆過去帳』のなかに道場坊主の名を出していない。しかも、この派の人たちが当時どのような立場をとり、独自な行動をつづけていたかについては、藤沢・六条・当麻に史料をのこしていないので、皆目知ることはできない。だがこの両派を除く人たちは遊行上人が兵庫に来たとき出迎えたというように、遊行上人が回国するにあたっては次から次へと道場をとおして連絡がなされ、それは四条道場あたりにも通知されていたのであろう。通知があったからこそ、出迎えることができたのであり、四条道場傘下の道場にも立ちより賦算が行われたとみて大過あるまい。浄阿弥陀仏が藤沢道場に詣でているのも、円満裡な交渉がなされていたことを如実に示している。

註

(1)『聖絵』には、「時衆ならびに結縁衆の中に、まへの海に身をなぐるもの七人なり。身をすてゝ知識をしたふ心ざし、半座の契、同生の縁、あにむなしからむや」(巻十二)といい、入水往生した者七人いたというが、『絵詞伝』には「時衆並結縁衆の中に、前の海に身をなぐるもの六人也。身命をすてゝ知識をしたふ志、半座のちぎり、同生の縁豈むなしからむや」(巻四)と述べて、『聖絵』によりながらも六人としている。『聖絵』をみると海中に合掌して波にただよっている六人の僧をえがいているが、浜辺にも入水しようとしている三人の僧がいる。この僧も入水往生したかも知れないが明らかでない。七人のうちの一人はすでに海中に没していたかとも思われる。『時衆過去帳』には、正応二年八月二十三日条に界阿弥陀仏・行阿弥陀仏(僧衆)・当仏房・南一房(尼衆)、同二十四日条に無阿弥陀仏・陵阿弥陀仏(僧衆)の六人を挙げているので、これに当たるかとも思われるが、同一日の往生ではないので、画面とはいささか異なっている。

(2)丹生山について浅山円祥氏は、帝釈山(五八六メートル)にあてているが(校注六条縁起)、石田善人氏は、帝釈山・金剛童子山・稚子ケ墓山と一群の山塊をなしている丹生山(五一五メートル)を指すものとみており(「時衆教団の成立」史林五一の一)、丹生山山頂に丹生神社がある。

(3)石田善人「時衆教団の成立」(史林五一の一、九頁)。

(4)志賀文書一、弘安十一年三月廿日付の大友親時置文には、次のように記されている。

風早東西阿弥陀堂時衆等申、背二風早禅尼置文一、被二対捍一被二相節一由事、今月廿日奉行所奉書案、並、訴状具書如レ此、所レ申無二相違一者、任二置文一可レ被レ致二沙汰一、若又有二子細一者、早可レ令二明申給一、仍執達如レ件、

弘安十一年三月廿日　因幡守「大友親時」(花押)

志賀村一方地頭太郎入道殿

（5）七条道場旧蔵文書の真教の書状に、「我々独住之後は、遊行聖にこそ念仏勧進をもゝたせて候へ、既道場百所許に及候」と見えている。この道場が、一遍在世時から存在していたものをすべて含んでいるか、真教の化益によって新設されたものかは明らかでない。

（6）真教は文保三年（一三一九）正月、八三歳で入滅したといえば、その出生は嘉禎三年（一二三七）であったろう。出生地について明示しているものはないが、真教が「はじめて同行相親の契をむす」んだのは大友兵庫頭頼泰の邸宅か所領内であったらしく、当時大友氏は大野荘藤北に居住していたので、大野荘内に生地があったのではあるまいか。一説に京都に誕生、家系は持明院統の壬生家で、関白良忠の甥、あるいは孫、また藤原定家の後裔といわれるが、真教が入門した当時、一遍は供養する人もなく、破れた七条の袈裟をもらって腰にまとうといった姿で遊行していた。そのような一遍に、はるばる京都から、しかも公家層の子弟が訪ねて来て入門するはずはないから、九州大野荘内の人であったとみてよいであろう。『奉納縁起記』には「建治三年秋の比、予始めて温顔を拝し奉る。草菴に止宿して、而して一夜閑談せしめらる。五更に及んで、欣求浄土の法談あり」として建治三年（建治四年が弘安元年にあたる）の入門としている。

（7）一遍も弘安四年、当麻に遊行したというが（一遍上人年譜略）、この年の記事は『聖絵』に見えていないので知るに由もない。金井清光氏は弘安四年の記事を欠いているのは、「確かに不自然であり、しかも続く弘安五年の部分に大きな錯簡があることを併せ考えるならば、現存の聖絵は弘安四年の部分を脱落したか、あるいは故意に削除したものと考えざるを得ない。すなわち原型聖絵には弘安四年の記事があり、そこに当麻留錫のことが書いてあったと推定される」（「一遍の生涯と宗教」時衆研究三八）と述べているが、このことは当麻が一遍聖入滅後中心道場になったことに対する聖戒派の不満があえて削除させたものというのが前提となっているらしい。だが当麻留錫は『絵詞伝』にも言及されていない。この論法でいくならば、原『絵詞伝』には当麻について言及していたが、藤沢に道場がつくられたことにより削除したため、現行『絵詞伝』にはのせられていないということになろうか。

（8）聖戒は元亨三年（一三二三）二月、六三歳で入滅し、そのあとは聖瑞が継承した。聖戒の止住したのは六条道場であり、この道場はまた「六条彌阿弥陀仏道場」（師守記第四）と呼ばれていたらしい。

（9）金井清光「真教の時衆教団形成」（時衆研究四二、一七頁）。

（10）角川源義「時衆文芸の成立」（日本絵巻物全集23、『遊行上人縁起絵』解説一九頁）。

（11）真教に帰依し結縁した者として、『他阿上人法語』には、桂沢大炊助入道（巻一）、後深草女院御所・亀岡殿・備中国須山六郎・安東左衛門入道昌顕・安東左衛門尉貞忠（巻三）、宇都宮常陸前司泰宗・信濃国上原左衛門入道・宍粟新左衛門尉・中条左近蔵人・能登国一宮の伯耆法眼宰相・法眼三心・原田四郎左衛門入道・三田孫太郎・陸奥入道（巻四）、花山院右衛門督・三ケ谷侍従・或貴所・近江七郎・修理亮入道・毛利丹州（巻五）、山田蔵人入道・下野国小山塩津入道・民部卿阿闍梨・佐竹安芸守貞俊・武田小五郎入道教阿（巻六）、近江国安食九郎左衛門入道実阿（巻七）の二七名を挙げている。このなかで後深草女院御所・亀岡殿・伯耆法眼宰相・法眼三心・三ケ谷侍従・或貴所・民部卿阿闍梨を除く人たちは武士層の出であったと思われる。

（12）福田秀一「暁月房為守の経歴と作品」（国語と国文学一八一）参照。

（13）『遊行系図』『遊行歴代記』は、ともに「元祖御弟子」「入戒三十」としている。智得の三〇歳は正応四年にあたるから、もしこの年に誓戒して一遍の門に入ったとすれば、当時一遍は存生しておらず、真教が加賀国を巡錫していたころであるから、この年智得は真教に師事したらしい。

（14）智得が中聖または中上人と呼称されている所以について、長崎慈然氏は大上人（真教）につぐ人なるがゆえに中上人と呼ばれたらしいといい、藤井隆然氏（現遊行上人）は智得は法諱、中聖は道号、道号にちなんで中上人と呼称されたという。しかし系譜類を検討するに、『遊行歴代記』（河野憲善氏蔵）は三祖他阿智得上人、『遊行暦代記』（同上）は三祖智得上人、『遊行系図』（水戸彰考館蔵）および『遊行歴代譜』（内閣文庫蔵）は三祖中聖智得上人、『遊行代々法灯相続』（十日町来迎寺蔵）は三祖中上人とし、『時宗血脈相承次第』（澄学撰）に至って遊行三祖中聖上人と明示しており、成立年時の古いものほど智得を道号としている傾向が見られる。このように表現に差の見られるのは、かえって中聖が道号でないことを物語っている。もし道号であるとすれば、終始「中聖」の語が系譜類に記されていなければなるまい。思うに「聖」とか「上人」という語は敬称で、事実は「中興聖」「中興上人」を意味した略敬称ともいうべき語ではなかったろうか。

（15）智得伝は、前記諸系譜に収められているが、字句に多少の相違がある程度で、内容的には大同小異である。

（16）著書にはこのほか『三心料簡義』『一遍流十念口決』があり、消息三通のうち、二通は京都七条道場旧蔵（長楽寺現蔵）にかかり、一通は「中上人御法語」として『遊行代々法語』に所収されている。和讃には『弘願讃』『称揚讃』『六道讃』があり、ともに「中上人御作」として、清浄光寺蔵普光書写の『浄業和讃』に収められている。

（17）河野憲善「一遍教学の基礎的立場」（印度学仏教学研究二の一）参照。

(18) 智得の思想が一遍智真を正しくうけついだものとしているのは、管見によりかぎり河野憲善氏が「当体の一念について、捨象された一遍・他阿並びに智得の法語・消息類には当得往生を懇説する伝統的な行き方が等閑に付されていないことはいうまでもない。しかしながら智得の『念仏往生綱要』は簡にして要を得、一遍教学を他の文書よりも一層鮮明に描写している」(「時衆二祖三祖における当体一念の伝承(下)」時衆研究四、六頁)と述べているのが唯一のものである。

(19) 川戸正治氏蔵「呑海上人像」の銘に「藤沢山開基遊行四代呑海大和尚之尊像、俣野西野産、嘉暦二丁卯二月十八日入寂六十三、天正十六戊子年八月十八日　西野一存眼阿弥　奉存家之鎮守也」とあって、天正のころには俣野の産という伝承が残されていたようである。

(20) 浄阿は建治元年出生し、永仁元年一九歳のとき出家して鎌倉極楽寺良観に師事した。以来彼の膝下で律法を学ぶこと六年、のち紀伊国由良の覚心のもとで禅法を六年学んだという。とすれば覚心の指示によって、その膝下を去り熊野に詣でたのは嘉元三年のことであったらしい。

(21) 『花園院宸記』正和六年二月十九日条。

(22) 暦応四年四月十日、本願寺三代覚如は四条朱雀道場で乗専に托して『唯信鈔文意』を筆写させている。四条朱雀道場は四条京極大路の東の道、東朱雀に面していた金蓮寺を指すと、赤松俊秀氏は解している(『鎌倉仏教の研究』一九四頁)。

(23) 清浄光寺は、当初清浄光院と呼ばれていたらしく、『菟玖波集』には「清浄光院にまかりて」とあり、延文元年在銘の梵鐘にも「相州藤沢山清浄光院鴈宇基久而梟鐘未有之」と見えている。寺伝によると、遊行六代一鎮の時、院号を寺号に改め、後光厳院帝から清浄光寺の勅額を賜ったという。拙稿「清浄光寺の創建とその展開」(藤沢市史研究二)参照。

(24) 「綉谷庵文阿弥肖像賛」(『翰林胡盧集』巻十一所収)。

第三章　初期教団の内部的構造

一遍聖と真教、教団存在性の否定と教団の成立をめぐって、両師のあいだには断層があるが、一遍の勧化は自分一代にかぎるという意志にもかかわらず、真教とその跡をついだ時衆たちの努力によって、教団は存続することになり、中世末にはかなりの発展をみるに至った。そこにはどのような原因がひそんでいたか。いわば初期時宗教団のもつ、どのような内部的構造が、後世教団として展開せしめた素因であったかについて考えてみたい。

第一節　組　織

時宗教団は、教団を統べる知識と、知識をキャップと仰ぎ教団を構成する時衆、更に時衆の周辺に存在して賦算を受けたのを機縁に宿舎を提供し、米銭を喜捨することによって知識や時衆に接近した結縁衆から成っていた。弘安元年（一二七八）制定の『一期不断念仏結番』や、嘉元四年（一三〇六）正月制定の『毎月廿五日夜別時念仏結番』に所載された人が、所謂「時衆」であって、一切を捨離して、身を知識に帰命した人をいうのである。彼らが所持することを許されたのは、引入・箸筒・阿弥衣・袈裟・帷・手巾・帯・紙衣・念珠・衣・足駄・頭巾の十二道具であり、「時衆ノ外、在俗互ニ相ヒ用フル事有ベカラズ、故ニ此レヲ道具ト云フ。此ノ外、資具有ルベカラズ、故ニ員数ヲ定ムル所ナリ」（条々行儀法則）といっているように、私有を許された生活用具は十二道具だけであった。引入は椀鉢であり、阿弥衣は十二月の歳末別時に身につける法衣、(1)帷は下着であって、阿弥衣・袈裟・衣・紙衣・帷・頭巾・手巾・帯という身につける衣類と念珠、それに引入・箸筒といった食器と足駄が時衆の所持を許されたものであり、(2)もし背いてこれ以外の品を所持するものがあった場合、叱責をうける習わしであったらしく、「うつぼと弓と手ぼことをとりいでゝやきすて」辛うじて入衆を許された時衆が、「四五寸ばかりなる刀」を持っていたばかりに責めをうけたこともあった（聖絵巻九）。

しかも、時衆は「番帳には僧衆四十八人、尼衆四十八人、そのほかの四部の衆はかずをしらず」（同上巻十）というように、当初僧尼の時衆はそれぞれ四十八人と定められていたらしく、弘安元年制定の番帳によれば、四十八人は次頁の表のごとく六番に分けられ、それぞれに八人の時衆が配当されていた。各番の筆頭は不定であるらしく、嘉元四年の番帳では他阿弥陀仏が知識の位をついで別格となり、一番作阿弥陀仏、二番与阿弥陀仏、三番廬阿弥陀仏、四番仙阿弥陀仏、五番道阿弥陀仏、六番宝阿弥陀仏が筆頭となっていて、弘安時の番帳と一致した法名を見ることはできない。真教のあとをついで他阿弥陀仏（他阿上人ともいう）となったのは量阿弥陀仏智得であり、彼は「衆生の後呼ところの名なれば、自今已後は量阿弥陀仏を捨て、他阿弥陀仏と号せらるべし」（他阿上人法語第一）と、真教の推輓によって知識となり、量阿弥陀仏の法号をすてて他阿弥陀仏となったが、量阿弥陀仏は番帳の筆頭者ではなかった。量阿弥陀仏が遊行上人登位前の法号であったことはいうまでもなく、量阿弥陀仏から他阿弥陀仏への移行があったのである。番帳の筆頭者が知識とならなかったことは四祖呑海が有阿弥陀仏と称し、五祖安国が師阿弥陀仏、六祖一鎮が与阿弥陀仏と号していたことによっても知ることができる。いわば、番帳の座次は弘安・嘉元のそれぞれの年時における年臘による座次を示したものであろうけれども、それは終生的なものではなかったといえよう。

時衆が別時念仏を修したとき、僧尼の座は彼らの所持していた十二光箱によって境をされた。十二光箱の「蓋の上に白き色を四五寸許り一筋とをされ」（絵詞伝巻三）たのは二河白道を意味し、時に調声《ちょうしょう》が法会の句頭となり、音頭をとった。一遍在世のあいだ「他阿弥陀仏は一化の間、かはる事なき調声」の役をつとめ（聖絵巻十一）たといい、「純阿弥陀仏を調声のため遣はし候。此仁は遊行にても、一方ならぬ用人にて候へども、諸事を閣きのぼせ候。代々御意にいれられし謂《いわれ》にて候へば、衆中も又讃出しなんとも心得べく候也」（七条文書、一鎮書状）といえば、

表 8 弘安元年制定の番帳による時衆の座次

番位＼順次	1	2	3	4	5	6	7	8
一番	他阿弥陀仏	其阿弥陀仏	覚阿弥陀仏	重阿弥陀仏	師阿弥陀仏	法阿弥陀仏	眼阿弥陀仏	与阿弥陀仏
二番	彌阿弥陀仏	臨阿弥陀仏	珠阿弥陀仏	厳阿弥陀仏	陵阿弥陀仏	宣阿弥陀仏	切阿弥陀仏	底阿弥陀仏
三番	但阿弥陀仏	連阿弥陀仏	解阿弥陀仏	也阿弥陀仏	号阿弥陀仏	作阿弥陀仏	来阿弥陀仏	界阿弥陀仏
四番	相阿弥陀仏	漢阿弥陀仏	像阿弥陀仏	釈阿弥陀仏	時阿弥陀仏	唯阿弥陀仏	持阿弥陀仏	有阿弥陀仏
五番	梵阿弥陀仏	哀阿弥陀仏	宿阿弥陀仏	声阿弥陀仏	文阿弥陀仏	浄阿弥陀仏	往阿弥陀仏	無阿弥陀仏
六番	僧阿弥陀仏	直阿弥陀仏	量阿弥陀仏	薗阿弥陀仏	潔阿弥陀仏	乗阿弥陀仏	以阿弥陀仏	一阿弥陀仏

時衆の一役として、調声は「一方ならぬ用人」的地位におかれていたらしい。

一遍から真教に教団が受けつがれ、時衆が次第に増加するにつれ、宗団内にいくつかの教団の統制をはかるための階層が生じてきた。時衆は入門の年序の次第によって、座次が決まっていたらしく、それが番帳に示された座次であった。弘安番帳に四八名、嘉元の番帳に八九名をのせているのは、時衆の増加したあとを示すものであり、番帳所載の人数は年時によって不定であったと思われる。受戒年臘のたけた道場もちの坊主のなかから、幾人かの頭人がえらばれ、時衆の統制にあたった。一所の道場を所有していたとしても、後夜十念をうけない坊主は頭人代で、後夜十念をうけ、はじめて坊主位につくことができた。頭人の上位にあるのが総行頭人で、その下に僧衆を統べる総行坊主と、尼僧を統轄する尼奉行がいて、僧尼の両衆をそれぞれ支配し、また知事と呼ばれる時衆がいた。「越中国吉江道場の廬阿弥陀仏、寺の知事につきて、子細まうし」(他阿上人法語巻二)た知事は、「寺のさはくりをする僧尼」であったといえば、主として寺務をとる僧であった。総行坊主・尼奉行・知事が役人的地位におかれた時衆で、いわば宗団は頭人・役人・時衆によって構成され、番帳にぞくする僧尼の伴たる番役は入衆年あさきものがつとめ、坊主位にあるものは番役をのがれることができたといえば、番役をつとめなければならぬ時衆は、極めて低い地位にあったということができよう。

第二節　道　場

時衆は、聖を中心に遊行回国を主眼として遊行の旅をつづけた。弘安元年夏のころ九州から四国に渡ったときには「惣じて同行七八人相具し」(聖絵巻四)ていたといい、『一遍聖絵』や『一遍上人絵詞伝』によってみるに常に十七、八名から二〇名ほどの時衆が同行している。江刺の祖父通信の墳墓へは二一名の時衆とともに訪れ、奥州雪景の図には一行一八名の姿が見えている。弘安三年の鎌倉入りには二三名の時衆が同行し、正応二年(一二八九)淡路島に渡ったときには二六名の時衆が小舟三隻に分かれて乗船していたことからすれば、聖の遊行を耳にし一行に加わったものとか、近くに住居を定める新来のものが、僅かながらいたであろうことを一応考慮に入れても、一行はせいぜい二〇人前後ではなかったろうか。彼らは「身命を山野にすて、居住を風雲にまかせ」(聖絵巻七)、寺院や御堂の軒先に宿ったり、ある時は「日かたぶきぬれば、篠村といふ所にて、林下に草のまくらをむすび、叢辺に苔のむしろをまふけ」(同上巻八)て宿したこともあった。このことは、たとえ法然が勅勘をこうむり流罪の身であったにしても、土豪とか領主というような地方的有力者の居館に止宿していることと対比して極めて興味深い。寺院や御堂の軒先とか縁といった場所では多人数の時衆たちが宿ることもできなかったし、たとえ宿ることができたとしても、遊行した場合ただちに檀越＝願主を得ることの容易でなかったであろう現状を思うとき、食べることに気をくばらなければならないことを考えれば、多くの時衆を統率しての遊行は不可能であったはずである。弘安元年備前国藤井で吉備津宮の神主の子息が「聖を知識として、出家をとげ」たのをきっかけに、「彌阿弥陀仏・相阿弥陀仏をはじめとして、出家をとぐるもの惣じて二百八十余人侍」(同上巻四)ったといっても、彼らのすべてが聖にしたがって遊行したわけではなく、出家をとげた人は、何年かの年月をめぐったあかつきに、再び聖の遊行があったとき、再会を期するほかには、聖にまみえることは不可能であったに違いない。しかし、不定の時日は容易に期待できるものではない。一遍聖によって、辺地にある身であっても念仏申せば往生し得られるという法門に接したときの一般民衆の喜びは、いかに努力しても、容易に仏法の何たるかを聞法できる機会すらもちあわせていなかった当時にあっては、どれほどの喜びであったかはかり知れない。

法然による念仏は、早く地方に伝播していったが、法然は都の人であっただけに、都から遠くはなれた土地にあっては、よほど仏縁の地でないかぎり、旧教団の勢力圏をくぐって伝播することは容易ではなかったであろう。それが一遍聖の出現するにおよんで、踊躍念仏を行ずることによって、自ら念仏の法悦をあじわうことができたし、賦算をうけ、念仏をとなえただけで極楽往生が約束された。極楽往生ができるから念仏称名せよというのではなしに、賦算をうけ念仏結縁することによって往生できると印可され、力強く約束されたのである。聖は民衆たちが訪れてくるのを待って教化するというような消極的態度ではなしに、自ら席のあたたまるひまもないほど遊行の旅をつづけ、教化を積極的におしすすめた。それは貧者富豪を問わず、ひとりでも多くの人に、聞法の喜びを味わわせたいという態度であった。しかし「一念の信をおこして、南無阿弥陀仏とゝなへて、このふだをうけ給ふべし」(聖絵巻三)という態度では、たとえその場において、信をおこすと誓ったとしても、信は絶対的なもので、永世かわることなしと断言することもできないし、人によっては「信心おこらずも、うけ給へ」(同上巻四)と、生信の有無を問わずに、念仏算を与えたこともあったらしい。賦算は念仏に引き入れるための手段であり、踊躍念仏も同様なふくみをもって始行されたが、それが「自信」となり、「教人信」となるには、容易なことで実現し得べくもない。この点、一遍聖の布教は民衆の心をとらえ、広く民衆に受容されたといっても、地についた布教とはならず、根なし草的状態におかれていた。真教はこの態度に批判的であり、同一地に長く滞在したけれども、一遍的な傾向は一遍聖の在世時のみにとどまらず、かつて他阿弥陀仏同念が伊賀国を回国したのが縁で一村時衆となった村が、何年かのちには一村法華宗になったのをみて驚いたというのも（遊行三十一代上人京畿御修行記）、村民にとっての魅力が賦算であり、踊躍念仏であって、一時的なものであったからにほかならない。踊躍念仏によって、関心を時宗に向けさせ、賦算して念仏算を与え、極楽往生できるぞといってみたところで、それだけでは民衆を教化したことにはならない。ここに時宗の布教の限界があり、民衆のなかに介入して法談の場が考えられなければ「自信教人信」とはならない。もはや遊行上人＝聖のめぐり来たる日を待つには、あまりにも日暮れて道遠しの感がしないでもない。

そこで結縁衆より「いかにもして、念仏の信心をこりたらん処の知識のあたりを慕ひて、心にはありにくゝ在よくとも、往生の頼母しさに近付たき心より外には、誠の信心はあらはれざるものなり。心には住にくけれども、知識のあたり近き処に忍でも在たきこそ、厭離穢土の志にてはさふらへ」（他阿上人法語巻二、金銅の浄阿弥陀仏へつかはさる御返事）と、知識が近いところにいて往生の心得を説き明してくだされればよいのに、という願望がもととなって、聖のもとにおられる知識を地方の道場に下向させることになった。時に「往生は念仏の一行にきはまれば、念仏より外には往生の業なしと知り、堂舎塔婆は功徳の一分なれば、人天の福業とこそなれ。往生にはよりてもつかぬと信知して」「弥陀に帰し往生をねがふ人の経をよみ、堂舎をもつくるべからず」（他阿上人法語巻七、安食問答）と教示したこともあったが、常念房が他阿真教に、没後廟窟を建立して、御遺骨をおさめ不断念仏を厳修したいと思いますが、よろしいでしょうかと問うたときには、「古徳の遺跡に廟塔を建立し、堂舎を修造する事、在世は無相にして造化なしといへども、遺弟等そのあとを忍びて、かくのごときの儀、今にたえざるものなり。信心は法機にかうぶらしむるものなれば、法は無相なりといへども、利世方便は機の徳たるべし」（他阿上人法語巻六）と述べ、古来の先徳の遺跡に廟塔を建立することにより、追恩報恩の念をそだてるとともに、その地に在住する人たちに念仏をとなえさせる機縁をつくることができるならば、あえて堂塔を建てることも苦しからずと答えている。真教にすれば、一遍智真の意を承けて堂塔の建立を否定するという問題よりも、いかにして念仏を弘通することができるかということに、より関心があった。聖＝真教は所請をうけいれて、門弟の時衆を「時衆所望の処へ御房達をつかはすは、ひとつは願主の信心をたすけて往生を遂させんが為、または尼法師身命を知識に譲りて誓ひをなし、かねを打て我心に任せずして業を滅し、護念に預りて往生を遂ん為に」下向させるのであるから、道場に行ったならば、「あたりの縁ある人も請じて、行法をも聴聞しては発心し、往生の志も出来るべければ、利益衆生も大切」（他阿上人法語巻二、大耳作阿弥陀仏へつかはさる御返事）であるから、よくよく念仏をすすめよとさとしている。このような所請が機縁となって、時宗道場が各地に設けられるようになった。しかし、たとえ道場が建立され時衆が止住したとしても、「身は是にさふらへども、心は遊行にて候なり」（他阿上人法語巻一）と述べているように捨家棄欲の時衆の本分を守り、衣食は願主のはからいにまかせ、私の計略は禁じられていた。道場に僧尼が共住したときには、十二光箱をならべて境をするといったようなことはしない。ここに愛欲の問題が生ずるすきがあり得た。真教が「国々の道場に出離の志あるものは微少にして、無道心のやからは増多なり」(他阿上人法語巻六、下条蓮阿弥陀仏へつかはさる御返事)といっているのは、真教在世時すでに、道場が各地に散在していたことを示し、反面本当に道心ある人の少なかったであろうことを物語っている。こうした現状をかえりみたとき、制規を厳にし、『道場誓文』をつくり、各地の道場にあたえなければならなかった。

一遍聖の在世時、真教が「古徳の遺跡に廟塔を建立し堂舎を修造する事」の可否を問うた時、「在世は無相にして造化なし」、在世はどこという一定したところに止住したことはないのだから建立することはないと申されているように、堂舎建立の企てをあえてすることはなかったけれども、祖聖一遍の没するにおよんで「遺弟そのあとを忍びて」次第に道場を建立する傾向がみられるに至った(一遍上人絵詞伝巻十)。真教自身も「草庵を厭捨しとか、「寺門の建立は頗る本意に非ずと雖」(当麻山再営記)と述べ、祖意を承けて、当初は寺院の建立に消極的態度をとっていたようであるが、のちには真教も世の風儀に準じて、「往生は念仏の一行にきはまれば、念仏より外には往生の業なしと知り、堂舎塔婆は功徳の一分なれば、人天の福業とこそなれ」(他阿上人法語巻七)と述べ、また「罪と功徳といふは、人の心にこそあれ(中略)かく心得て、寺をもさはくらば、仏の御心にあひかなひて往生を遂べし」(同上巻二)と教化をすすめ、教団の固定化をはかるためには、道場を中心にするにしかずという態度から、道場の建立を肯定するに至った。

遺弟たちの祖聖を思う念のほとばしるところ、生きながらえる聖にあうことができなければ、み姿に日夜侍して教えを受けたいという一念が、堂舎に一遍智真の像をまつり、像を知識と仰いで行業を修するという結果を生

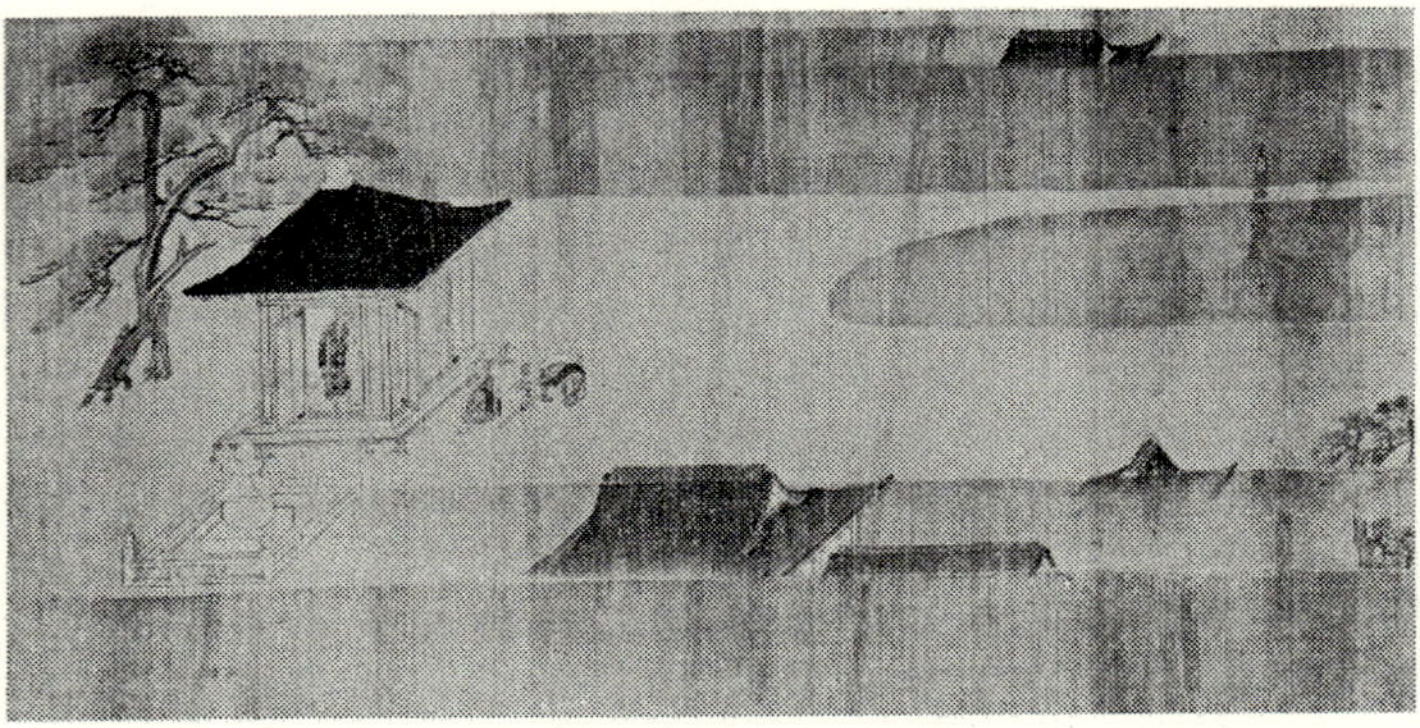

一　遍　の　廟　堂（一遍聖絵 巻12）
入滅の地兵庫の観音堂にあり，一遍聖の像が生前のすがたを模して造立された。

ずるに至ったのである。一方「遊行の衆は独住に望をかけ」（四祖上人御消息）たといっているのは、知識の命にそむいてまで、独住をあえてした過程のなかに、一所に止住しようとする時衆の態度をみることができ、このことはとりもなおさず、地方的道場の設立されんとする傾向を示しているようである。『他阿上人法語』に、宇都宮の与阿弥陀仏・円阿弥陀仏、尼ケ崎の時阿弥陀仏、近江国小野の唯阿弥陀仏、布瀬の相阿弥陀仏、上田の珠阿弥陀仏、金剛の浄阿弥陀仏、越後国古厩の僧阿弥陀仏、関の与阿弥陀仏、河村の文阿弥陀仏、小田の解阿弥陀仏・寿仏御房、梅田の師阿弥陀仏、大耳の作阿弥陀仏、高宮の切阿弥陀仏、人見の音阿弥陀仏、本間の源阿弥陀仏、下条の蓮阿弥陀仏、林部の見阿弥陀仏、勝田の証阿弥陀仏・戒仏房、伊勢国ほそ谷の如阿弥陀仏、松田の浄阿弥陀仏、加賀国興保の直阿弥陀仏、平野の専阿弥陀仏、下野国宇都宮上の三河の現弌房などと、人名の上に冠している地名は「越中国吉江道場の処阿弥陀仏」という語例をもってすれば、一、二の例外はあるにしても、ほとんどすべてのものは、他阿真教在世時における時宗道場の所在地を示しているとみてよいのではあるまいか。

このほか「白旗の道場」「上総国長南の道場」「越中国都部三弌房の道場」と呼ばれていた道場もあれば、また中条（大弌房）・吉岡（護弌房）・橋本（現一房）・当麻（優一房）にも時宗道場が存在したらしく、『一遍上人絵詞伝』には越後国柏崎（巻七）や甲斐国小笠原（巻八）に、『時衆過去帳』は真教在世時布瀬河・八田・氷見・佐介に道場のあった由を記している。かくして各地に成立した道場は、正和五年（一三一六）ごろ「我々独住之後者、遊行聖にこそ念仏勧進をもゝたせて候へ、既《すでに》道場百所許《ばかり》に及《およぴ》候」（七条文書、真教書状）と、真教が有阿弥陀仏呑海にあてた消息によれば、すでに一〇〇か所ほどの道場が全国に散在していたようであるから、古文献から摘出された三八の道場は、その一部を形成していたと思われる。道場に止住した場合、「江州高宮の切阿弥陀仏」「六条道場の彌阿弥陀仏」というように、番帳所定の阿弥陀仏号が止住の僧とともに道場後継者の法号となり、彼らは常に聖＝知識と連絡をとりながら、こと細かに道場の様子を報知するとともに、教えを請うていたらしい。いずこの道場にも「願主の所望に随ひて、知識のはからひをもて、つかはされた」（他阿上人法語巻一、由阿弥陀仏へつかはさる御返事）時衆がいた。願主は道場造営の所請者であり維持者であって、いわば檀越である。檀越によって建立された道場は、中央に所在する知識＝他阿弥陀仏の傘下に位置するものであり、当麻道場の別院というような関係におかれていた。すなわち真教在世時相模国にあった当麻道場が、中央集権的権威をもつ中心道場であり、知識の所在地であって、当時「とても地獄へおつべからんには、押て当麻に参てこそ死なめと申族どもの候よし聞へ候」（七条文書、智得消息）と、当麻まいりする人のおったのは、やはり知識が阿弥陀仏の使者として認められ往生の指南者とみられていたからであろう。したがって「近年連々仰つかはされ候のあひだ、此度は決定請に応ずべく候のところ」

（他阿上人法語巻五、毛利丹州殿へつかはさる御返事）というように機会があれば他阿弥陀仏の下向を要請していたようであるが、遊行しすべての人たちの要求をかなえさせてやりたいとは思うものの応ずべくもなく、「かくのごとく御志ふかく真実の御信心をもて懇切に仰つかはされさふらふあひだ、是非なく立越べしといへども、よも出しさふらはじとおぼえさふらふほどに、それもかなはずさふらふ」（同上）といい、「上洛の事、真実の御信心によて叡聞にをよびさふらふのうへは、いそぎ参洛をくはだてゝ御道場を拝し、利益衆生に向ふべくさふらふところに、関東の荒武者どもにとりこめられ、身暇をゆるされずさふらふのあひだ、御意に応ぜざるの条、かへすぐ本意にそむき候」（同上、花山院右衛門督殿へ進ずる御返事）といって、下向の要請を固辞している。たった一人の知識が遊行しただけでは要請に応じきれるものではない。こうしたことからしても、二人の知識すなわち他阿弥陀仏がいて、一人は各地を遊行し、一人は当麻道場にあって信者の要請に応じて賦算する必要が生じたかも知れない。

第三節　本　尊

これら道場に止住した時衆や結縁衆たちが仰信した本尊は何であり、またいかなる形態をもっていたのであろうか。南無阿弥陀仏の名号によって、十方衆生救済の別願超世の本願を建立し、願成就した酬因の報身が阿弥陀仏であって、真教が「しかるに、阿弥陀仏は一切衆生の業障ふかくして、諸仏に擯棄せられ奉りて、出離の道なき十方衆生に向ひて、報仏の果徳を捨て、因位にたち帰りて四十八願をおこし、不退の浄土を建立して、衆生を引接せんとちかひ給ふ大慈悲の報仏」（他阿上人法語巻七、安食問答）であると述べ、また「阿弥陀ほとけは報身無礙の智得、この理りをさとり給ひて、末代濁世の凡夫生死を出過すべきたよりなきゆへに、十方衆生のために、因位の万行果地の仏徳を名号のうちに摂在して、菩薩のくらゐにたちかへり、願をおこしてのたまはく、設我得仏十方衆生至心信楽して、我国にむまれんとほっして乃至十念せんに、もし生ぜずば正覚をとらじ（中略）こゝにをいて、また報身の果をえ給へり、是を酬因の阿弥陀仏と号す。衆生を因として正覚を感ずるゆへに、すでに浄土の教主となりたまへり」（同上巻三）といっているように、阿弥陀仏は十方衆生を救済せんとして、報仏の果徳をすて本願を建立し十劫の昔正覚を成就せられた仏である。しかも阿弥陀仏は「名号酬因の報身」であり、「凡夫出離の仏」（一遍上人語録巻下）であって、名号成就の阿弥陀仏の行が、南無阿弥陀仏に顕現するのである。一遍が

至誠心は自力我執の心を捨て、弥陀に帰するを真実心の体とす。其故は貪瞋邪偽奸詐百端と釈するは、衆生の意地をきらひすつるなり。三毒は三業の中には、意地具足の煩悩なり。深心とは自身現是罪悪生死の凡夫と釈して、煩悩具足の身を捨て、本願の名号に帰するを深心の体とす。然れば至誠心・深心の二心は、衆生の身心のふたつをすてゝ他力の名号に帰する姿なり。回向心とは自力我執の時の諸善と、名号所具の諸善と一味和合するとき、能帰所帰一体と成て、南無阿弥陀仏とあらはるゝなり。此うへは上の三心は即施即廃して、独一の南無阿弥陀仏是なり。（同上）

と述べて、三心とは身と心をすてて念仏申すことであり、その身心をすてたすがたが南無阿弥陀仏であるといい、また「安心といふは南無なり、起行といふは阿弥陀の三字なり、作業といふは仏なり。機法一体の南無阿弥陀仏

と成ぬれば、三心四修五念皆もて名号なり」（同上）と述べているように、三心も四修も、五念にしてもすべて名号に統摂されている。一遍の思想の帰一するところは、すべて名号であり、三業におこす行また名号であって、「手に念珠をとれば、口に称名せざれども、心にかならず南無阿弥陀仏とうかぶ。身に礼拝すれば、心に必《かならず》名号を思ひ出らる。経をよみ仏を観想すれば、名号かならずあらはるゝなり」（同上）というのも、その意にほかならない。阿弥陀仏は、法蔵菩薩が五劫にわたる思惟と永劫の修行を積み、自己の全徳をおさめて、光寿無量の覚体をまっとうして六字名号を成就し、仏果を証得されたものであるから、仏体と名号とは同一体であって、何ら異なるものではない。ゆえに名体不二、名号仏体とは同一体であって、不二であるというのである。『無量寿経』（巻下）第十八願成就の下に「其の名号を聞て、信心歓喜して、乃至一念至心に回向して」とあるのは、阿弥陀仏は衆生を摂化するのに、その体をもってするのではなく、その名をもってすることを明らかにされたもので、衆生の所帰の対象は仏体ではなくして名号なのである。仏体の摂化を説くのは、仏体は名号の義を詮顕しているがゆえに、所期の対象を衆生の近くにおいて、領解を容易ならしめたものにしかすぎない。名号はよく衆生を運載して、仏果に進趣せしめるから行と名づけられるのであり、衆生の称名は法体名号の全現したものであるから、仏体と名号は同一であり、不二であるという立場にたち、聖は南無阿弥陀仏の六字名号をもって本尊とされた。

「六字名号をとゞめて、五濁常没の本尊とし給へり」（聖絵巻二）といっているのは、五濁末代に生きる凡夫として、名号が本尊と仰がれたことを示すもので、「かくところの文字の名号は、行者の本尊たるなり」（同上巻六）といっているのも、また名号本尊に主体性のあることを端的に示したものとみてよいであろう。「望み仰せられさふらふ二枚つぎの本尊名号、所持の念珠これを進候」として、本尊名号を三ケ谷侍従につかわし（他阿上人法語巻五）、また安東左衛門尉貞忠の請に応じて「二枚つぎの行の本尊名号かきて、これをしんじさふらふ」（同上巻三）という消息のうちにも、真教が帰依する人々の請に応じて本尊名号を書き与えられたであろうことを知ることができる。所望によって、名号のみならず「また所望の念珠、これをまいらせさふらふ」（同上）と修理亮入道とか三ケ谷侍従に与えられている事実は、真教以後の教団において、念珠屋が時宗中に存在しているところをみれば、念珠の製作を業とする時衆のいたことを認めてもよいであろう。ここで念珠屋と同様、軸屋の存在も無視できない。本尊名号を所望するにまかせて下付する場合、それが本尊としての性格を当初よりもちあわせている以上、下付された時衆は名号を本尊とし、表装して掛けて安置したであろうことは容易に知られる。時宗に存在した軸屋は、このようにして所望された名号の表装にあたった時衆と考えられる。

現在、歳末の別時念仏会を修行するにあたり、正面に本尊名号を掛けているのは、初期時宗教団のすがたをとどめているとみてよいのではあるまいか。すなわち藤沢清浄光寺では別時念仏を修する場合、鳥居形にかたどった棟に、本尊名号をかけている。これは本堂内を社前と見なすからであり、棟を鳥居木と呼んでいることからしても、明らかに神社前における別時念仏を想定しているかのように思われる。伝うるところによれば、一遍聖が大隅国に巡化された折、正八幡宮の鳥居前で、鳥居に名号をかけ、別時念仏を修したのが踏襲されて、今日におよんでいるということである。鳥居木の上方に十八名号、中央に本尊名号と一遍智真の名号、並びに真教以下列祖の名号を掛けているが、原初の型としては鳥居に一幅の本尊名号をかけていただけであったろう。慈阿弥陀仏が「所望の名号二十幅」として、二〇幅にもおよぶ名号を所望しているのは（他阿上人法語巻一）、彼の道場に集う時衆の本尊として与えるためのものではなかったろうか。本尊をかけて阿弥陀仏を仰信する人たちの姿こそ、原始教団のあるべき姿であったと思われる。

「臨終の本尊は、行者のこころ〳〵にてかはりさふらふべしといへども、仏体は念仏まうすべき心をおこさん為の方便、又は行者の信心の色のあらはるゝところなり。名号はまさしくとなふるところの出離の法なれば、おなじく真法なればこそ、一向専修の人はこれをもちゆるなり」（同上巻四）と名号を真法なるがゆえに本尊と仰いだというのも、また真教が「往生の志あるほどにては、本尊なしともとはまうすべきか。ただ本尊ばかりに執心をおこして、名号に落居せざる行者の前には、本尊なくとも名号こそ往生の法よとあたふるは、念仏の信をおこさしめんが為なり。念仏のおこりぬれば、ほとけもたふとくなりて、人のをしへざれども、本尊は必用意すべし」（同上）といい、託何が「仏の本意に任せて六字名号を唱書す、亡魂の得脱、最も捷径たるべし」（器朴論巻中）と申されているのも、名号が本尊であるとする義を示されたものであろう。しかし「かくところの文字の名号は、行者の本尊たるなり。一にして二、二にして一なり」（他阿上人法語巻六）といって、「かくところの文字の名号」すなわち本尊名号は遊行する時衆＝行者の所持すべきものであるとする背景には、「浄土の仏は、穢土にては凡夫のまなこにみへ給はざれば、絵にかき、木をきざみて本尊となす。信心の行者の前には、只今浄土のほとけを見ざれば、形像すなはち本体に同ず」（同上）といっているように、凡夫なるがゆえに形像をもってしなければ、礼拝する気持がおこらないというならば、絵像・木像を用うるもさまたげるものではないと、その存在の必要性を認めている。

「阿弥陀仏、願をおこさせたまひて、名号を衆生に授け、生ながらほとけになるみちなければ、臨終に来迎し、行者を不退の浄土へ迎へ取て、永く生死を離れしめ給ふ」（同上巻三）といい、また「一期終焉の時、南無阿弥陀仏と唱ふる声のうちに、仏菩薩の来迎に預りて、不退の浄土に往生すべし」（同上巻四）と述べているところからすれば、来迎仏をも否定していない。真教が「阿弥陀仏に帰すると申人、観音をも安置せよ、勢至をもゝてなせ。こころ〳〵のことなれば三尊一体、三位一体のいはれにてぞあるらん」（同上）といっているのは、具体的にどのような形態をもつ仏像を指すものか知るに由ないけれども、阿弥陀仏と観音・勢至を配した三尊を一体とした仏の尊容という言葉からすれば、一光三尊の善光寺如来を指すのではあるまいか。

文永八年（一二七一）再出家した一遍は「天竺の霊像として、日域の本尊」となった一光三尊の阿弥陀如来像を拝するため信濃国の善光寺に詣でたが（聖絵巻一）、彼はその後弘安二年（一二七九）八月にも再度善光寺を訪れている。また丹波国の山内入道が善光寺参詣の旅に出ようとしたところ、「善光寺の如来の、われは一遍房がもとにあるなり。こゝろざしあらばそれへまいれ」との夢告によって、一遍聖に帰依したという逸話も（聖絵巻九）、聖と善光寺との関係を示すものであり、真教が「武蔵の片山といふ処」にいたとき、常陸国から善光寺に参詣したものが二首の歌に返歌しているのも（他阿上人法語巻八）、真教の布教が善光寺を拠点としていたことを物語っている。(3) 善光寺如来は三国伝来、わが国初渡の仏像として、中世以来、東国を中心に尊信されていたらしく、中尊の高さもおよそ五〇センチぐらいの小像であったから、容易に移動しやすい仏像であった。しかも、善光寺如来は浄土に安住したもう阿弥陀仏ではなく、観音・勢至の二菩薩にうごかされて、この娑婆世界にお出でになり、一切衆生に結縁されている現在仏であるというところにも、善男善女の尊信をあつめていたゆえんがあり、今現に衆生を摂化している阿弥陀仏に対する魅力が、後日善光寺如来像の造立を発願する根拠となったものであろう。

第四節　知識帰命

阿弥陀仏を仰信し、名号を本尊とした時衆は、知識帰命の論理によって、知識と時衆のきずなが保たれていた。知識は教団における絶対者であり、生ける仏であって、知識には往生与奪の権が与えられていた。時衆の知識に対する態度は、法然が「静かにおもんみれば、善導の観経疏はこれ西方の指南、行者の目足なり。しかれば則ち西方の行人、必ずすべからく珍敬すべし。中に就いて、毎夜夢中に僧ありて、玄義を指授す。僧は恐らくこれ弥陀の応現ならん。しかれば謂ひつべし。この疏はこれ弥陀の伝説なりと。いかにいはむや、大唐相ひ伝へて云く、善導はこれ弥陀の化身なり」（選択集）と、一身を善導に捧げて帰仰の誠をかたむけ、またその弟子聖光が「わが大師釈尊はただ法然上人なり」（四八巻伝巻四六）といい、親鸞が「たとひ法然聖人にすかされまひらせて、念仏して地獄におちたりとも、さらに後悔すべからずさふらふ」（歎異抄）と述べているのと軌を一にしているといえよう。したがって一たび絶対者を失ったとき、悲歎の涙にくれ、「知識にをくれ奉ぬるうへは、すみやかに念仏して臨終すべし」（一遍上人絵詞伝巻五）と考え、この世で教えを受けることができなければ、弥陀の浄土で再会したいと願う人もいたが、他面すでにまみえることのできなくなった一遍聖を、この世に再現したいと念じ、生ける姿の影像を安置する人もあったらしい。

甲斐国に在住した板垣入道が「聖の真影に向ひて涙をながしつゝ、会者定離は有為無常の境なれば、歎くともかひあるべき身にもあらず、とく浄土にまいりて、不退の友となり奉らむとて水食をとゞめて、一心に念仏」(同上巻八)し、また真教が正安四年(一三〇二)八月摂津国兵庫に赴き、ここで「故上人(一遍)の御影堂にまうでて瞻礼」されたとき、御影堂に安置されていた師のお姿は「平生のすがたにたがは」なかったので、「在世のむかし思ひ出でられて、懐旧の涙せきあへ」なかったというのも(同上巻十)、深く師を慕う弟子たちによって影像が描かれ造立されて、世にのこされていたことを物語っている。おそらく入滅の地兵庫道場にしつらえられた御影堂の一遍上人像は、入滅後、間もなく一遍聖の教えをうけた人たちの赤誠によって造立されたものであったろう。以来残された時衆たちに、あたかも生きている聖に仕えると同様、聖の像に対し、時食・湯茶・灯燭などを随時給仕していたのではなかろうか。

『一遍上人絵詞伝』には、すでにそこにしつらえられていた御影堂と聖の像をのせ、当麻道場無量光寺にも御影堂があったことは「御影堂に誰にても陣すべからず」という天文十一年(一五四二)六月の北条氏の制札(無量光寺文書、原漢文)によって明らかであり、京都御影堂新善光寺も一遍聖の像を本尊と仰ぎ奉安した寺であった。由来、時宗には鎌倉から室町期に造立された祖師像が多くのこされている。(4)このことは自らの師、それは一遍聖のみでなく、時宗教団に入衆した当時の知識を仰信した姿のあらわれであり、ひいては時衆が知識を中心と仰ぐ教団であったことを物語っている。

時宗に入衆をのぞむものは、知識に帰命しなければならなかった。知識に帰命する、すなわち知識に全身全霊をささげ、絶対憑依の誠をつくすことが、入衆にあたって時衆にあたえられた使命であった。『一遍上人絵詞伝』巻六に、

永仁五年の比、上野国を修行ありけるに、或所にて武勇を業とするをのこ一人来て、時衆に入るべきよしいひければ、聖曰く、「出家とは身を亡じ命を捨て欲を断ち真に帰する心金剛のごとく、円鏡に等同なるをいふなり。仏地を悕求して、すなはち自他を弘益す。若し囂塵を絶離するにはあらずば、此の徳証とすべき由なし」と和尚釈したれば、先づ能々道心おこりて後の計なるべし。頭をそるものは千万あれども、心をそるものは一両も侍らず。「在家とは五欲を貪求して相続す、是れ常に縦ひ清心を発すといへども、なほ水に画くが如し」と見えたり。超世の悲願に本より有智無智を論ぜず、在家出家をいはず、ひとしく往生すべき願なれば、必ず家を出て山林に跡を隠し、身を捨て幽閑のすまひせよとはいかゞ勧侍べき。たゞいづくにても念仏だに申し給はゞ、それぞ往生の業にて侍るべき。中〳〵出家して戒をも持ち貴げになりぬれば、いかにも機の徳がおもてとなる程に、仏をもたのまず他力にも帰せずして、往生をとげぬ事の多く侍る也。凡法師も尼も、此身のために同道する事侍らず、念仏を申して昼夜踊るも、故聖踊躍歓喜の余りに、をのづから行じ始め給ひたりしかば、いまも其の跡をたがふべからずと思ふ許也。行住坐臥時処諸縁をきらはねば、たゞ念仏こそ詮なれ。此の時衆に入る者は、今身より未来際を尽して、身命を知識に譲り、此の衆中にて永く命を

ほろぼすべし。若し此の下をも出で制戒をも破らば、今生にては白癩黒癩と成りて、後生には阿弥陀仏の四十八願にもれ、三悪道に堕ちて永くうかぶべからずと誓を成し、金を打ちて入るといへども、適々無道心の輩ありて、制戒をも破りぬれば、逆罪の者となりて三世の諸仏の舌をきり、二世の願望を空しくす。誠に曠劫の流転は、併ら此の身命を扶持せる故也。

といっているところからすれば、時衆は入衆にあたり、㈠「今身より未来際を尽して身命を知識に譲り」、㈡制戒の厳持を要求され、もし「制戒をも破らば、今生にては白癩黒癩と成りて、後生には阿弥陀仏の四十八願にもれ、三悪道に堕ち」ることがあっても悔いはないと誓ったのである。

知識、すなわち一遍聖の流れをくむ他阿弥陀仏は「仏之御使」（奉納縁起記）であり、「是レ生身ノ仏体」（同行用心大綱註）であって、具体的には遊行上人その人である。彼は阿弥陀仏よりあたえられた使命を旨として、ひとりでも多くの人を極楽浄土に往生せしめたいという念願をもって、彼土への橋渡しをなされる。大旱魃のあったとき、「飢ウル者人ヲ食スル事（中略）人人ヲ食ス」といって、ただ生きるために人間が人間を食べたこともあれば、「フル寺ニイタリテ仏ヲヌスミ、堂ノモノヽ具ヲヤブリトリテワリクダキ」薪として市場で売りさばき、また「賀茂・八幡ノ御領トモ言ハズ、青田ヲ刈テ馬草」にし、「人ノ倉ヲ打開テ物ヲ取リ、持テ通ル物ヲ奪取リ、衣裳ヲ剝取ル」ものがあったのは、養和のころ（一一八一―二）のことであったとしても、「春・夏ヒデリ、或ハ秋大風・洪水ナド、ヨカラヌ事ドモウチツヾキテ、五穀コト〴〵クナラズ」「乞食ノホトリニヲホク、ウレヘカナシムコエ耳」（方丈記）に満ちたという悲惨な状態は、中世社会においては一度飢饉がおこればさけることのできない現実として、一般庶民の頭上にせまってきたにちがいない。高宮の切阿弥陀仏が東国に下向したとき、「武州相模の飢饉」にあえるさまを見聞し、「御道場のさま御心苦しかるべきよし」を報告しているのは(他阿上人法語巻三)、たまたま東国で見聞した一端であったとしても、他地域より救済の手が差しのべられず、その地においてのみ生きる道を考えねばならなかった当時としては、一たび飢饉にみまわれることは、生計の道をおびやかされ、ひいては死をも意味していた。それほど一般庶民は経済的に力弱い層でしかなく、急転して生活の向上をのぞむことは、天候に依存する以上望むべくもなく、それは神仏に祈るほかにはたより得るものはない。「武州相模に飢饉ありといへども、毘沙門天王は仏法護持の権帝なれば、よもみはなち給ひさふらはじ。かぎりある命のきはまでに思ひなく候なり」(同上)と真教が述べているように、毘沙門天王は仏法護持の権帝であるから、飢饉がおそってきたからとて民衆を見放すことはあるまいというように考えていたらしい。一遍や真教の段階では阿弥陀仏にすがり、毘沙門天王の護持を信じて、ひたすらに救済護念を祈るほかにない。自分は阿弥陀仏の使者であるといってみたところで、施すすべはない。ただひたすらに、阿弥陀仏をはじめとする諸仏諸神の加護にたよらざるを得ない。

民衆は強きものを欲する。弥陀の救済を説いたところで、果して往生ができるかどうか、往生してみなくては何ともいえない。高嶺の花としてしか仰ぐことのできなかった仏教を、法然によって念仏による往生の可能性を示されたが、体証はない。ここに一遍が出世して、都鄙のもろもろの民衆たちに救済の手をさしのべ、往生の確実性を示そうとした真意が存していた。一遍は「万事を知識に任せよ」(同上巻二)と説いて、身命を知識にまかせたならば、阿弥陀仏は極楽往生を保証してくださると説く。命終をまって往生の可否が決定するのではなく、生身のままで、南無阿弥陀仏と弥陀の名号をとなえ、知識に帰命することによって極楽行きのキップが手に入る。いわば往生は弥陀の代官＝知識によって約束されたのである。

一度帰命して、往生の法名号をほとけにさづけられ奉りて、その信心たがはざらんにをいては、ところは遠く唐土天竺までへだつるとも、行者の信心を仏護念擁護して、かならず浄土に引接し給ふべければ、往生にをいては、何の疑ひか有べき。身はまた家を出て、仏に奉らむのちは、知識の命に随ひて、火の中水の底までも、おもむく外は、決定往生の信心何事かあるべければ、唯たのもしくおもひて、何国にても臨終せらるべきほとけの加被、聖衆の来迎も、口称名号のしたにさだまりたるなり。（同上）

といっているのはその意であり、帰命とは身を「仏知識にあづけまいらせて、今は称名をこたら」（同上）ざるさまをいい、三たび「かねをうち」（同上）聖＝知識に帰命したからには、どのようなことがあっても制戒を破るようなことはしないと約束した。制戒は教団内における規範であり、基本的には、釈尊によって教示せられた五戒・十戒であり、『聖絵』には「発願かたくむすびて十重の制文をおさめて、如来の禁戒をうけ、一遍の念仏をすゝめて、衆生を済度したまひけり」（巻二）と述べ、厳持すべき制戒は「十重の制文」であるといっている。十重の制文とは『梵網経』所説の十重禁戒のことであり、「重」は四十八軽戒に対する重であって、十重四十八軽戒はともに入衆にあたって誓った制戒であったと思われ、吉川清氏は「教団の徒を分けて十戒必持の者を僧分とし、然らざる者を五戒受持の沙弥」（5）としている。十戒とは不殺戒・不盗戒・不婬戒・不妄語戒・不酤酒戒・不説四衆過戒・不自讃毀他戒・不慳惜加毀戒・瞋心不受悔戒・謗三宝戒であり、なかんずく従来成立した教団に比し、僧尼の共住を認めたことは、広く一般民衆に門戸をひろげたことであったとしても、共住によって生ずるであろう反制戒の生起は、知識にとって最も心した課題であったらしい。

何事につけても、いきたる身にてこそよろこびもあれ、身命を阿弥陀仏に奉りて、往生の一大事より外は、此世にも望なき身になりてむうへは、なにごとをも、仏知識にあづけまいらせて、今は称名をおこたらずして、臨終をまつより外は、如何なる要かあるべき。（他阿上人法語巻一）

というように、入衆時身命を知識にまかせると誓ったとき、その身は阿弥陀仏にあずけられたがゆえに、知識の命令を阿弥陀仏のおことばと受けとり、称名念仏の相続こそ大切であると、他力本願の名号に帰命すべきを説いている。すなわち知識は何ものにもかえることのできない絶対者で、そのことばを阿弥陀仏のおことばとうけとって、知識に絶対憑依の誠をささげるのである。

一遍がこうした態度を、時衆に要求した原因は何であったろうか。思うに聖が武士の出身であったことに由来しているのではあるまいか。武士社会における主従関係成立のもっとも正式な手続きは、従者が主人の謁見に入って従者の誓約をなす見参の式であり、誓約したとき以来、従者は基本的には御恩と奉公とのつながりをもって、主人に忠をつくす法律的義務がおわされていた。これを時宗教団についていえば、「万事私のはからひ」を捨て、「身命を仏に帰命」し、「金剛の信心のかね」（同上）をうったとき、知識と時衆とのあいだに主従の関係が成立したのであり、ときに知識は、時衆に阿弥陀仏号をあたえて往生の保証をした。阿弥陀仏号を付与されたとき、時衆は「業滅し」阿弥陀仏と同等の位置にまでひきあげられ、反面彼らは「なにごとも、仏知識にあづけまいらせて」(同上) 持戒堅固に身の名聞をすて往生を先途と、称名おこたらず臨終をまつことが要求された。ここに御恩と奉公の義と一脈相通ずるものがみられるようである。しかも、教団の制規に反する行動をあえてした時衆に対し、擯出・罰礼《ばつらい》をもってし、教団外への追放はもちろんのこと、すでに死した者に対する不往生の判定も容赦なく行なっている。それはあたかも武士にあるまじき行為をなしたとき、所領の没収はおろか、死罪にさえ処した事情と軌を一にしているといえよう。中世の時宗教団が多くの武士層をかかえこみ展開した背景には、武士道につらなる思想が内在していたためと考えられるが、知識帰命の論理もその一つであったと思われる。ここに教団が確たる紐帯をもって、信仰的宗団として永続すべく約束された原因がひそんでいた。

第五節　不　往　生

教団の粛正と統制のため、知識帰命とうらはらの関係におかれたのが不往生であった。不往生とはどのようなことを意味しているのであろうか。不往生が事実として、教団の上にみえてくるのは、弘安五年(一二八二)六月の条にみえる常一房であるらしいが(時衆過去帳)、常一房がなぜ不往生の烙印をおされたかについては明証がない。『時衆過去帳』には不往生者には別筆をもって「不」と註記されているが、明徳二年(一三九一)二月三日の条に「能仏房沈了」とあるほかには、誰ひとりとして、なぜ不往生と判定されたかについて、その理由を明記されたものはいない。もちろん「沈了」と「不」とがどのような関連をもっているか、また無関係なものであるかどうかについても明示をされていない。弥陀の本願力により、男女貴賤を問わず、弥陀を仰信し念仏するものに極楽往生を説いたのは法然であり、彼は「智者ハ智者ニテ申テ生レ、愚者は愚者ニテ申テ生レ、道心有モ申テ生レ、道心ナキモ申テ生レ、邪見ニ生レタル人モ申テ生ル。富貴ノモノモ、貧賤ノモノモ、欲フカキモノモ、腹アシキモノモ、慈悲ナキモノモ、本願ノ不思議ニテ念仏ダニモ申セバ、ミナ往生スル也」（十二問答）と述べて、誰でもわけへだてすることなく往生できると、凡夫往生の可能性を説かれたが、一遍は一たび往生を約定したものに対する往生の取消しを不往生として認めた。いわば一遍には往生を保証する付与権と、往生の取消しを決定する奪取権とが共有されていたといえよう。『絵詞伝』には「往生を遂げざるもの七人」（巻十）とし、『時衆過去帳』には三三人の不往生者を挙げているけれども、不往生と判定された理由については、さきの一例をのぞいて明記されていないので、以下歴代宗主の法語を中心に、行実からみた不往生者の認定と、不往生を規定づけた論理について考えてみたい。

㈠『道場誓文』（藤沢清浄光寺蔵）には「修行の初め弘安二年より嘉元四年九月に至るまで、往生を遂ぐる僧尼二百七十五人、此の内不往生の者は七人、制戒を破り乍ら廻心向大せざるの故也。今日より未来際を尽すまで、この下を始めとし処々の道場の僧尼制戒を破らず、命終に至るまで称名念仏懈《おこた》らずば、必ず往生を遂ぐ可し。これを用ゐざるの輩は、一室同座を止めて衆中を追ひ出す可し」と見え、これによれば時衆にして不往生の烙印をおされたのは制戒を破ったがためであり、今後破戒の僧尼たるものは衆中から追放すべきであると述べている。

この場合、時衆に要求されたのは「制戒を破らず、命終に至るまで弥名念仏懈ら」ざることであったが、制戒を破るということは現実にはどのようなことであったろうか。「夫れ以《おもんみ》れば法性無相の本源、生死の大海に流れ出づ。唯《ただ》男女愛執の一念、流転三界の妄業なり。六道の嶮岨に輪廻せしは、これ自身著我の迷識なり」といい、また「悲しき哉、父母の愛結を受け継いで人の形とりながら、猶本《もと》の業因に立還つて、愛著に繋縛せらる。近づけば妄に侵さる可し。遠ざれば面影《おもかげ》避け難し。男は女の質《かたち》を遠離し、女は男の意に従はざるには如《し》かず。秋の鹿は笛に寄りて身を取られ、夏の虫は火の為めに命を亡ぼす。是れ皆男女愛執の過也《あやまち》」といっているのをみれば、真教が『道場誓文』を記した背景には男女関係からかもしだされる破戒問題があり、これが因となり、男女愛執の過が不往生を生起させたものであるらしい。ここに「時衆に入る所の金《かね》は、即ち三心たるの間、例を他所に尋ぬべからず」といって、入衆時にたたいた金磬は、単なる入衆のしるしではなしに、金磬をたたき「金口の誓い」をしたからには、心を金剛のごとくにして身命を知識にゆずり、弥陀に帰一すべきことを約束させる金磬であった。『誓文』によるかぎり、不往生の原因は男女愛執の一念より生ずる破戒の問題であったといえよう。また真教が「愛心もいかりも、その機のはからひなるべし。これにもれて出離生死の信心を失ひて、人目に立程《たつほど》の無道心のやからをば、制文に任せて、衆中を追出さるべし。をのれが往生の志をうしなふほどの者をば衆にまじへても、何の益かあるべき」(他阿上人法語巻一)と述べているのも、愛心のいかりが原因であったことを物語っている。しかも、それらの行為は「人目に立程の無道心」のふるまいでさえあったから、これを黙認するとすれば教団の統制は弛緩し、かつ破られてしまう。したがってかかる行為を再び繰りかえすことのないよう『誓文』にてらし、衆中から追放するに至ったものであろう。

(二)　三祖智得が『知心修要記』に、「出離修行の初心には先づ自心著我の想を離れ、心を愛欲の境界より遠離す可し。又、境界の無記の法也。心は分別より成じ、心はまた自性無し。唯境界に依って転ぜらる。境の転ずる時は識情を起す。識情に依って他の是非を成ず。是非に依って愛欲を成ず。此の愛欲に執著する時、輪転無際にして生死無窮也。此の理に迷ふ者は境界に咎め無く、厭ふ可きに非ずと計して、愛欲に近づく時、身心繋縛せられて誓戒を破り、往生を失ひ自らを損じ他を損ず」といい、また「生き乍ら三塗の苦を受け、専ら弥陀を称念す可し。誓心決定して毫厘も犯す所無し、妄想常に競って起り、身心を狂すると誓戒は堅固にして、聊《いささ》かも破らず。若し誓戒を破れば、願心即ち破る可し。願心即ち破るれば往生即ち虚《むな》しかる可し。往生即ち虚しかれば、必定して無間に堕す可し」「心は是れ最も怨也。怨を養ひて子と為す、故に無始より以来生死を出づること無し。外に生死無し、心即ち生死也。外に地獄なし、心即ち地獄なり、一念に誓ひを破り無間に堕するも愛心に耽るが故なり。一妄に仏を失ひ往生を空しふするも、婬心に狂《たぶら》かさるゝ故也」といっているのも、「愛欲に著執し」「愛心に耽」ることが、制戒を破ることを意味したのであって、その結果往生を空しくさせられたのである。往生を失うといい、「往生即ち虚しかれば、必定して無間に堕す」というのも、往生を許さない、極楽往生ができないということであり、さきに与えられた往生の保証のとりけしを受けることを意味している。

(三)　同じく智得の消息に「兼又これより遣《つかわし》候し妙一房は、故聖に常に身命をすてぬ物ぞと仰《おおせ》候べく候とも、只私事ならですき候程に、今知識にをくれ奉《たてまつり》候て後、今更思《おもい》知られ候て、余《あまり》に口惜覚《おしくおぼえ》候間、恩徳報謝のために、

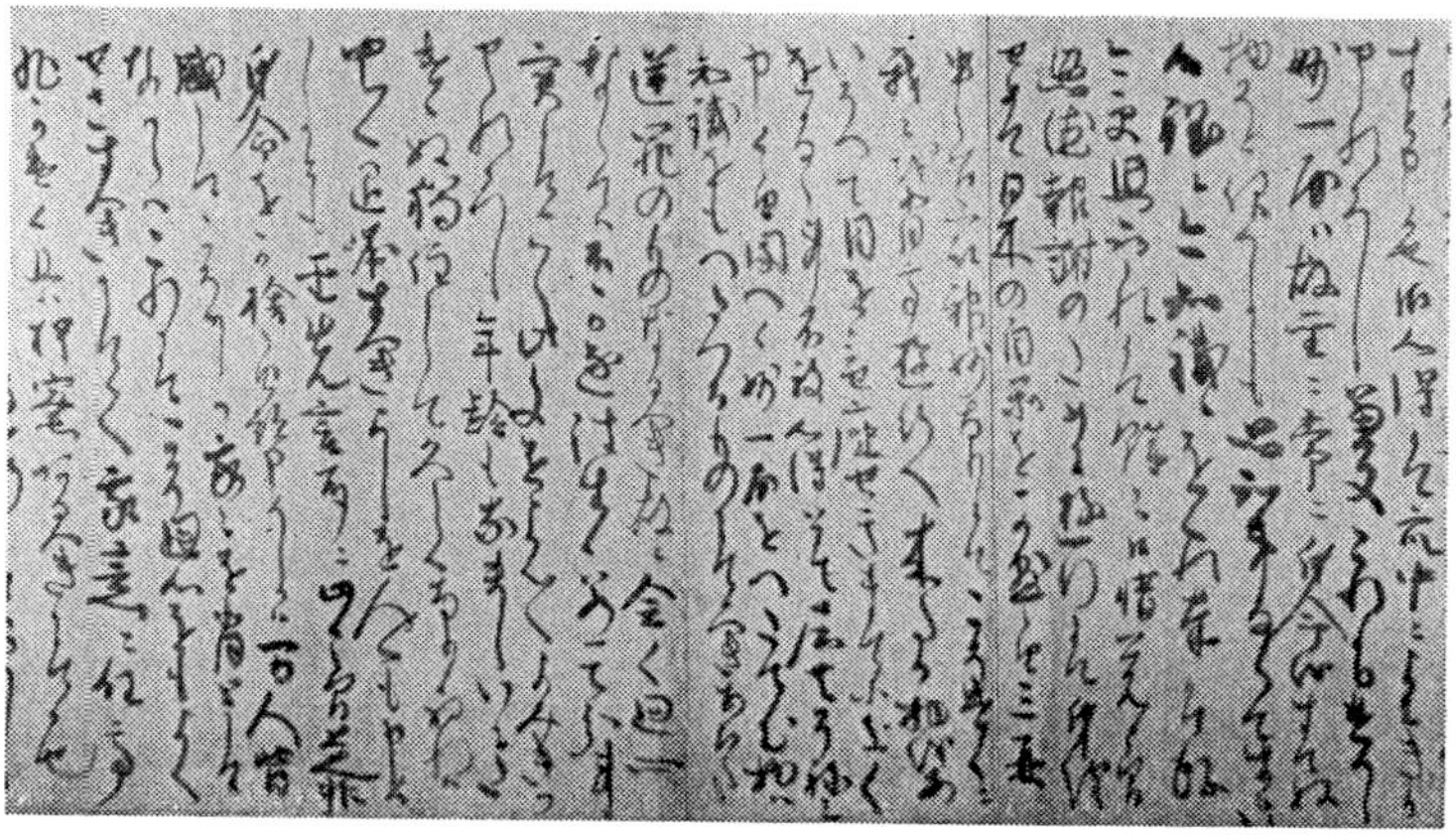

三祖智得消息（七条道場文書）

遊行にて身をせめて、日来の自閑を可尽《つくすべく》候由、再三申之間、最《もっとも》神妙なりとてこそ遣候に、我々を背て、遊行へ来たる物をあいそへて、目をみせ、座せきまでに近くをさかるゝ事不被心得とて、尼共そねみ申候由聞へ候。妙一房をへだてむ物は、知識をもへだつるものにて候べきあひだ、逆罪のものなるべき故に、全く廻心なくては、不可遂往生候。若其分事実にて候はゞ、此文をよくよくよみきかせられ候べく候。年齢もなまじいにたけ候ぬ。独住して久しくなり候ぬれば、中ゝ退屈すべきよしを、人も申候しかども、聖先言耳に止《とどまり》候之間、是非身命を可捨之由、歎《なげき》申候しかば、万人皆感じてこそ候しか、我々を背としてなからば、これにてこそ廻心をもよくせさすべきにて候へ、我意に任て非可遣候」（七条道場文書）といっているのも、「全く廻心なくては往生を遂ぐべからず候」という不往生を前提としての発言と考えられる。この場合、妙一房の行為は知識にそむき、ないがしろにしたため逆罪にあたいするというのであるが、当初妙一房は結縁衆の要請により、はたまた尼自ら「恩徳報謝のために、遊行にて身をせめて、日来の自閑を尽すべく候由」（同上）再三、聖に申しいれたため、聖＝知識も神妙なことだ殊勝なことだと感歎して、道場に止住させることになった。妙一房は故聖＝一遍智真在世時の弟子で、「年齢もなまじいにたけ」独住して年久しかったようであるから、道場主であったかとも思われるが、その道場がどこに所在していたかは、はっきりしない。妙一房を道場主と仰ぐ道場には、何人かの尼衆がいたらしい。ところが、持戒堅固なるべき妙一房も、魔がさしたとでもいうのであろうか、たまたま回国遊行してきた僧衆たちに、色「目をみせ」たり、十二光箱によって分けられた僧衆の座席近くまで言いよるようなことをしたために、尼どものなかにはそねむものが現われるなどして、風紀のみだれつつあることを耳にした知識は、誓戒を破るものであると認めた。身命を捨てて、化益に一生をささげると誓ったのにもかかわらず、「目をみせ、座席まで近く」侍ったことが、「逆罪のもの」にあたるというのであるから、ここにも僧尼間における愛欲の問題が横たわっていたことを知ることができる。しかし、この事実をたてにとり妙一房を道場から追放しようとする者は、妙一房を派遣した知識＝遊行上人をも追放することになる。したがって知識帰命の理にそむき逆罪となってしまうから、回心しなくては往生できない。妙一房が私(智得)にそむいたというなら、私が回心させる、勝手に誓戒を破っているからといい、そなたの方で追放するようなことがあってはならない、といっている。こうして、当然不往生になるような行為を犯したとしても、知識の遣わした時衆であるかぎり、勝手に私刑を加えることは許されなかった。真教が金銅の心阿弥陀仏に

依阿弥陀仏、追出さるゝの由、まうしてきたるあひだ、ことの子細を尋るところ、所詮恭敬の心なくして、狼藉なるあひだ、追出すとおぼゆ。よて無道心に往生の志なければこそ、かくのごとく切諫すらめ。たとひ

心阿弥陀仏ならず、他人に向ひても、頸手足をきらるゝとも、身命をおしまず、意趣をむすばざればこそ、われらが弟子分の時衆にてもあれ、いさゝかも、をのれが心をひさげて、他人をへだて道理をもて、僻事をはゞからざらんにをいては、ながく弟子分にあらず、衆中みなこの道理をこゝろえ信ずべし。是まったく人の為にあらず、みづからの生死をはなれ、今度決定往生をとぐべき安心なるべし。（他阿上人法語巻二）

と述べて、依阿弥陀仏は「恭敬の心なくして、狼藉なる」ふるまいをしているので追い出したいと申してきたが、例えどのような理由があろうとも、知識の遣わした時衆であるからには知識に責任がある、したがって、自己のはからいにより勝手に衆中から追い出すようなことをしてはならない、追い出せば知識帰命の理に背き、「みづからの生死をはなれ」不往生になる、と誡めている。往生・不往生は知識が決定するのであり、誓戒を破り知識に背く行為があっても、知識が断を下さないかぎり不往生にはならない。

(四)『四祖上人御消息』（尾道西郷寺蔵）には「知識の命を持て、或は遊行の衆となり、或は分ち置るといふ共、若徒然の物うさを忍び、若風雨寒熱をも凌ぎ、一期を暮せば往生は可二決定一之処、動《やや》もすれば無道心の輩、帰命の意趣を忘て、無人数なる独住に不レ堪と云ひ、或は悪縁之境界ありなど云て計ひ置所をうかれ、遊行なる者は退屈したりと云ひ、身の合期せざるなど云事、惣て不レ被二心得一。何の為に発心したりければ、今生の苦楽の二事に滞りて、往生の一大事を失せんとする哉。知識の慈悲を以てとかく方便して、機分に随て往生を全くせん為に計ひ置く処に、面々の旧業を捨ずして己が心に引かれて、知識の命を背き、独住なるは不住になり、遊行なるは独住を望む。此所存をとをす時は、知識の免許に依て、我計ならずと思なせども、我望を達する間、最初知識の命は次に成ぬ。帰せし所の身命をもいぶかしき者也。其先蹤を思ふに、大聖独住の刻、中聖遊行の時、此類出来あり し中に未現を存たる者は、此度当麻逆意一体の者となり、既に死せし者は往生の素懐を空しくし畢《をわんぬ》、与阿・解阿等是也」と示されている。「既に死せし者は往生の素懐を空し」くさせられたというのは、やはり不往生と認められたことを指すものであろう。何が不往生の原因となったかというに、知識の命にそむきいつわってまで、独住しているものは道場への止住を嫌い、遊行は独住をのぞむというように、知識の命を第二次的に考えて行動したからであり、これは明らかに帰命戒に対する違反であった。しかも、その先蹤は大聖真教が当麻に独住し、中聖智得が遊行していたころから存したようであるが、なかんずく「当麻逆意一体の者」と判定された与阿・解阿は、その最たるものであったらしい。四祖呑海は「所謂師命をかすめて誓意を破るは既に逆罪也。遊行を失せんと巧むは謗法也。この謗法のとが、身をくだきても謝し難き者哉。いにしへも、一身の身命をとりかへし、或は愛執に依り逆罪を致す輩はありといへ共、いまだ此くのごとく重罪の類はなし」と述べ、今までにも「一身の身命をとりかへし」たり、男女間に生じた愛執の問題で逆罪を犯した人がないとはいえない。事実あったけれども、「師命をかすめて、誓意を破る」がごときことはなかったと、口をきわめて批難している。すなわち、この消息に見える不往生の起因は、「逆罪」「謗法」であった。逆罪は師命であるといつわって、誓意を破る行為であり、謗法は元来遊行をたて前とする時衆が、いたずらに独住をのぞみ、その果てに不住となって、化益をおろそかにする行為を指しているらしい。「今生の身命を助む為に、遊行の衆は独住に望をかけ、独住の衆は不住となる族ありぬべし」というのは、風雨寒暑をものともせず、知識に帰命して遊行すると誓った時衆が、苦難をつみあげたあげくのはてにたどる行為の過程を端的にしめしたもので、今生の身命を助けるため、生きんがために、我身可愛さのあまり知識の命にそむくものがでてきた。捨身の精神を忘れた行為である。時の流れに従って、次第に安易な生活をのぞむ必然性があり、知識の命にそむいてまで独住し、不住となったところに、時衆制戒を破るものとして罪を問われた理由があったと思われる。

上述したように、宗主の法語を通して知られることは、「尼法師のあひだ、みだれがはしき」(他阿上人法語巻六)ことも制戒にそむく一因となったし、「無道心に往生の志」なく恭敬の心に欠けたことも(同上巻二)、はたまた知識の命に背いた行動をとったことも不往生の原因となっている。これが存命中ならば、不往生の烙印がおされて教団から追放させられ、死後背戒行為の事実が認められた場合、往生がとりけされた。教団内における制規は、時衆の規範を犯すに従って、次第に内部統制の必要上、より精緻なものとなったらしく、暦応四年(一三四一)解阿弥陀仏によって撰述された『防非鈔』には四八か条の制誡を挙げ、これに重過・中過・軽罪があり、重過と判定されたものは、教団外に擯出すると規定している。重過は殺生・偸盗・婬欲・妄語・忍傷に対する罪であり、忍傷は「縦《たと》ひ殺生に至らずと雖も、或ひは身肉、肉を穿って破り血を出だす、瞋恚彊きが故に、所作悪毒の故に」ということで、「其の罪、甚だ重し。能能《よくよく》之れを禁ず可し」とされたのであったが、重過に価すると認められたとき、教団からの擯出を余儀なくされたのであった。では、時衆の守るべき制誡としては、どのようなものがあったのであろうか。

第六節　制　誡

およそ教団が成立する以上、教団内部の秩序が保たれねばならず、また保たれるためには、最少限度教団の成立を可能ならしめる制規を必要とするのであって、それが、外部から指弾をうけてたち、教団の粛正を意図するときには、「起請」という形となってあらわれ、内部統制の必要上から生まれた場合「制誡」という形をとるのが通例である。起請にしても、制誡にしてもともに同行同朋として守るべき防非止悪の行為規定としてつくられたものであることにはかわりない。しかも、それはあたかも原始教団における戒律と同じように、犯すに従って次第に制定され、細分化されたものであろう。一遍は、時衆が専修念仏者として守るべき理想像実現のために、一八か条の『時衆制誡』(原漢文)をまとめ、「我が遺弟等、末代に至るまで、すべからくこの旨を守るべし、努《つと》め努めて三業の行本を怠ることなかれ」と述べ、末永く制誡を守って念仏せよとすすめている。『時衆制誡』とは

(1) 専ら神明の威を仰ぎて、本地の徳を軽んずることなかれ。
(2) 専ら仏法僧を念じて、感応の力を忘るることなかれ。
(3) 専ら称名行を修して、余の雑行を勤むることなかれ。
(4) 専ら所愛の法を信じて、他人の法を破ることなかれ。
(5) 専ら平等心を起して、差別の思ひを作すことなかれ。

(6) 専ら慈悲心を発して、他人の愁ひを忘るることなかれ。
(7) 専ら柔和の面《おもて》を備へて、瞋恚の相を現はすことなかれ。
(8) 専ら卑下の観に住して、憍慢心を発すことなかれ。
(9) 専ら不浄の源を観じて、愛執の心を起すことなかれ。
(10) 専ら無常の理を観じて、貪欲の心を発することなかれ。
(11) 専ら自身の過《とが》を制して、他人の非を謗ることなかれ。
(12) 専ら化他の門に遊んで、自利の行を怠ることなかれ。
(13) 専ら三悪道を恐れて、恣《ほしいまま》に罪業を犯すことなかれ。
(14) 専ら安養楽を願って、三途の苦しみを忘るることなかれ。
(15) 専ら往生想に住して、称名の行を怠ることなかれ。
(16) 専ら西方を持念して、心を九域に分つことなかれ。
(17) 専ら菩提の行を修して、遊戯《ゆげ》の友に交ることなかれ。
(18) 専ら知識の教えを守り、恣に我意に任すことなかれ。

であり、ここに示されているのは、瞋恚・憍慢・愛執・貪欲などの心をおこしてはならないこと、他人の非をそしらない、犯罪をしてはならないというような心の問題を主体としているが、なかんずく専修念仏について三か所にわたり言及していることは、いかに念仏に高い関心をもっていたか知ることができよう。念仏勧進を使命としていた一遍の面目ここに躍如たるものがある。しかし、他面この旨を守って怠ることのないように示していることは、破法が知識帰命のきづなによって惹起されていなかったことを裏書きするものであるが、一遍のあとをついだ真教の代になると、「凡夫の習ひ、もとの欲心善心ぅせず、こゝろの用事もつきぬいはれにて候あひだ、われ〳〵が計ひとして、衣食の二事も道具等をもあたへさふらふは、他の悕望をやめむ為にて候あひだ、冬は帷ひとつ、紙衣ひとつ、衣ひとつ、冬の装束を用ひ、夏は衣と帷ばかりにて、また別の用事なきゆへにこそ、心の悕望もさふらはねば、規式を定めずしては、私に人の供養物をうけば、知識の心と別々になり、面々おのれ〳〵がこゝろの欲をつきずして、もとの捨たる処をも空しくなし、誑惑の心起て人をへつらふべく候あひだ、この発心の筋を護念して、出家修道の信心を成就せしめむ為に、この式目の謂れはさふらふなり」（他阿上人法語巻三、安東左衛門入道昌顕へつかはさる御返事）というように、出家としてあるまじき行為の生起も見られるようになったので、「規式」「引式」の制定を行うに至った。永仁六年（一二九八）『他阿弥陀仏同行用心大綱』を撰述し、嘉元四年（一三〇六）九月『道場誓文』を記したというのは、制誡は真教在世時すでに存在していたであろうことを物語り、しかも「縦ひ小罪なりとも、制戒にそむく事あらば、尤も廻心し侍るべきものをや」（絵詞伝巻十）といっている背景には、処罰法規さえ付加されていたであろうことを物語っている。真教は「在家・出家共に、仮体の姿振舞によらず、婬事と愛着とを厭捨せしむるにあり。しかあれば道場制文を書て、面々処々の者にあたへしむるは、唯この一事なり」（他阿上人法語巻二）と述べているように、各地所在の道場に『誓文』を送り、傘下の時衆と道場の統制を考えていたらしい。一寺院を対象とした制誡が多いなかに、時衆全般を対象とした制誡を定めたことは、強固な教団を形成しようとした彼の意図を窺い知ることができる。

制誡は更に精緻となり、『防非鈔』によって集大成された。『防非鈔』は暦応四年（一三三九）解阿弥陀仏が、邪執・凶悪・悪口・諍論・破戒・犯罪等の過を停止し、無智の僧尼が誓戒を破ることのないようにとの親心から、先師相承の威儀にもとづいて撰述したものであるという。ときに解阿弥陀仏は「無才の恥を顧ず、七十の老眼を拭」いて記したと述べているところからすれば、彼は文永八年（一二七一）の生誕、一遍の入滅した正応二年（一二八九）には一九歳であったから、「漸く高祖の誨鏡を磨き、三心四修の垢を払ひ、先師相承の威儀を伝ふ」という先師は高祖一遍智真であり、一遍の門弟であったと思われる。しかも、彼が「努々《ゆめゆめ》、外見に及び後嘲を招くことなかれ。乞ひ願はくは門人等、予の滅後において、これを興しこれを行ず、縦ひ勤行修善の義なしと雖も、これをもつて報恩追善の最上となす」といっている心境は、『防非鈔』（原漢文）が世に出るにおよび、後嘲を招くことをおそれているのであるが、内容的に疑わしい点があるから世に知られてはならないというものではない。かえって入滅後でさえあれば、これが教団内に流布し、教団存立のささえになることをさえ願っているのである。とすれば真教以後の初期教団において、具体的にどのような制規が存在していたのであろうか。以下、便宜上いくつかの項目に分類して表示したい（礼数は、その項目における罰礼を示す）。

A〈道場関係制規〉

道　場

(1) 当在所を去り他所に移り共住するを停止すべき事。五千礼（防非鈔）

(2) 弥陀をたのみて、往生をねがふものは、経をよみ堂舎を造るなどをもすべからず。（安食問答）

道場内荘厳

(3) 念仏おこりぬれば、ほとけもたふとくなりて、人のをしへざれども、本尊は必《かならず》用意すべし。（他阿上人法語巻四）

道場内心得

(4) 頭人・役人と号し、指したる事なく、勤行を闕如するを停止すべき事。（防非鈔）

(5) 著座に次第あるべき事。（同上）

(6) 行法の間における戯笑雑言を停止すべき事。四十八礼（同上）

(7) 衆会に撃《あた》り、行法中道場に出ずる事。（同上）

(8) 道場内事相を成ずべからざる事。（同上）

(9) 衆会に撃り、行法に遅参する事。百礼（同上）

(10) 殊更に戯笑《げしよう》を作《な》すべからず。（知心修要記）

(11) 誤つて常住世出世の具足を破損する事。百礼（防非鈔）

B〈時衆関係制規〉

念仏者心得

⑿ 称名に生憑《しょうひょう》し、心深信あり、身仏を敬礼し、口常に念仏す。（他阿弥陀仏同行用心大綱）

⒀ ひとすじに仏を頼み奉りて、名号の一行に帰命して、発心の初《はじめ》より終焉のゆふべまで、念仏をこたらざれば、仏の護念に預りて、かならず本意の往生を遂べし。（他阿上人法語巻二）

⒁ ただ臨終まで、信心うしなはずして念仏せば、往生うたがひあるべからず。出離一大事をば、いかでかみづからのちからをもてたやすくとぐべき。ひとすぢに仏知識に任せて念仏すべし。（同上巻一）

⒂ 聖教といふは、此念仏を教へたるなり。かくのごとくしりなば、万事をすてゝ念仏申すべき所に、或は学問にいとまをいれて念仏せず、或は聖教をば執して称名せざるは、いたづらに他の財をかぞふるがごとし。（一遍上人語録巻下）

⒃ 若は今生の祈りの為、又は子息親類の祈禱の料に、或は薬師・観音の名号をとなへ、或は法華・大般若・仁王経等を転読したまへる事、一向専念の行者はこれらの功徳をことゝすべからず候。（安食問答）

知識帰命

⒄ 知識の命によて、辺際をも知ざるつかひへ追出されぬるうへは、私の身命にあらざれば、去来を衆生に任せて、往返たゞ人の請に応ずべし。（他阿上人法語巻一）

⒅ 時衆に入る者は、今身より未来際を尽して身命を知識に譲り、此の衆中にて永く命をほろぼすべし。若し此の下をも出で、制戒をも破らば、今生にては白癩黒癩と成りて、後生には阿弥陀仏の四十八願にもれ、三悪道に堕ちて永くうかぶべからず。（絵詞伝巻六）

⒆　専ら知識の教えを守り、恣に我意に任すことなかれ。（時衆制誡）

神祇に対する態度

⒇　専ら神明の威を仰ぎて、本地の徳を軽んずることなかれ。（時衆制誡）

㉑　神明を軽んぜず、三宝に帰敬す。（他阿弥陀仏同行用心大綱）

日常所作

㉒　定日の軌式を破り、洗濯に望むを停止すべき事　洗衣においては遠く其の日を待つべし。（防非鈔）

㉓　看病に疎略を存する事　病者においては慇懃にこれを憐むべし。（同上）

㉔　人の履を用うる事。四十八礼（同上）

㉕　頭人の免許を蒙らず、自由に一切の見物・聴聞・遊戯等を望む事。（同上）

時衆内序列

㉖　無戒の小僧、又は新客等、久住の戒僧の所須を叙用せざる事　久住とは上首たり。新客をもって下輩となす。慇懃に其の用事を承くるべき事。其の過、三度に及べば、治罰を加うべし。（防非鈔）

㉗　著座に次第あるべき事。（同上）

㉘　頭人・役者地行跡、請用を受くべき事　二百礼　留守屈請においては、別請異義に及ぶべからず。次第請においては、座上より次第に請を受くべし。（同上）

所持品について

(29) 殺生の具足身に随う事。五百礼（防非鈔）

(30) 茶及び一切の愛楽物類を持するべからず。三百礼（同上）

諍論について

(31) 諍論を致し、互いに其の咎を謝せざる事。謝を受けず五百礼、倶に謝せず三百礼（同上）

邪説法について

(32) 同法の失を求め、在家衆に説いて、これを説く事。（同上）

呪術について

(33) 時衆の身をもつて医師を立て、呪術を行うを停止すべき事。（同上）

僧尼間の関係について

(34) 一切の女人に親近するを停止すべき事。

附 僧尼互いに其堺を踰え交わるべからず。若し此の法に違背し其堺を踰ゆるもの、百礼（同上）

(35) 子細を頭人を経ずして、僧尼互いに其用を望むを停止すべき事。二百礼（同上）

(36) 一切の女性と手を触れ、互いに渡し物を取り、並びに同席に坐するを停止すべき事。百礼（同上）

(37) 在家・出家の具足所持物等、僧尼互ひに預り持つ事（中略）僧尼互ひに融通し欲境に親近すれば、必ず貪愛を起すが故にこれを制す。（同上）

(38) 縦ひ聖及び坊主たりと雖も、尼衆に給仕するを停止すべき事。（同上）

(39) 縦ひ頭人たりと雖も伴なく僧尼相対するを停止すべき事。頭人百礼、役人五百礼、普通時衆千礼
右、縦ひ譏嫌を謬まることあるべからずと雖も、宜《よろし》からざる故、愛欲の念を催ほすが故に、これを制す。(同上)

(40) たがひに愛恚のこゝろあらずといへども、凡夫の習ひなれば、尼は法師に近づかず、法師は尼を遠ざけて、臨終まで行業をもはらにして、往生の本意を遂べし。(他阿上人法語巻二)

(41) 生死の根源をいとはむために、尼は法師にちかづかず、法師は尼女を捨離して、総じて用事をつくし、万事知識に任するなり。(中略)自今以後はいさゝかも、尼と法師の居所をへだて、交るを遮すべし。(同上)

単独行動について

(42) 縦ひ院内・庫院、又は諸の小家と雖も、彼れに入る時、其の用事を披露す。伴《とも》を具し入るべき事。二百礼(防非鈔)

(43) 大衆会時に至りては、縦ひ僧衆たりと雖も、夜陰の出入に必ず伴を具足すべき事。尼長時也、百礼(同上)

(44) 遠近を論ぜず出行の時は伴を望み乞ひ、又は頭人伴を許さず、相語具足の事。百礼(同上)

(45) 当所の随逐坊主を伴とせず、遠処の旅に趣き、物語りの道に出ずるを停止すべき事。(同上)

(46) 頭人を具とせずして、方々の役人僧尼を相い伴ひ在家の詣りを受くるを停止すべき事。(同上)

(47) 快意殺生戒。(同上)

(48) 食肉戒。五千礼(同上)

(49) 殺生加行。五千礼　未だ根本業道に至らずと雖も、犯罪の意楽、悪趣の因を決定するが故に、所作に愧慚な

きが故に、深くこれを制す。(同上)

(50) 忍傷　縦ひ殺生に至らずと雖も、或ひは身肉を穿って破り血を出す、瞋恚彊盛なるが故に、所作悪毒の故に、其の過甚だ重し。(同上)

(51) 劫盗人物戒。(同上)

(52) 盗加行　五千礼　未だ根本業道に至らずと雖も、犯罪の意楽、悪趣の因を決定するが故に、所作に愧慚なきが故に、深くこれを制す。(同上)

(53) 在家人の所持物を乞ひ取る事。三礼(同上)

(54) 無慈行欲戒　婬欲は衆生を悩まさずと雖も、心を繋縛するが故に、立って大罪となす。(同上)

(55) 婬加行　五千礼　未だ根本業道に至らずと雖も、犯罪の意楽、悪趣の因を決定するが故に、所作に愧慚なきが故に、深くこれを制す。(同上)

(56) 媒嫁　自から婬せずと雖も、他人に婬せしむ、罪自婬に同じ。(同上)

(57) 故心妄語戒。(同上)

(58) 悪口。事に依り上中下を定むべし(同上)

(59) 隠密消息の事。戯筆人も同罪を与う、千礼(同上)

(60) 細工巧匠等の芸を為して在家の輩に施与し、諂人に媚びする事。(同上)

(61) 頭人の命と号し、吾が用事を成ずる事　吾が用事を成ぜんがため、時衆役者の命と号し頭人の命と号し、

下僧を労し奴婢を駈使して、在家の人物を乞ひ、虚言を搆へ、己れの用を成ずる事。意楽甚だ奸曲の故にこれを制す。(同上)

(62) 飲酒戒。(同上)

(63) 糟を食し赤面するを停止すべき事。(同上)

(64) 五辛を食す。五千礼 (同上)

(65) 人を打擲する事。体に依り、上中下を定むべし (同上)

C〈処　罰〉

(66) 制戒の条々、軽重分別の事

殺生　偸盗　婬欲　妄語　媒嫁　忍傷 已上重過擯出　殺加行 上五千　盗加行 上五千　婬加行 上五千

食肉 上五千　食五辛 上五千　飲酒 下千　隠密消息 千　打擲 事体に依る　悪口 事体に依る　已上

軽過前の如し

重中軽過条々分別の事。事体に依り、上中下に定むべし

重過 擯出

中過 上品五千礼 中品三千礼 下品一千礼

軽罪 上品五百礼 中品三百礼 下品一百礼

中過は是れ加行罪にして、未だ根本罪に亙《わた》らずと雖も、犯罪の意楽を決定す。故に其の過《とが》を償なはざれば、重過に摂し、其の身を擯出すべき也。軽過に至らば、亦上中下有り。上中の過謝せず、道場に止《とど》まり入るべき也。（防非鈔）

(67) 恭敬の心なくして、狼藉なるあひだ追出す。（他阿上人法語巻二）

(68) 出離生死の信心を失ひて、人目に立程《たつほど》の無道心のやからをば、制文に任せて、衆中を追出さるべし。（同上）

(69) 処々の道場の僧尼制戒を破らず、命終に至るまで称名念仏を懈らずば、必ず往生を遂ぐべし。これを用ひざるの輩は、一室同座を止めて衆中を追ひ出すべし。（道場制文）

(70) 所々の道場のひろければ、僧尼のあはひみだりがはしかりぬべきあひだ、兼日道場制文を書あたふるは、併大慈大悲の哀憐をたれて、もはら愛執の煩悩をさらしめむ為なり。僧尼を一所にをかず、両方にわかつことはたふとき気色にてもなし。面々の往生を遂しめむが為に、兼てはからひ置ところを用ひずして、法師は尼に近づき、尼は法師を厭はざるは、これたゞ誑惑無道の心、輪廻繋縛の妄執におほはれて、忽に往生の大益をうしなふともがらなれば、すでに仏制を背き、ほとけにはなたれ奉るうへは、同床をもせば、あながちに同罪たるべきあひだ、ともに不信の犯罪たるによて、往生は空しかるべきなり。（他阿上人法語巻二）

(71) 仏像経巻をぬすみてもうれ、その主にてもうれ。ともにつみなるべし。人類の売買をなすも罪業なり。いかにいはんや、仏経をや。うるものがあればこそかひ、かふものがあればこそかひ、かふものがあればこそ売るならば、ともに同罪たるべし。（安食問答）

(72)　誓戒は堅固にして、聊かも破らず、若し誓戒を破れば願心即ち破るべし。願心即ち破るれば往生即ち虚しかるべし。往生即ち虚しかれば、必定して無間に堕すべし。（知心修要記）

勿論、ここに挙げたものが、一遍聖や真教らによって示されたであろう制誡のすべてではなく、他に未知のもの、記さるべくして記されなかったものもあるかも知れないが、これらの制誡が少なくとも初期教団において、自らの宗団統制と運営のために必要とした、最少限度の制規であったことには異論があるまい。一遍が「およそ済度を機縁にまかせて、徒衆を引具し給ふといへども、心諸縁をはなれて身に一塵もたくはへず、一生つゐに絹綿のたぐひはだにふれず、金銀の具手にとる事なく、酒肉五辛をたちて、十重の戒珠を全うし給へり」（聖絵巻七）といっているように、絹を肌にふれることもなければ、金銀の財宝を手にすることもなく、酒肉五辛を断って十重禁戒を全うした態度は、仏祖制定の戒律を身をもって厳持しようとしたあらわれにほかならない。寺の威力をかりて、他人の田園資産をうばいとってはならない。酒宴を催すことも不可なれば、美服をまとうこともまかりならない。寺内に夜陰女人を止宿させることも、また大門内に鳥魚五辛を入れることも法度であるとした天暦二年（九四八）制定の「四十五箇条起請文」（京都神護寺蔵）の背景には、当時かかる行為をあえてしたであろう人たちの存在を肯定するものであるが、法然在世の寛喜元年（一二二九）ころの比叡山の状態を、藤原定家は「妻子を帯し、出挙富有の者、悪事を強行、山門に充満す」（明月記）と述べ、教界の堕落を歎いている。神聖たるべき寺院は、真面目な仏道修行にいそしまんとする僧や求道の場からみれば、およそ縁遠い存在でしかない。しかも寺院は一部の特権階級の人たちによって占有されている。広い門戸を開いて津々浦々の人たちにまで聞法の喜びをあじわわせたい。ここに一遍聖出世の意義と存在性があった。彼はまた仏祖の精神にたちかえり、持戒を厳持することを念じたが、より多くの民衆を救わんとし、尼衆の入衆を認めたことは、一方において僧尼間に問題をなげかける結果となった。このことは法然が僧尼愛欲の問題について、一つとして語っていないのに、時宗教団において口を極めて誡めているのと対照的である。およそ教団の成立をみたとき、必然的傾向として、教団統制の要がある(6)のは当然であり、なかんずく対外的面は遊行と賦算・踊躍念仏によって派生する宗風を問題視して、その非行をとがめ、対内的には教団内部において師説に相反する教説ないし統制をみだすものの生起を考慮して、制規の制定がなされた。すなわち時衆中に非難攻撃を受けなければならない行為が生じた場合、念仏者の過誤をいましめ、かつ非行に対する弁明としての「制誡」の述作は必然的であり、一たび「制規」の成立をみたとき、厳粛にこれを行持することは、自利利他を期する教団としての最大眼目でなければならない。制誡は社会的要求と其の人のもつ思考によって変移がみられ、一遍には一遍としての一切捨離を基調とした、いわゆる一遍的傾向が、真教には教団意識を多分にもつ制誡の成立が要求された。

註

(1) 安東左衛門尉貞忠へ遣された御返事に「阿弥衣はつねにきるものにてはさぶらはぬほどに、著ならしたるは持ず候。極月の別時に著て候をこそ、人ものぞみさぶらへば、別時に著候てあたへ奉るべくさぶらふ」(他阿上人法語巻三)といい、また「称阿弥陀仏雅楽助、別時に著したまへる法衣を給りければ(中略)年もくれ命もつくることはりの憂身のはては一声の御名」(同上巻八)と述べているところからすれば、阿弥衣は新年を迎える行事としての歳末の別時に新調して用いたらしく、藤沢清浄光寺・愛知県大浜称名寺・京都歓喜光寺・尾道西郷寺等に、鎌倉末から室町期にかけての阿弥衣が伝存している。阿弥衣は麻の繊維を横に並らべ、米俵をあむようにして作った法衣で、一般にいう織物ではない。広袖襟は裾までのび、襟には黒麻布を用い、これに細かい雑布刺をほどこしている。

(2)　一遍聖の原始教団を範とした生活態度については、拙稿「一遍上人――宗祖は釈尊をどう見たか――」(あそか五〇) 参照。

(3)　金井清光「善光寺聖とその語り物」(『時衆文芸研究』所収) 一五七頁以下参照。

(4)　一遍上人の木像としては、愛媛県道後宝厳寺 (重要文化財、文明七年銘)、神奈川県当麻無量光寺 (相模原市重要文化財、室町初期)、京都東山長楽寺 (旧七条道場安置、推定応永二十七年造立)、名古屋市熱田円福寺 (名古屋市重要文化財、室町末期)、広島県尾道西郷寺 (室町末期) に、画像としては福岡県田川市伊田重藤隆司氏 (室町初期)、神奈川県立博物館 (室町中期)、兵庫県豊岡西光寺 (室町末期) 等に所蔵されているものがあり、歴代祖師の木像では室町期以前に造立されたものとして二祖真教 (尾道常称寺・京都長楽寺)、三祖智得 (当麻無量光寺)、四祖呑海 (京都長楽寺・横浜市戸塚川戸正治氏)、五祖安国 (仙台真福寺)、六祖一鎮 (京都迎接寺・新潟県高田称念寺)、七祖託何 (尾道西郷寺)、国阿 (東京荻原安之助氏・京都霊山正法寺)、作阿 (京都市屋道場金光寺)、厳阿 (熱田円福寺)、四代浄阿 (島根県隠岐大光寺) 等、数多く残存している。

(5)　吉川清『時衆阿弥教団の研究』一六七頁。

(6)　拙稿「法然上人における教団的組織の基本的性格について」(浄土学二九の二五頁) 参照。

第四章　教義体系化の試み

一遍聖は四国での最後の旅で、父如仏が「多年の持経として、西山上人・華台上人の座下にして訓点まのあたりにうけ」た『浄土三部経』を繁多寺に納入し（聖絵巻十）、また死に臨んでは彼自身、身につけていた聖教の類を書写山の僧に託して納めたが、手もとに残されていた多くのものは火中に投じた。そのため一遍の撰述した著書はおろか、自筆による消息類はまったくのこされていない。それは聖の衣鉢をついだ他阿真教とて例外ではない。しかし、宛てられた消息類のすべてが、聖の命によって集められ焼却したとは考えられないし、著述とて門弟の手により筆写されたものが、まったくなかったとはいえない。命終を前にして、聖戒は一遍の口述により法門の要を筆録したといい、真教も遺誡の法門を書き与えられている。まして悟りを開いてから入滅まで一期のあいだ、往生与奪の権をもつ知識すなわち一遍から、念仏なり、往生、更には生活態度について教示された法語・消息の類はおびただしかったであろう。教示を受けた人たちは、これらの教文を亀鏡として、後生大事に所持したであろうし、一遍が世を去ってみれば、こうして教示されたものは、その一つ一つが往生の手だてとなり、今後の生活の指針となるものであったから、それは後々まで大切に伝えられていたであろう。門弟にしても、もはや教示を受けられないとすると、耳底にのこっている一遍のことばの端々は、いつまでたっても忘れられるものではない。時々思い出しては、ことばをかみしめ、法語をとりだしては往時を追想したことであろう。それとて日がたてばたつほど忘れ去られ、教えの真意もうけつぐ人の手を経ながら改変されていく。こうしたことへの反省が背景となって成立したものが法語集であり、『播州法語集』の原型であったとみてよいであろう。[1] だが、それはあくまで消息・法語類の集成であって、教義は内包しているものの、体系化されたものではない。そうした要求にもとづいて作成されたものが、智得の『知心修要記』『念仏往生綱要』『三心料簡義』であり、その資託何の『器朴論』をはじめとする一連の教義書であったろう。

第一節　託何とその著書

『遊行歴代譜』は託何の伝について「三祖御弟子元宿阿、暦応元戊寅年四月十九日越前国河井荘往生院今は得生寺に於て賦算、五十四。遊行十七年。文和三甲午年八月廿日洛陽七条黄台山金光寺に於て入滅、七十。入戒廿四。上総国矢野人」と記し、『器朴論要解』にもこの旨述べている。二四歳のとき三祖智得の門に入り、宿阿弥陀仏と称し、また設西と号したという。[2]

以来智得の遊行に随逐したが、二祖真教の示寂を耳にして相模国当麻道場に帰山した。入寂前在洛していたであろうことは、彼自ら「愚老在洛ノ初、文保ノ比ニヤ、東山ニ一堂アリ。是モ本ノ願主ハ西方ヲ欣求シケル故ニ、同ク無量寿仏ヲ安置ス」（蔡州和伝要）と述べていることによって知られるが、元亨元年（一三二一）には七条道場に移錫し、四代の法灯を相承している。『菟玖波集』巻二十には「遊行の時、兵庫の島に付けたりける時、浄阿上人待むかひたりけるよしの連歌に」と題し、詫阿と浄阿の連歌をのせている。これによれば、彼は詫阿と称したこともあるようで、ことによると連歌の折には詫阿と号していたのかもしれない。時衆名から考えると詫（託）阿が正しいように思うが、何がゆえに阿を何と改めたのであろうか。当時遊行託何と四条の浄阿との関係は昵懇で、いささかも対立のきざしはなく、託何が兵庫津の一遍の祖廟に詣でたときには報を聞いてかけつけているし、浄阿の問いに「古今不易の利益は、独り遊行に在りと雖も、更に帰命を忘れ光陰を送らるゝの条、法のため人のため歎かざるべからず。且つ先祖愁欝、ただこの事に在り。而して一念の志を用い万事の言を捨つるの由、藤沢よりの御返報これあり。尤も以て感悦す。早く向後に於ては深く不二の思いに任せらるべし、委細は梵阿弥陀仏に申し含め畢んぬ」（託何上人法語）と答えているように、しばしば文書による往返もあったらしい。次に託何の回国遊行した路線を考えてみると、彼は延元三年（一三三八）四月十九日、越前国河井荘往生院で賦算した後、翌暦応二年十月のころには北陸を巡錫して西国に向かったらしく（七条道場記録）、同三年には備中国穴田から書信を認めている。康永元年（一三四二）三月初旬には備後国尾道道場に留錫しており、そのころ出雲国の野津蔵人入道長禅の不審に答え、また出雲国玉作の本阿弥陀仏に安心について教示しているところをみると（託何上人法語）、出雲国あたりにまで遊行したのかとも思われる。ときに野津蔵人入道は、自分は今九〇歳の老人で信を一念にとり、行を無間にはげめと勧められても実行しがたい、どうしたらよいものかと問うているが、彼自身「念仏ハ六万返ヲクリテ申シ候ヘドモ、往生ヲ決定ト思ヒサダメズ候。何様ニシテカ信心トリサダメ候ベキ」（同上）といっているところをみると、早くから時衆に心をかたむけて念仏相続の生活をしていたらしい。なお玉造の湯神社には「因州八東郡若桜郷西高野村光福寺太鼓也、こうあん《弘安》三年七月六日尊わうしやうこくらく《往生極楽》のため也、すいあ（花押）。元応二年庚申令破損之間、次歳元亨元年辛酉三月廿六日為二親報恩　僧胤阿（花押）。□□□生年四十八歳也、光福寺時衆也、南無阿弥陀仏　此かくはりをとき、くきをぬき候。江津之内与三さへもん　天文十一年かのへとら四月六日のとし」と記された因幡国西高野村（現鳥取県八頭郡若桜町高野）に所在の光福寺時衆がのこした太鼓を所蔵している。時衆の縁をたどり移動したのかもしれない。それにしては、あまりにも距離はへだたりすぎているが。ちなみに伯太川の上流島根県能義郡伯太町井尻一乗寺には「正平十四年己亥三月、時衆七十人」と記された五輪塔がのこされている。これらをもってすれば中世山陰地方にはかなり時衆も深く浸透していたらしい。康永三年六月、九州の化益をおえた託何は伊予国に入った。備後国から出雲国に出、長門国から九州に入ったのかもしれない。これらの事実を定点として『時衆過去帳』の裏書を整理してみると、次頁の表（表9）のようになる。

『条々行儀法則』に「九州利益已ニ終リ、四国ノ化儀ニ趣キ畢ヌ。仍チ予州遊行シケルニ、奥谷宝厳寺開山仙阿ハ一遍上人ノ法弟也。彼ノ弟子尼珍一房住持相続シテ、遺跡ニ共住ス。往生ヲ願ヒ行功積ミケルガ、予初祖ヨリ以来遊行稟承シテ、利益昔ニモ劣ラズ。化導今ニ盛ナルコトヲ感歎シテ、同行相伴ヒ来テ十念ヲ受ク。（中略）同六月廿一日坊主珍一房来ル」と述べているのは、『時衆過去帳』に「同（康永三）年六月廿日　珎一房」（裏書「奥谷坊主」）とあるのに合致している。このように部分的には彼の足跡に符合する史料も間接的に散見しているので、裏書所見の地名をむすぶ路次は、ほぼ託何の回国したルートと考えて大過あるまい。伝承するところによれば、彼は遊行の途次、若狭国本郷に称名寺を建立したという(寺伝)。同寺所蔵の扁額に貞和二年(一三四六)九月の銘があり、また尾道西郷寺の扁額には「文和三年正月七日　遊行第七書」と記されている。両寺の扁額は同一人の筆と見られるので、託何のものとみて差支えないであろう。とすれば『時衆過去帳』貞治二年の条に越前国藤島の地名が所載されているので、託何は藤島を遊行したのち若狭国に入り、更に近江を回国したであろうことが推定される。また文和二年(一三五三)赤間河口におり、同三年兵庫に足跡をのこしているところから考えれば、赤間河口は長門国にあったから、時間的・距離的にみたとき、再び尾道に留錫したのは長門国からの帰路であったと思われる。

表9　託何の回国地

年時（過去帳）		裏書地名
暦応元年	一三三八	越前中野　越中安部　越中吉江　加賀益富
康永二年	一三四三	一条　七条
〃　三年	一三四四	伊予奥谷
〃　四年	一三四五	讃州一宮　豊後佐伯
貞和二年	一三四六	越後佐橋　越前藤島
〃　三年	一三四七	江州高宮　遠州橋本
〃　四年	一三四八	上総来去津　武州糯田　常州杉崎　越後蔵王堂　同下条
〃　五年	一三四九	加賀梅田　越前長崎　足利　甲州一条
観応元年	一三五〇	信州国府　越前波宮　越後小国
〃　二年	一三五一	備中矢田　武州本田
正平七年	一三五二	越後国府　加賀梅田　河内円勝
文和二年	一三五三	赤間河口
〃　三年	一三五四	兵庫　淀　江守

彼の著書としては『器朴論』三巻・『蔡州和伝要』一巻・『無上大利讃註』二巻・『条々行儀法則』『他阿弥陀仏同行用心大綱註』『東西作用抄』『仏心解』各一巻をはじめ、『宝蓮讃』『荘厳讃』『光陰讃』『大利讃』の四和讃があり、法語・消息の類は『託何上人法語』(島根県乃木善光寺蔵)、『七代上人法語』(出雲市高勝寺蔵)等にあつ

められて伝存している。このうち『蔡州和伝要』は廬山慧遠以来空也に至る中国・日本に出世した浄土祖師の信仰を明かし、浄土門は「末法闘諍ノ時分ニヲイテ無生ニ契フ難思ノ法門」であり、「造悪ノ機ヲ以テ本願ノ正機」としているが、あながちに造悪者を正機であるとしているからといって卑下することなく信仰すべき所以を説いたもので、遊行相続後間もない暦応二年（一三三九）十月六日北陸を巡錫されたおり、山奥の一草堂で執筆したものであり、『無上大利讃註』は康永二年十一月十五日認めたもので、『時衆過去帳』によれば託何はこの年京都一条および七条に足跡をとどめているので、七条道場在住時書かれたものであったかもしれない。本書はこれよりさき撰述した『大利讃』に註を加えたものであって、『大利讃』は八二句二〇讃より成っている。『条々行儀法則』は翌三年六月奥谷宝厳寺に巡化されたとき、一遍門下の仙阿の流れを汲む珍一房が宝厳寺を中心に遺風を伝えているのを聞き、遊行の法灯は一遍以来退転することなく「利益昔ニモ劣ラズ、化導今ニ盛ナル」有様であることを身に示し、全時衆を遊行の傘下におさめたいという意図をもって述作したものであった。そして珍一房が、「化導今ニ盛ナルコトヲ感歎シテ、同行相伴ヒ来テ十念ヲ受」けたということは、珍一房の代になり、遊行の法灯に帰したことを暗示している。また『同行用心大綱註』は貞和六年五月下旬、二祖真教の述作にかかる『同行用心大綱』に註を加えられたもので、前一二句を安心、後の六句を起行とする立場で説述しており、『仏心解』は仏心は涅槃妙心であって念仏にほかならないことを説いたものであるが、成立年時ははっきりしていない。『器朴論』また奥書を欠いているので成立年時を知ることはできないが、「黄台山前住託何」とあり、黄台山は七条道場を指し、前住とある以上、遊行の法灯相続後の執筆であったろう。思うに本書は一遍が自著を焼却してより以来、遊行に生命を託するとはいいながら、教学に主点をおくかぎり、ややもすれば明確を欠くというそしりを受けていた時宗教学に対し、教学の大綱を示そうという意図をもって著述したもので、聖道難易・二尊二教・化前三重の教判を立てている。そして一代化前弥陀正宗、涅槃の妙心は弥陀本願の名号であるとし、天地万物正色心をもって名号を体内におさめ、十界の依正を弥陀光明中に安住するとみるのが、託何の所説である。『器朴論』が教学の体系を示したものであるとすれば、事相は『条々行儀法則』『同行用心大綱註』に委細をつくし、法式作法については『東西作用鈔』に詳説するなど、彼は教相両面にわたって多くの著述をのこし教団の再編成につとめた。このように託何が多くの著述をのこしたのは、当時当麻・四条・七条ないし奥谷と数多の道場が建立され、有縁の地に基礎をおいて教団が拡大されたとはいうものの、中には独自性を誇示する道場もあったために、教団の統一をはかり、更には教学の大成を企てようとする意図があったためではあるまいか。また当時の仏教界が蘭菊の美をきそい、おのおの自宗の独尊性を主張していた時代と教学に対応するため、随他扶宗の手段としての意図が存していたのかもしれない。そのような意味において、平田諦善氏が「託何は頗る博学で、和漢神儒仏に通じ、殊に当時の新知識宋学を採入れ、念仏鏡その他の新入図書を縦横に用いて、宗門の祖師に関しては、寧ろ口を閉じて語ら」ないのは、「対他説得のためのものであって、みづから内に省みて、深く元祖の秘奥に迫ろうとするものではない」(3)としているのは、託何教学観として当を得ているものといえよう。遊行に身をゆだね、傍ら教学の大成と教団の組織化のためにつとめた託何は、文和三年八月二十日藤沢道場清浄光寺に独住することなく、京都七条道場において入寂した。時に世寿七〇。

第二節　教義の体系化

釈尊の説いた教えは同一であるにしても、インド・中国を経て日本に伝来し発達するにしたがい、その風土と結びついて種々の経典が成立した。こうして成立した幅広い経典を内容の上から分類してみると、いくつかのジャンルに分けられる。その分類されたいくつかが教義信条の相違である。一つの主義主張を根本として、一切の仏教を分類し総合し批判して、自分なりの体系を立ててみるのを教相判釈と呼んでいる。託何は「聖道難行ヲ以テ化前ト為シ、浄土易往ヲ以テ正宗ト為ス」（器朴論、第一聖道難易門）といい、「聖道難行ハ曾テ証無キガ故ニ、今浄土易往ノ門ヲ開テ、是ヲ立宗ノ大綱ト為ス」（同上）と述べて、一切仏教を曇鸞の難行易行二道判と、道綽の聖道浄土二門判を併せ用いて分類し、浄土門こそ「弥陀如来ノ本願所成ノ浄土、念仏ハ衆生往生極楽ノ要門」であり、念仏修道することによって「臨終ノ時キ、阿弥陀仏ノ願力ニ乗ジ、一念ノ頃ニ西方ニ往キ不退地ヲ得」（同上）ることができると説いている。更に彼は「顕益・密益ノ義有リ、随自・随他ノ別有リ、抑止・摂取ノ意有リ、要門・弘願ノ教有リ」（同上、第三二尊二教門）と述べ、顕益・随自・抑止・要門が釈迦教であり、密益・随他・摂取・弘願が弥陀教であるといって二尊二教門を出し、この聖浄二門・二尊二教をもとに聖道門は真実の教えをまだ開説しない以前説述したものであり（一代化前）、浄土門は弥陀の説く真実の法門であると述べている。そして「大悲ノ本懐、偏ニ常没ヲ済フ。此ノ一ノ道理、誰人カ之ヲ争ハン。然ルニ一乗ヲ以テ最下ノ機ヲ度スルコト、既ニ此ノ経ニ在リ」（同上、第二本懐非懐門）といい、念仏の一道こそ常没流転する最下の衆生をすくう唯一の道であり、したがって、この教えこそ阿弥陀仏がもっとも満足すべき法門であると讃嘆した教門であり、大悲の本懐ともいうべきものであって、今の世の人たちの機にかなった時機相応の最勝の教えであるという。

次に仏身についていえば、一遍は「自性清浄法身は如々常住の仏なり、迷も悟もなきゆへに、しるもしらぬも益ぞなき」「万行円備の報身は理智冥合の仏なり、境智ふたつもなき故に、心念口称に益ぞなき」「断悪修善の応身は随縁治病の仏なり、十悪五逆の罪人に、無縁出離の益ぞなき」（別願和讃）と述べ、法身・報身・応身の三身に分けている。仏身について託何は名号を法身、現世の知識を応身、各地に独住する時衆を化身とし（条々行儀法則）、この三身こそ「他宗所讃ノ仏ノ三身ト異ナリ、弥陀・久遠・正覚ノ三身」であるといっているが、報身については言及していない。しかし、報身は「理智冥合ナリト雖モ、智ヲ以テ体ト為ス。是レ則チ妙観察智也。此ノ智ヲ以テ本願ヲ発スガ故ニ弥陀智願海ト云ヒ、大乗広智ト云フ。此ノ願満足スルガ故ニ別願酬因ノ報身」（器朴論、第四諸仏正覚門）といっているように、衆生救済のためには、いかなる苦難にもたえ、ついに悔いるところはないという堅い志をいだき、長い時間と修行をつみ、その功徳に報いて現成した弥陀をいうのであるから、時宗所説の弥陀が報身であることはいうまでもない。報身としての弥陀のみ名をとなえることによって実相を体得し、諸仏同道の利益を得ることができるから、名号が法身であり、またその法をうけ教えを衆生に弘通する知識は、阿弥陀仏と同等の地位をあたえられているから応身である。知識とはすなわち遊行上人その人を指している。その知識の分身として命を奉じ、地方に教えを弘める地方教団の指導者であり、道場主である時衆は化身であるというのである。

それならば往生すべき仏土はといえば、仏身を別願酬因の報身とする以上、仏土また本願力の成ずるところであるから報土でなければならない。しかるに、託何は「指方立相ハ異熟未破ノ問也」(条々行儀法則)といい、また「然ラバ則チ名ヲ西方ニ仮ルモ、実ニハ法界ニ遍ク、願ヲ発シテ生ゼント欲ス。此ノ心ヨリ彼ノ刹ノ九品華台、則チ性徳ノ心蓮ニ開ケ、無量ノ荘厳、則チ恒沙ノ有ヲ顕ス。浄土ト云フト雖モ、往キ易キコト化ニ過ギタリ」(器朴論、第十有相無相門)と述べて、西方浄土とはいうけれども、阿弥陀仏の光があまねく照らすように実際には広く存在している。それならば、なぜ西方を指すかといえば、異熟未破すなわち初心の人のために色相荘厳の西方浄土を説くにすぎない。

知識は生ける仏であり、遊行上人その人であるという論理は、浄土がこの世に存在するという思想の伏線となっているが、こうした考えは密教の即身成仏観から導きだされた思想と思われる。密教思想の導入は釈迦と弥陀、または弥陀と大日とは同体とする説からも窺われる。すなわち、託何は「久遠已来、一切ノ化儀、此ノ浄土ニ帰セザルト謂フコト莫レ。是ヲ以テ天台ハ無勝荘厳ト為シ、真言ニハ密厳浄土ト謂フ。今家ハ極楽浄土ニ摂ス。最初頓説寂滅道場、尚ヲ是レ果後ノ方便ナルガ故ニ、耆山ヲ以テ今経ノ説所ト為シテ、一代化前ノ義ヲ成ズベキナリ。其故ハ本門ノ釈迦ハ則チ阿弥陀也。既ニ慧光照無量寿命無数劫ト言フ。光明無量・寿命無量ヲ以テ阿弥陀ト名ケバ同体異名也」(同上、第五諸教出離門)といい、また「今、一名ヲ挙テ毘盧庶那ト言フ也。義翻ニ光明遍照ト言フハ弥陀ノ覚体也」(同上、第十二念仏多福門)といって、釈迦即弥陀、大日即弥陀同体説を説いている。こうした思想は更に発達して、天照大神の本地は大日如来である。摩訶毘盧庶那を訳せば大光明遍照となり、光明遍照は弥陀の覚体であるから、大日即弥陀である。とすれば天照大神の本地もまた弥陀であり、「大日本国ハ弥陀ノ本国」であるともいえる。すなわち天照大神は日の神であり、本地が大日如来であるから、大日本国というのは大日如来の本国という意ではないのか。「諸真言ハ弥陀ノ心呪」であると主張しているのも、密教の思想が背景になっていることを示している。託何の思想は純粋弥陀浄土教思想の枠をこえ、密教的要素を多分に含んでいる。彼は『器朴論』を草するにあたって、聖道難易門・本懐非懐門・二尊二教門・諸仏正覚門・諸教出離門・大小権実門・二種三昧門・成仏往生門・発菩提心門・有相無相門・諸経通讃門・念仏多福門・末法弘通門・臨終要心門・祖々念仏門の一五章に分け、時宗教義の体系化を試み、しかもそれを論証するため、天台・真言・禅をはじめとする多くの経論釈疏や『日本書紀』等の、内典・外典を援用している。では宗門内の典籍はといえば、僅かに一遍の法語として念仏多福門の下に「祖師ノ云」として「少善根トハ念仏ニ非ザル八万四千ノ法門也」の文と、臨終要心門の下に「祖師又言有リ」として、「臨終ヲ延ベズ、共ニ以テ所詮ハ念々則臨終也。生死事大ニシテ善知識ニ非ザレバ成ゼズ。故ニ是レ大因縁ト言フ。然レバ則チ臨終安心ハ、唯恒ニ知識ニ参ズルニ在リ。是ノ故ニ恒願一切臨終時勝縁勝境悉現前ト謂フ」の文を挙げているにすぎない。この文は祖師一遍智真の法語を指しているように思われるが、その出典は明らかでない。当時一遍智真の法語を集めたものがあり、それよりの摘出であるとすれば、更に多くの引文があってもよさそうであるが、この二文にすぎない。

法然は『選択集』を撰述するあたり多くの経論を援引して論理の組織化をしたが、そこには彼が師と仰いだ善導の著作をはじめ、曇鸞・道綽・慧感・少康の著述が見える。しかるに託何の援引した典籍は『無量寿経』『観無量寿経』『阿弥陀経』『平等覚経』『称讃浄土経』『法華経』『観音授記経』『般舟経』『涅槃経』『大乗同性経』『目蓮所問経』『像法決疑経』『観仏三昧経』『解深密経』『心地観経』『十地経』『金剛経荘厳浄土分』『大集月蔵経』『首楞厳経』『月灯三昧経』『請観音経』『大毘盧舎那成仏経』『大日経』『仁王経』『維摩経』『大集賢護経』『弥陀四域経』等の諸経典、『宝王論』『法華論』『大智度論』『唯識論』『十住毘婆沙論』『善見論』『菩提心論』『法華論記』『大乗義章』『起信論疏』(元暁)『戒度記』等の諸論疏をはじめ、天台関係のものとしては『摩訶止観輔行伝弘決』『霊応伝』(天台)『教王経疏』(慈覚)があり、その他「天台云」「妙楽云」として多くの典籍を引いている。また真言関係のものには『光明真言尊勝陀羅尼経』『随求陀羅尼経』『宝篋印陀羅尼経』『方等陀羅尼経』『無字宝篋経』『真言問答』『高野大師遺言』等があり、禅関係のものとしては『葦江集』(宗賾)『浄土解惑』(同)『趙州和尚語録』『百丈藂林堂主篇』等が援引されている。このほか『日本記』(日本書紀)『天王寺九品詩』(為長)や『瑞応伝』『高僧伝習禅篇』『楽邦文類』等の往生伝があり、中でも浄土教関係のものが多くをしめているのは当然であるが、『往生論』(世親)『往生論註』(曇鸞)『安楽集』(道綽)『浄土論』(迦才)『観経疏』(浄影)『巡礼五台山記』(法照)をはじめ、『阿弥陀経義記』(元照)『浄土十疑論』『西方要義』(慈雲)『念仏鏡』『直指浄土決疑集』『浄土図鑑録』『龍舒浄土文』『念仏疏』(浄名)等の名が見えている。善導の著書としては『観経疏』『法事讃』『観念法門』『般舟讃』『往生礼讃』『京師大師臨終要訣』を引文し、その他「宗家云」としておびただしい善導の文を引き論証しているが、一遍が師と仰いだ聖達をはじめ、浄土宗西山派関係のものは一つとして見えていない。法然の論著からは「選択集云」として三文を引いている。託何以前すでに真教や智得によって撰述された著書もあり、一遍智真の法語を集めた語録も託何在世当時現存していた。宗門教学の大綱を論述するものであれば、先師の論著によって立論するのが当然であろう。にもかかわらず、一遍ないし真教・智得の著書を用い得なかったところに問題があった。思うに託何が教義書を撰述した背景になっているのは、教義を述べた根本的聖典といわれるものが一つとしてなく、そのため時衆間ですら教義の混乱がみられ、自由な解釈が行われたことに対する反省が基礎になっていたようである。そのため彼は二祖三代の撰述書を無視し、広く経論疏を援引するとともに聞書とか口伝というかたちで伝承されていたものを集大成することによって、宗学の確立を企てようとしたのではあるまいか。

註

（1） 拙稿「一遍とその法語集について」（日本思想大系10『法然 一遍』所収、四五四頁以下）参照。
（2） 静岡県焼津市阿弥陀寺蔵「竜虎図」の落款による。
（3） 平田諦善『時宗教学の研究』。

第五章　社会的基盤

第一節　時宗と武士

一遍以来、時衆と武士との関係が顕著であったことは前述したが（第一章第三節・第二章第二節）、『一遍聖絵』には一遍に帰依した武士として大友兵庫頭頼泰・大井太郎・武蔵国あぢさかの入道・二宮入道・たかはたの入道・丹波国の山内入道・地頭代平忠康・中務入道らを挙げている。吉備津宮の神主の妻も、『一遍上人絵詞伝』に「備前国藤井とかいふ所の領主なるがもとにおはして、念仏すゝめ給けるに、むすめなりけるもの聖を貴び、法門ちやうもむ」したといい、その娘の「夫は、備中の吉備津宮の神主が子なり」（巻二）といえば領主の娘であり、同じく一遍に帰依した播磨の淡河殿は「粟河といふ所の領主なる人」（巻五）であった。また真教に帰依した武士として、『絵詞伝』には武勇を業とするをのこ・粟河の領主・小山律師（巻五）・越後国木津入道（巻六）・越中国放生津南条入道（巻七）・甲斐国板垣入道・越後国波多岐荘中条七郎蔵人（巻八）を挙げ、『他阿上人法語』には二十余名の武士の名を記している。しかも、時衆を道場に招き止住してほしいと要請したのは、道場を設立するに可能な経済的基盤を有した武士であった。

武士は禅に関心をもち修業したといわれるが、その禅をよそに武士はなぜ時衆に接近したのであろうか。ここで鎌倉武士の性格について考えてみたい。武士は御恩と奉公により主従の関係が結ばれ、所領は分割相続しつつも氏族の結合は極めて強力で、宗教観はといえば現実生活を肯定した上で往生をとげたいと念じていた。現実を一日でも長く生きながらえたいという願いの上に、往生思想が成立していたといえる。武士は戦場で命をかぎりに戦い、自己の側に勝利を導くことが使命であり、そのためには平常から武技を練り、犬追物とか鷹狩りなど殺伐なものですら訓練をかさねなければならなかった。それは武士としてさけることのできない宿業であったが、不殺生戒にふれることも事実である。不殺生戒を破れば地獄に堕ちる。こうした罪の意識が往生への執着となり、阿弥陀仏にたよろうとする心念の生じた原因である。と同時に、武士は地方氏神の氏子をもって自認していたから、神祇崇拝も武士の信仰の基盤をなしていたとみてよいであろう。当時の神社は、本地垂迹思想に立脚し、本地の仏と垂迹の神が併存のかたちで共存していた。共存をあるべきすがたであるとしてとらえていた人たちは、神と仏への崇拝を奇異なものと感ずることなく、『御成敗式目』にも「神社を修理し、祭祀を専らにすべき事」(第一条)「寺塔を修造し、仏寺等を勤行すべき事」(第二条)として、神祇崇拝と仏への帰依を認めていた。それは常に現実を主体的にみていたからであり、出世間としての仏教も現実からみれば、現実に立脚する多神教的宗教であることを容認していた。したがって、法然・親鸞のごとき弥陀一仏のみを仰信し神祇の崇拝を否定する宗教は、思想としては受容できても、現実的には受けいれることができない。こうした傾向は、とりもなおさず庶民層への浸透をさまたげ、他面神祇を軽んずるものであるとして弾圧を受けなければならなかった。元寇以後所領は分割相続から漸次惣領相続にかわり、戦勝を神威に求めた結果神国思想が急速に発達してくると、もはや神祇を軽視することはできない。ここにまた神祇を否定することのない時宗に、武士が接近した原因の一つがあったのかも知れない。と同時に一遍を「たけのたかきをば、一遍上人と申とみて」（聖絵巻五）といっているように、時衆たちのなかでも一遍はひときわ体格も良かったので、風格への頼もしさからも宗教的信頼を感じさせ帰依する武士があったのかもしれない。また阿弥陀仏に絶対憑依の誠を捧げることにより往生できるという単純明解な往生思想も、武士の単刀直入な性格にあい、素直に受けいれることができた。こうした武士と時衆との信頼関係が深化し、一たび戦場にでるにあたっては知識たる時衆をともない、傷ついた時には介抱をうけ、いまわの時には十念を授けてもらうといった使命感に生きた時衆も現われるに至ったものではあるまいか。『異本小田原記』には「死骸を治め、或は最後の十念をも」授けた時衆の存在したことを指摘している。元弘三年（一三三三）二月二日北条方が楠木正成を赤坂城に攻めいった赤坂合戦のおり、武蔵国の住人人見四郎入道恩阿は本間九郎を誘い、「某不肖ノ身ナリト云ヘ共、武恩ヲ蒙テ齢已ニ七旬ニ余レリ。今日ヨリ後、差タル思出モナキ身ノ、ソヾロニ長生シテ武運ノ傾カンヲ見ンモ、老後ノ恨臨終ノ障共成ヌベケレバ、明日ノ合戦ニ先懸シテ、一番ニ討死シテ、其名ヲ末代ニ遺サント存ズル也」（太平記巻六）といい、天王寺の陣からぬけがけして、赤坂城に攻め入った。恩阿は「命ヲ限ニ」戦い、刀折れ矢つき「相模国ノ住人本間九郎資貞、生年三十七」とともに「一所ニテ被討」れたが、そのとき「是マデ付従ツテ」来た「最後、十念勧メツル聖」によって十念が授けられた。戦いが終ってのち聖は「二人ガ首」を楠木方からもらいうけ四天王寺に持ち帰ったという。四天王寺に持ち帰ったのは、ここに「赤坂ノ城へ向ヒケル大将阿曾弾正少弼、後陣ノ勢ヲ待調ヘンガ為ニ、天王寺ニ両日逗留」していたからであったろう。

人見四郎入道恩阿は俗名を光行といい、彦太郎某の子で、時に生年七三（同上）。恩阿が時衆の一人であったことは、『他阿上人法語』に「人見音(恩)阿弥陀仏へつかはさる御返事」が二通収められ（巻三および巻五）、また『時衆過去帳』に人見殿と裏書された法名がいくつか散見することによっても、人見氏が時宗にぞくしていたであろうことを知ることができ、寺伝によれば恩阿は泰国ともいい、人見道場一乗寺を開基した武士であったという[1]。とすれば、恩阿に付き添って「最後ノ十念勧」めた聖というのは、武蔵国人見道場よりともなってきた時衆であったとみて大過あるまい。元弘三年七月、佐介右京亮貞俊が召し捕えられたときにも、「最後ノ十念勧ケル」聖がいて、貞俊より「年来身ヲ放タザリケル腰ノ刀ヲ預人ノ許ヨリ乞出シテ、故郷ノ妻子ノ許へ」送ってほしいといわれ、この旨を聖が了承すると間もなく、貞俊は「限リナク喜ンデ、敷皮ノ上ニ居直テ、一首ノ歌ヲ詠ジ、十念高ラカニ唱テ、閑《しずか》ニ首ゾ打」たれたという（太平記巻十一）。このとき貞俊にはべり、主人の命をうけ、最後の十念を授けた聖も時衆であったろう。また文和四年（一三五五）山名右衛門佐師氏は山城の淀での戦いの折、戦陣にうたれた人たちの名字ひとりひとり書き記した名簿《みょうぶ》を「因幡ノ岩常谷ノ道場へ送リ」、亡くなった士卒の後世の菩提を弔ったが、そのとき自分の身代りになって討たれた河村弾正忠の首を敵からもらいうけ、「御辺討死セバ、我モ死ナントコソ契《ちぎり》シニ、人ハ義ニヨリ我タメニ死シ、我ハ命ヲ助ラレテ人ノ跡ニ生残リタル恥カシサヨ（中略）再会ハ必《かならず》九品浄土ノ台《うてな》ニ有ベシ」といい、聖ひとりを請じ、今まで秘蔵していた白瓦毛の馬に鞍をおいて、聖に葬馬をあたえ河村弾正忠の後生菩提を依頼した（同上巻三十二）。師氏の父山名伊豆守時氏は時衆に帰依し、菩提寺として三明寺を建立したといえば、(2)岩常谷の道場は時宗道場であり、戦死を前にして聖に布施した馬、すなわち葬馬を与えられた念仏聖も時衆とみてよいのではあるまいか。

こうした従軍時衆の例は、『太平記』におびただしく出ている。『太平記』の成立について金井清光氏は「戦場で仕事をした時衆は、やがてふたたび道場に戻って来て、人々に合戦の模様を語って聞かせ、あるいは戦死者の遺族を訪ねて形見の品を届け、最後の有様を語り菩提を弔った。これが軍記物語の原形というべき第一次の語りである。太平記は平家物語にくらべ、血なまぐさい武士の壮烈な討死を述べている部分が非常に多いが、これは戦場における武士の最後を見とどけて、その模様を語り伝える特定の者が源平時代にはいなかったが、南北朝のころになると時衆が戦場に赴き、血みどろの死闘や壮烈な最後を見とどけて帰り、後日その模様を語ったことを証している」(3)と述べて、時衆が『太平記』の成立にかかわりあいをもっていたと指摘しているが、事実時衆が戦場で活躍したことは認めてよいであろう。こうした時衆がいたことは、長野県野沢の金台寺文書に「殿原は皆合戦の場へ向候へば、留守の跡にて別事なく候。たゝかひの中にも、よせ手・城のうちともに皆念仏にて候ける。どしうちしたりとて、後日頸めさるゝ殿原、これの御房達はまへ出て、念仏者には皆念仏すゝめて、往生を遂」げさせたと五代安国が述べ、遊行一一代自空が

一、軍勢に相伴時衆の法様は、観応の比、遊行より所々へ被遣し書ありといへども、今は見お(よ)び、聞およべる時衆も不可有。仍或檀那の所望といひ、或時宜くるしからじといひて、心にまかせてふるまふ程に、門徒のあざけりにおよび、其身の往生をもうしなふもの也。檀那も又一往の用事はかなへども、門下

の法にたがひぬれば、時衆の道せはくなりて、かへて檀那の為も難儀出来すべし。然《しから》ば世出でて心得らるべきの条々

一、時衆同道の事は、十念一大事の為也。通路難儀の時分、時衆は子細あらじとて、弓矢方の事にふみをもせ、使《つかい》せさせらるゝ事、努々《ゆめゆめ》あるべからず。但《ただし》妻子あしよは、惣じて人をたすくべきいはれあらば、子細あるべからず。

一、軍陣において、檀那の武具とりつく事、時としてあるべき也。それもよろい・かぶとのたぐひはくるしからず。身をかくす物なるがゆへに、弓箭兵杖のたぐひをば、時衆の手にとるべからず。殺生のもとひたるによてなり。

一、歳末の別時には、軍陣なりとも、こりをかき、ときをし、何知□を着して、称名すべき条、勿論也。然《しかり》と雖も所によりて水もたやすからず。食事も心にまかせぬ事あるべし。又檀那の一大事を見む事も、無力にては叶ましてけれぱ、食事は何時にてもあるにまかせてさたし、こりはからずともくるしかるべからず。若又□□□□べからん所にては、如法におこなふべき也。

一、合戦に及ばむ時は思《おもう》べし。時衆に入し最初身命ともに知識に帰せしめし道理、今の往生にありと知て、檀那の一大事をもすゝめ、我身の往生をもとぐべき也。此旨存知せざらむ時衆には、能々心得やうに披露せらるべし。穴賢々々。

と記していることによっても知ることができる。前者は元弘三年五月他阿弥陀仏が証阿弥陀仏に宛てた消息と考

えられ、後者は応永六年（一三九九）十一月二十五日認めた「掟」(4)で、五か条から成り、「軍勢に相伴する時衆」としての陣僧の心得を示している。「時衆同道の事は、十念一大事」のためであって、戦陣に従い戦いにいどむためではなく、最後臨終のとき十念を授けてやるためである。したがって「身をかくす」ために、「よろい・かぶとのたぐひ」を身につけることは致し方ないとしても、弓箭兵杖のたぐいは「殺生のもとひ」になるものであるから身につけてはならない。討死する者の善知識として浄土に往生できるように努力することこそ、時衆の本務であるといっている。当時従軍した時衆は陣僧と呼ばれていたらしく、「西福寺僧の儀、先規により召し連れ候。殊に丹後陣までかくのごとくに候」(5)「陣僧諸役等の儀、免除し候様に申し調るべく候」(6)「当寺の僧、陣僧と号し召し仕はし候事、停止せしめ訖ぬ」(7)（以上原漢文）として、陣僧の語がみえている。陣僧は従軍僧ともいうべき性格のもので、戦場に自由に出入することができた。とすれば、岡本信濃守富高は「笠符ヲ取テ投捨《なげすて》、時衆ニ最後ノ十念ヲ受テ」「白糸ノ鎧著タル岩松（治部大輔）ヲ左馬頭ゾト目ニ懸テ、組デ討ント相近付《あいちかづき》」「元来左馬頭ノ命ニ代ラント鎧ヲ著《き》替《がえ》シ上ハ、ナジカハ命ヲ惜ムベシ」といって戦い、最後の十念を授けられたが、このとき十念を授けた時衆も陣僧であったろう（太平記巻三十九）。また高師直入道道常・師泰入道道勝の兄弟は、もはやこれまでと力つき「裳無《もなし》衣ニ提鞘サゲテ、降人」（同上巻二十九）すなわち降伏したが、そのとき彼の着していた裳無衣は、覚如の『改邪鈔』に「遁世ノカタチヲコトヽシ、異形ヲコノミ、裳無衣ヲ著シ、黒袈裟ヲモチヰ」たというように、裳無衣は遁世聖の法衣であり、時衆の法衣であったらしい。越後守師泰が「念仏者ノ裳無衣」をつけていたことは、『観応二年日次記』の二月二十六日条にも見えている。戦後師直は降人の汚名を着せられて誅されたが、命終時に行をともにして死んだ人たちのなかに、「武蔵守入道(師直)、越後守入道(師泰)、高刑部(師兼)、武蔵五郎(師夏)、越後大使将監(師世)、高備前(中略)此外文阿弥陀仏・正阿弥陀仏」[8]として、文阿弥陀仏・正阿弥陀仏の名が見えている。思うにこれら武士たちのグループのなかにいて、阿弥陀仏号を名乗っていた文阿弥陀仏・正阿弥陀仏は恐らく高方の陣営にあって活躍した陣僧であったろう。高氏一族が時衆に帰依していたことは、『時衆過去帳』の観応二年(一三五一)二月二十六日の条下に「珠阿弥陀仏」(裏書「武蔵守同子息」)、「専阿弥陀仏」(裏書「越後守同子息等、為往生極楽也」)と記し、師直・師泰の名が見えていることによって明らかである。陣僧がいつごろからいたかは明らかでないが、自空が「軍勢に相伴する時衆」として遊行上人から遣わされたのは観応のころからであったとしているかぎり、すでに観応のころ(一三五〇—五一)には軍旅をともにする時衆がいたとみてよいであろう。観応といえば遊行七代託何の世代にあたっていた。陣僧には㈠戦乱の折ともなった、武士集団に属していたおかかえの時衆と、㈡遊行上人に時衆を遣わしてほしいと要求し、その結果派遣されたものとがあったのではあるまいか。『太平記』に延元二年(一三三七)七月新田義貞が藤島の戦いで「弓手ノ足ヲシカレテ、起アガラントシ給フ処ニ、白羽ノ矢一筋、真向ノハズレ、眉間ノ真中」にあたり戦死したとき、その遺骸は「輿ニ乗セ、時衆八人ニカヽセテ、葬礼ノ為ニ往生院へ送ラレ、頸ヲバ朱ノ唐櫃ニ入レ、氏家ノ中務ヲ副テ、潜《ひそか》ニ京都へ上セ」られた。その後義貞戦死の由を聞いた武将のなかには「大将ノ討レ給ヒツラン所ニテ、同討死セン」として、往生院長崎道場に入った人もあったというが(巻二十)、長崎道場は越前国大野郡長崎荘に地を占める称念寺光明院という時宗道場であった。とすれば時衆のこうした活躍は、武士団に属していた時衆とか、遊行上人から派遣されたものばかりでなく、地方の道場にも陣僧的役割をはたしていた僧がいたようである。陣僧は「十念一大事の為」に派遣された僧侶であり、「時衆に入し最初、身命ともに知識に帰せしめし道理、今の往生にありと知て、檀那の一大事をもすゝめ、我身の往生をもとぐべき」（七条道場金光寺文書）であるといっているように、身命を知識にささげたのは往生のためにこそあったのであるという大義名分を当初かかげていたが、常に戦陣にあって武将に近侍していたとき、価値の転換がなされ、武士に奉仕するという立場をとるものがでてきた。すなわち、㈠武将に近侍して念仏をすすめるはずの時衆が、平時主人の無聊をまぎらわせるために連歌などして、その相手をつとめたり、㈡金瘡などの医師的行為をし、また呪術をもってしたのは、その一例であり、更には㈢自由に戦陣をかけめぐり得た特権を利用して、後矢《うしろや》的行動をするものもでてきた。(9) 自空の定めた「掟」に「弓矢方の事にふみをもたせ、使せらるゝ事、努々あるべからず」と誡めているのは、合戦に関する書類を携えて使者になった僧のあったことを暗示している。事実「忍々《しのび》松浦ガ陣ニ遣」わされ、「タレガシハ御方へ内通ノ事アリ。何ガシハ後矢射テ降参スベキ由ヲ申」（太平記巻三十四）したという、後矢すなわちスペイ行為をあえてした僧もあれば、「和歌を専とし、金瘡の療治」をのみこととした僧もいたらしい。(10) こうした陣僧のなかには、従軍していた武士団が壊滅し、ひとり時衆がとりのこされたとき、前生の約束により後生菩提を祈念したが、他面身の保全と経済的基盤確立のため他の武士団に結びつき、葬送に関係をもつものもでてきた。思うに時衆と葬送儀礼とのかかわりあいは古くからみられた。次に時宗における葬送儀礼の受容を系譜的に述べてみたい。

第二節　時宗における葬送儀礼の受容

一　一遍・真教の追善供養観

時宗が葬送と結びついたのは、いつのことであったかはっきりしていないが、かなり早い時代のことであったらしい。葬送とか追善について、一遍やそのあとを継いだ真教はどのように考えていたのであろうか。時宗のもつ阿弥陀仏観ないし往生観から、この問題について考えてみたい。

阿弥陀仏は「誓ひを十方衆生にむけて、すでに正覚を成じ」た「西方浄刹酬因の阿弥陀仏」（他阿上人法語第一）であり、「一切衆生の業障ふかくして、諸仏に擯棄せられ奉りて、出離の道なき十方衆生に向ひて、報仏の果徳を捨て、因位にたち帰りて四十八願をおこし、不退の浄土を建立して、衆生を引接せんとちかひ給ふ大慈悲の報仏」（同上第七）であって、業障深く誰からも見捨てられ、救いの手をさしのべてくださる仏すらおらない衆生の存在するのを歎き、報仏の果徳をすて、因位にたち帰り四十八の本願を建立し、十劫の昔一切衆生を引接すると誓った仏である。これは一遍が「名号酬因の報身は凡夫出離の仏なり、十方衆生の願なれば、独ももるゝ過《とが》ぞなき、別願超世の名号は、他力不思議の力にて、口にまかせてとなふれば、声に生死の罪きえぬ」（語録巻上、別願和讃）と示した阿弥陀仏観と同意であり、ここに罪悪生死の凡夫の救済が名号にあることを開顕された。救ってくださる仏、すなわち阿弥陀仏の救済の対象は一切衆生すべてであって、「五逆の罪人までも称名の不思議によて、摂取不捨の益に預」（他阿上人法語第六）ることができ、また「十方衆生の中には螻蟻蚊虻までももらされず、しかればわれらもとより愚癡蒙昧なれば、何れの衆生とか向背なるべき、たゞあやしの男女・尼入道にかはりめもなき身ぞと心得て、底下の凡夫にことおなじくすれば、必《かならず》仏智に相叶ふべきものなり」（同上第二）といっているように、一人としての例外もいない。いわば一切衆生のすべてが救済の対象であり、阿弥陀仏を仰信することにより往生が可能であると力強く説かれた。そして「身命を阿弥陀仏に奉りて、往生の一大事より外は、此世にも後世にも、望《のぞみ》なき身になりてんうへは、なにごとも仏知識になげあづけまゐらせて、今は称名をこたらずして、臨終をまつより外は如何なる要か有べき」（同上第二）とか、「一切の事を他のをしへに任せて、わがはからふ心にしたがはざれば、ほとけの護念に預りて往生うたがひ有べからず。往生はたゞ称名の一事にあり、所望の十念あたへ奉りて候。（中略）この十念を最後までをこたらずして、往生の本意をとげ給はゞ、再会かならず極楽浄土を期すべきものなり」（同上第六）といって、念仏称名することにより、阿弥陀「ほとけの護念に預りて往生」し得ることは疑いない、往生できるのだという喜びを、常に心に秘めて、臨終の夕べに至るまで懈怠なく念仏相続し、極楽浄土に往生してほしいと教えている。しからば往生の極限である浄土はどこに存在しているのであろうか。

曇鸞は「世尊、我れ一心に尽十方無碍光如来に帰命して、願はくは安楽国に生ぜむ」（往生論）と述べ、極楽浄土を安楽国といっているが、その浄土は有相であり形質ある浄土であって、「是れより西方の十万億を過ぎ」（阿弥陀経）たところに位置する仏土である。しかるに一遍は、「従是西方過十万億仏土といふ事、実に十万億の里数を過ぐるにあらず、衆生の妄執のへだてをさすなり。（中略）ただ妄執に約して過十万億と云ふ。（中略）経には阿弥陀仏去此不遠と説けり。(中略)されば名号は即ち心の本分なり。是を去此不遠ともいひ、莫謂西方遠、唯須十念心ともいふなり」(語録巻下)と述べ、十万億仏土とは「里数を過ぐる」もの、すなわち距離を指すものではなく、「衆生の妄執のへだて」にしかすぎない。浄土といい穢土といってみたところで、現世の表裏のすがたである。また「有心は生死の道、無心は涅槃の城なり。生死をはなるゝといふは、心をはなるゝをいふなり。しかれば浄土を ば無心領自然知ともいひ、未藉思量一念即とも釈し、無有分別心ともいふなり、分別の念想おこりしより、生死は有るなり」(同上)と述べているように、一如平等の名号観からするならば、本来浄土・穢土の区別はなかったとみていたのであろう。しかし、真教が念仏の衆生は見捨てられることなく往生が可能であって、「臨終に向へば極楽に近付《ちかづく》と悦ぶほどにまうして、さはれば須臾のあひだに報土に得生して、永く生死の殃業をはなるゝなり、況やまた諸善をことゝして、安心不如なれば自力の難行となりて、往生不可なれば罪つくるものは、己が三塗の業のおそろしさに、ひとすじに本願に帰して、やすく往生を遂ぐ」(他阿上人法語第二)といっているのは、浄土が西方にましますことを前提に、臨終が間近かにおよんでいるのだということを耳にするたびに、往生の期も近づいたと喜ぶばかりに念仏し、罪をおかしたものは三塗の業のおそろしさを遁れようとして、ひとすじに弥陀の本願に帰して往生を遂げようと、誰もが念仏の功徳に感じて願求しているという意を示したものである。往生とは「聖衆の後に従ひ、一念の頃《あいだ》に」「こゝを捨て彼《かしこ》に往き、蓮華に化生する」(同上)ことであり、法然は成仏は「難しといへども、往生は得やすし」(大原談義聞書鈔)といい、往生ののち、自然無功用に成仏すると説いているが、時宗では一たび自己のおもんぱかりを捨てて機法一体の名号に帰したとき、「心も阿弥陀仏の御心、身の振舞も阿弥陀仏の御振舞、ことばも阿弥陀仏の御言葉なれば、生たる命も阿弥陀仏の御命なり」（一遍上人語録巻上）という如来等同の大自覚にまで到達することができたといえば、往生即成仏の立場をとっていたとみてよいであろう。[11] すなわち一遍が「往とは理なり。生とは智なり。理智契当するを往生といふなり」（播州問答集）といい、また「念仏往生とは念仏すなはち往生なり。南無とは能帰の心、阿弥陀仏とは所帰の行、心行相応する一念を往生と云ふ」（語録巻上）と述べ、弥陀の名号は理智冥合・機法一体の大法であるから、自らのはからいである身心を捨離して名号に帰依すれば、機法一体・理智冥合して即座に往生を得るのであり、「底下愚縛の凡夫なれども、身心を放下して、唯本願をたのみて一向に称名すれば」「無相離念の悟り」を得て、大歓喜の境地に住することができるといっているのも、身心を放下して機法一体の名号に帰すれば、順次往生とか十万億仏土をすぎた西方極楽浄土に往生し成仏するのではなく、現身現土に名号に帰入する一念に往生があり、成仏があったのである。

しかし往生が即成仏であり名号に帰入することであって、浄土が此の土に現存するといってみたところで、「往生の安心は最後の一念に念仏をとなへ、六道生死輪廻の苦をはなれて、浄土無生の楽をうけ、生死の命をば娑婆に捨て、きはもなくながき仏の命とひとつになりさふらふ事」（他阿上人法語第三）であって、念仏の功徳により彼土に往生することができる。真教が往生につき「本願の大慈大悲名号不思議の力」によって「生死の古郷を離れて不退の浄土に生れ、永く生死をはなれ候よろこび」（同上）といい、「はやく、たゞ南無阿弥陀仏と唱へて、臨終の一念に娑婆生死の依身をすて、かならず安養浄刹にまふで給ふべし」（同上第四）といっているのは、時宗が期待したのが安養浄刹におもむくこと、すなわち西方極楽浄土への往生にあったことを示唆している。いわば往生浄土こそは、時衆が最ものぞんでいた期待すべき理想像であったといえよう。『聖絵』『絵詞伝』等の諸伝記をとおして、一遍ならびにその芳躅をついだ真教の行業をみるに、往生について言及したところは極めて多く、加うるに追善回向の事実を記していることは、『国阿上人伝』(12)においても同断で、時宗にみられる共通した顕著な傾向であり、他宗の祖師に比して殊更に多いように思われる。(13)ということは、時宗が何らかの形で往生に関心をもっていたであろうことを示しているものと見てよいであろう。

では往生した人たちの追善について、時衆はどのように理解し回向したであろうか。正和三年(一三一四)九月近江国安食九郎左衛門実阿が、すでに往生している父母や親族のものたちのために追善回向したいと思いますが、どのように心得て回向したらよいでしょうか、と問うたのに対し、真教は「廻向とは、往生の為の廻向は自力の行業たるみづからの三業を、極楽に廻向して称名するなり。在家の修するところの善根功徳等を、父母親類等に廻向するは孝養報恩の為なり。この功徳によって、亡者の苦をぬき楽をあたふるあひだ、をのれが孝行の志、功徳の余薫、かへって子孫の福業となるゆへに修すべしとはをしへたり」(他阿上人法語第七)と答え、回向することは孝養報恩のためであり、この功徳によって亡者の苦をぬき楽を与えることができ、ひいては子孫の福業をもたらすことにもなるのだということわりを深く考え、回向することは望ましいことだと教えている。なお、その際たとえ父母のためであるとはいっても、父母のみではなく一切精霊のため十方衆生のためにこそ回願すべきである、それというのも「十方衆生と回向するときは、みづからの父母のかたへ、十方衆生の修する善根みな父母の功徳とひとつ」になるからであるといって、真教は「孝養の事は、一切精霊と廻向するも、父母の為といふも孝養になるべく候。出離にはならず。但、十方衆生と廻向する時は、父母の功徳おほく、父母の為ばかりに廻向すれば功徳すくなし。そのゆへは十方衆生と廻向するときは、みづからの父母のかたへ、十方衆生の修する善根みな父母の功徳とひとつになり、父母ばかりに廻向するときは、他力の功徳きたらざるあひだすくなし。願以此功徳平等施一切と廻向するうちには、父母も入けるあひだ、みな無法の法となるなり。しかれども、このうへに又父母に廻向するもくるしからず候」（同上第五）と述べている。更に「亡者の追善に、念仏をまうしてとぶらひ候は、いかほどの功徳なるべく候や」との問に、「幽霊の追善にまうす念仏は、亡者の悪道の苦をのぞき、楽をあたふべき行業なり。なにほどといふ分量、そらにはさだめがたし」（同上第七）と答えているところによれば、亡者の追善は「悪道の苦をのぞき、楽をあたふべき行業」であり、念仏によって功徳があるのは事実であるとするならば念仏は何遍ほど唱えたらよいかといえば、その数量を定めるわけにはいかない。心のもち方によって、一念でも往生すれば、一万遍でも往生できないことすらあるといっている。

二　真教の造塔・葬送観

次に追善供養を修するにあたり、念仏のみが重要であり、念仏行によって往生極楽を期することができるといい、念仏を殊更に高く評価しているが、専修念仏がすべてであり、他の善根を修することは往生の業にもとることになるのであろうか。これについて真教は「おほかた堂舎塔婆は生死迷淪のうへに、善力を得せしめむため、または願往生人の行法の依所にてこそさふらへ。出離生死・往生極楽の行体にはあらず候」（他阿上人法語第五）といい、また「弥陀に帰し、往生をねがふ人の経をよみ、堂舎をもつくるべからずといふは、往生は念仏の一行にきはまれば、念仏より外には往生の業なし」（同上第七）と述べ、往生は念仏によってこそ決定するものであって、その他の余行はなんら必要とはしない。したがって起堂造塔というがごときことも往生極楽の業にはならないといっているが、さりとて全面的に造塔を否定しているわけではない。すなわち「堂舎塔婆は功徳の一分なれば、人天の福業とこそなれ」（同上）といい、また「経に、一念発菩提心勝於造立百千塔宝塔破壊成微塵菩提心熟成仏果といへり。このこゝろは発心して、真実の心中無二なるところ、熟すれば成仏すと云云。無上転変の界に造立するほどのすがたは、みな破壊顚倒してあともなしと心得て、かりそめなる行業ぞとしりながら、是をいとなむは咎にあらず」（同上第五）と述べているのは、塔婆供養の功徳とて、人天の福業の一部ともなるであろう。また造立したといっても、破壊顚倒のわざわいがあるかもしれない。しかし、それを心得ながらも造立するということは、菩提心をおこす原因にもなろうし、仏果を成ずる一助にもなるので無下にことわる要もなければ、まして咎を蒙ることもあるまいといって、造塔をまったく否定していない。否、世俗的には卒塔婆に六字名号を書き、一つには法楽に結縁するため、二つには身の祈りのために、千本塔婆を造立する人がいたらしく、真教は「或人そとば千本に六字名号を書て、所々の霊験所に納め、又は山河江海に入置て、仙神の法楽にそなへ、群類を結縁にすくふべきよしまうすのあひだ、この人は念仏の信心いまだ堅固ならざるのゆへ、常に病患にのみ沈んで、うへには法楽結縁のためと号して、したには身の祈りの為、かくのごときの善業を好む、尤理りなり」（同上第二）と述べて、念仏の信心堅固でなく、そのため病患になやまされている人がおり、病をなおそうとして、何かにすがりたいものだと手あたり次第に善業をつもうとしている人のなかに、千本塔婆に六字名号を書く風習のあったことを指摘し、併せて丹後国山内入道が「毎日、名号そとば六本宛所作に書れ」(同上)た事実を記しているが、これが世の常であったらしい。そこで「うへには法楽結縁のためと号して、したには身の祈りの為、かくのごときの善業を好む、尤理りなり」といったのであろう。しかし、それは単なる方便でしかなく、念仏者として修すべき正行ではない。念仏者にとって「往生の道には、何事も打捨て名号ばかりをとなふれば、ほとけの加護に預る」(同上)ことができるのだ。「念仏往生は念仏即往生の行なれば、(念仏)まうすより外は、別の安心」(同上第三)はない。ただ念仏をとなえさえすれば、往生は決定する。「念仏はほとけの本願なれば」善人も悪人も誰彼のへだてなく、一如平等に誰でも「自力の罪を滅して極楽へ参る」ことができる。したがって「天台・真言等の聖道の行者も本宗を捨て、念仏往生を遂ぐ」(同上第二)ことができると力説した。かつて一遍は「没後の事は、我門弟におきては葬礼の儀式をとゝのふべからず、野にすてゝけだものにほどこすべし。但、在家のもの結縁のこゝろざしをいたさむをばいろふにおよばず」(聖絵巻十二)といって、門弟たちが葬礼の儀式を修し、ねんごろに葬ることを固くいましめ、身は野に捨て鳥獣に施すべきであるとしている。しかし、在家のものとか、結縁の志をもっている人たちの場合には、そのようなふるまいをしてはならない。すなわち在家・結縁衆はこの限りでないとしているのは、葬送儀礼を修すること苦しからずということであったから、四天王寺の如一上人が亡くなったときには、聖は「手づから葬送し給」(同上巻九)い、ねんごろな回向をした。

ある時、信濃国上原左衛門入道連阿が墓所をいとなむことの是非について問うたことがあった。時に真教は

「本より墓所とまうすは、在家の習ひ。親父・祖父代々の跡に残りゐて、孝養報恩をいたさゞれば孝養の志なきのあひだ、仏神の加護なくしてその家すたれ、子孫繁昌せず。この墓所につきて仏事善根いたさむ為なればよからむ」（他阿上人法語第四）といい、仏事を修し善根をつむためであるならば、墓所をいとなむことは結構なことだとさとし、また常念房にも「古徳の遺跡に廟塔を建立し堂舎を修造する事、在世はみな無相にして造化なしといへども、遺弟等そのあとを忍びてかくのごときの儀、今にたへざるものなり。信心は法機にかうぶらしむるものなれば、法は無相なりといへども、利生方便は機の徳たるべし」（同上第六）と、「廟塔を建立し堂舎を修造する事」差支えなしと、墓所の造立によって残された者たちが、亡者の遺徳を偲び、追善の志をつむことができるならば、この上なきしあわせであると述べている。こうした意図のもとに墓所がしつらえられたとき、葬送の地を明示するために墓標は当然建てられたと思われる、これが卒塔婆と呼ばれるものであった。

果して一遍が卒塔婆を建て墓石を造立したか否かについては、これを明らかにする史料を残していないが、少なくとも陸奥国江刺に祖父通信の墳墓をたずねたとき、墓には一本の卒塔婆さえ建てることはしていない。このことは一遍が造立を否定していたであろうことを物語っている。しかるに真教は堂塔や塔婆を造立することによって生ずる功徳により、人天の福業を成ずるといい、千本塔婆の造立を肯定しているなど、師資の間に相違がみられ、一遍の十三回忌辰の折にはすでに一遍の墳墓の地＝真光寺には五輪塔が建てられていた。この五輪塔造立の年時について川勝政太郎氏は、安楽寿院の弘安十一年在銘塔と比較し、「安楽寿院塔は、特に火輪の屋だるみ少くして重厚の感があるが、真光寺塔は屋だるみ顕著であるのは、重厚味を欠いて不満足である」ので、真光寺塔は安楽寿院塔より遅れて造立されたものであろう、しいて造立年時を推定すれば、「七年忌に当る永仁三年に比定」し得られるが、様式そのものよりみれば「一周忌の正応三年頃に作られたものとしても、敢て差支」えはないと述べている。(14)こうした推論よりしても、真教在世時すでに世の風儀に順じて、造立が遺弟たちによってなされていたとみてよいのではあるまいか。

ここで時宗が追善にせよ逆修であろうと供養塔として造立したであろう在銘塔を整理すれば、表10のようになる。

この表に示したものは、阿弥陀仏号および弌房号が付記されているものと、時宗の法名は記されていなくても一遍ないし他阿流と認められる名号を銘文中に記している、(15)明らかに時宗系と認められるもののみであるが、造立されたであろうものからすれば氷山の一塊にもみたないであろう。

ここに挙げた在銘塔を、他宗の人たちがのこしたであろう塔の多寡と比較することによって、時衆がいかに造塔に関心をもっていたかの事実を示唆することができればよいが、そ

祖父通信の墓に詣でる一遍の一行（一遍聖絵 巻五）

表10　時宗系在銘塔一覧

遊行世代	年号	西紀	造立月日	被造立者法名	銘文	所在地	種別
三代 智得	正和元年	一三一二	九月八日	妙阿弥陀仏	妙阿弥陀仏為也	岩手県西磐井郡花泉町老松	板碑
	正和二年	一三一三	四月二十一日	道阿弥陀仏	生年七十一入滅	群馬県世良田長楽寺	同
			七月一日		南無阿弥陀仏	栃木県大山浄光寺	同
			七月八日		南□□□陀仏	同	同
	正和三年	一三一四	四月五日	蓮阿弥陀仏	右志者為広法法界蓮阿弥陀仏　敬 白　奉造□□石卒都婆一基衆生平 等利益故也	北上市稲瀬町下門岡境屋敷	同
	正和四年	一三一五	八月十六日		南無阿弥陀仏	栃木県大山浄光寺	同
一六代 一鎮	嘉暦四年	一三二九	八月十八日	蓮阿弥陀仏		埼玉県片山法台寺	
	元徳元年	一三二九	十二月二十八日	持阿弥陀仏	往生	同	同
	元徳四年	一三三二	三月十二日	蓮阿弥陀仏		埼玉県人見一乗寺	五輪塔
	元弘三年	一三三三	五月十五日		飽間斎藤三郎藤原盛貞生年廿六 勧進玖阿弥陀仏 於武州府中五月十五日令打死、同 孫七家行廿三同死、飽間孫三郎 執筆遍阿弥陀仏 宗長卅五、相州村岡十八日討死	東京都東村山徳蔵寺	板碑
	建武元年	一三三四	三月二十八日	信阿		大分県大分郡賀来円成寺	五輪塔
	建武三年	一三三六	十一月十二日		南無阿弥陀仏	東京都立川普斎寺	板碑

遊行世代	年号	西紀	造立月日	被造立者法名	銘文	所在地	種別
	建武四年	一三三七	三月二十七日	見阿弥陀仏		埼玉県片山法台寺	板碑
七代 託何	暦応二年	一三三九	五月十九日	慈阿弥陀仏	生年五十一	群馬県世良田長楽寺	宝篋印塔
	康永元年	一三四二	八月二十一日	遍阿弥陀仏		大阪府豊能郡熊野田宝珠寺	同
	貞和二年	一三四六	十一月十八日	慈阿上人	逆修	埼玉県大蔵向徳寺	板碑
	貞和三年	一三四七	三月十七日	是一房	往生	埼玉県片山法台寺	同
			三月十七日	是仏房		同	同
	貞和四年	一三四八	六月	□□陵一房	往生	同	同
	貞和五年	一三四九	六月十二日	本阿弥陀仏	藤原行盛法名本阿弥陀仏　五月廿五日子時死去	群馬県吾妻郡岩井長福寺	五輪塔
	観応二年	一三五一	十月八日		(「結衆敬白」とあり、塔石四面に阿号、房号所有者二七名の名が見えている)	深谷市大谷塔之辻	同
	正平七年	一三五二	十二月三日	念阿弥陀仏	逆修	鎌倉市長谷(国宝館現蔵)	板碑
	文和二年	一三五三	十一月二十一日	他阿弥陀仏(花台) 時阿弥陀仏	右以造立塔婆余薫者為一切衆生自他平等利益故也 (陵阿弥陀仏以下一〇五名の法名が碑面全体にあり、うち一〇一名が阿弥号の所有者)	東京都八王子市宇都木竜光寺	同

八代 渡船	文和四年	一三五五	九月二十一日	□阿弥陀仏	往生	栃木県網戸称念寺	宝篋印塔
			十一月九日	作阿弥陀仏	往生	埼玉県片山法台寺	板碑
九代 白木	延文元年	一三五六	十二月二十二日	経阿弥陀仏		神奈川県藤沢長生院	同
	延文二年	一三五七	五月二十四日	見阿弥陀仏	南無阿弥陀仏　見阿弥陀仏覚霊位	岩手県二戸郡安代町田山地蔵寺	同
	延文三年	一三五八	五月二十六日	見阿弥陀仏		岩手県大船渡市赤崎	同
			七月二十二日		大願主沙弥朝阿	福井県今富村和久里西方寺	宝篋印塔
	康安元年	一三六一	九月六日	連阿弥陀仏聖	南無阿弥陀仏	埼玉県片山法台寺	板碑
	康安二年	一三六二		国阿弥陀仏		埼玉県小見真観寺	宝篋印塔
	貞治二年	一三六三	七月	寿阿弥陀仏		群馬県山田郡毛里田村市場字道場	五輪塔
	貞治三年	一三六四	三月十八日	是一房	往生	埼玉県片山法台寺	板碑
			十月二十三日	教阿弥陀仏		岩手県東磐井郡川崎村薄衣	同
	貞治四年	一三六五	九月二日	頼阿弥陀仏	南無阿弥陀仏　十三年	同　藤沢町如来地	同
一〇代 元愚	貞治七年	一三六八		蓮阿弥	第三八十九	大分県速見郡藤原村赤松牧峰神社	同
	応安五年	一三七二	十月二十七日	常阿弥陀仏	奉造立廟塔者為常阿弥陀仏聖霊之菩提也(中略)願主法阿弥陀仏　敬白	兵庫県城崎町桃島	宝篋印塔
一一代 自空	永和三年	一三七七	十月十七日	本阿弥陀仏	百ケ日	神奈川県藤沢長生院	板碑
	永和四年	一三七八	三月十八日	光阿	南無阿弥陀仏	埼玉県人見一乗寺	同

遊行世代	年号	西紀	造立月日	被造立者法名	銘文	所在地	種別
一一代 自空	致得元年	一三八四	正月五日	□阿弥陀仏	往生	埼玉県片山法台寺	板碑
	至徳元年	一三八四	十月十日	明阿弥陀仏		東京都高田南蔵院	同
	明徳二年	一三九一	十月二十六日	眼阿弥陀仏	南無阿弥陀仏	埼玉県片山法台寺	同
一二代 尊観	応永七年	一四〇〇	二月　日	哀阿弥陀仏	逆修	埼玉県飯能金蓮寺	同
一三代 尊明	応永十一年	一四〇四		能阿弥陀仏		群馬県多野郡藤岡町増進寺	宝篋印塔
一四代 尊恵	応永三十三年	一四二六	八月十五日	祐阿弥陀仏	逆修四十九	鎌倉市二階堂	五輪塔

のような作業は、明らかに宗門意識をもって造立されたものであるならばともかく、『法華経』を読誦することによって弥陀の来迎を仰ぎ、群情とともに現世の安穏と後生浄土を願求するという、法華と弥陀が混在することを何ら矛盾と考えなかった宗門意識のうすい時代の所産である以上、不可能に近い(16)。

造塔はすべてが亡者の追善を目的としたものではなく、前表によっても知られるように、逆修塔がまま見られる。逆修につき、法然は「七分全得の事、仰のまゝに申げに候。さてこそ逆修はすることにて候へ。さ候へば、後の世をとぶらひぬべき人の候はむ人も、それをたのまずして、われとはげみて念仏申て、いそぎ極楽へまいりて、五通三明をさとりて、六道四生の衆生を利益し、父母師長の生所をたづねて、心のまゝにむかへとらむと思べきにて候也」（四八巻伝巻二三）と述べ、逆修を肯定し、逆修には七分全得の功徳があることを認め、専修念仏すべきことをすすめている。しかるに、真教は「存生の時、逆修とて善事を修すれば、七分全得の功徳ありとまうし候は、さることにて候」という、安食九郎左衛門実阿の問に対し、「存生の時の逆修は七分全得勿論なり。しかれども当来輪回のうちの福業を得るばかりなり。往生浄土の業にはあらず候」（他阿上人法語第七）と答え、逆修に七分全得の功徳があることは当然なことであるが、それは当来輪回の福業を修するのが主体であって、往生浄土の業となるものではないといい、逆修による往生を否定している。七分全得とは、『地蔵菩薩本願経』に「若し男子女人ありて、存生に善因を修せず、多く衆罪を造らんに命終の後、眷属小大為めに福利を造るとも、一切の聖事は七分の中にして、而も乃ち一を得るのみ。六分の功徳は生者自ら利す。是を以て未来・現在の善男女等、聞健なるとき自ら修すれば、分々已に獲」（巻下、原漢文）と説いているように、死後の追福供養はその益を受けること極めて少なく、七分のうち僅かに一を得るのみであるが、逆修の場合すなわち生前に善根を施せば、七分の功徳のすべてが行者の所得となるという考えのもとに、一時逆修が盛んに行われたことも事実である。「右の志は、沙弥道阿の七分全得の為めに逆修するなり」(17)と記されていることは、明らかに七分全得の功徳が得られるから逆修するのだという意識をもっての造立と考えられ、この塔の造立者「沙弥道阿」は知るに由ないとしても、ことによれば時衆の一人であったかもしれない。

なお、ここで注意しておきたいのは時宗のもつ地蔵信仰であって、多くの時宗道場には地蔵菩薩像が安置されていた。これがいかなる思想に基づくものであったがは、史料に欠け明らかにすることはできないが、京都御影堂新善光寺・滋賀県木之本浄信寺のごとき鎌倉期のものと推定される何体かの地蔵菩薩像が現に宗内にのこされている。このことは古くから宗門内にかかる地蔵信仰が内在していたことを示しているとみてよいであろう。

武士が陣僧をともない、最後臨終の夕べに十念を授かったのは、戦乱にあけくれして不殺生戒を自ら破らざるを得ない、否、すでに破っている武士たちにとって、死後地獄に堕ち、その業報をうけ、幾多の試練が加えられるかもしれないという恐怖心から生起した極楽往生欣求の志念からであったが、不殺生戒等のもろもろの罪障をやむなくおかすであろう人たちにとって、もしや万が一にもせよ地獄に堕ちたとき、そこから当然救われなければならない、救ってほしいと願った。そのとき罪障の消滅を願ったのは、弥陀と同様罪人を救ってくれる唯一の仏と信じられていた地蔵菩薩であったろう。地蔵は釈迦入滅後五六億七〇〇〇万年の後に弥勒仏が出世するまでの不在期間、大悲をもって苦海にあえぐ衆生を摂化済度することを誓願として出世した仏であって、地獄・餓鬼・畜生・阿修羅・人・天の六道に輪廻している衆生を救済しようと念じている。思うに地獄道は地下にある八寒八熱の苦処、餓鬼道は常に飲食を貪求する鬼類の生処、畜生道は禽獣の生処、阿修羅道は深山幽谷を依所として、常に瞋心をいだいて戦闘を好む大力神の生処、人道は人類の生処であって、閻浮提等の四大洲に分かれており、身に光明あって、自然に快楽を受ける衆生を天と名づけている。地蔵は弥勒が出世するまでの無仏の時代に衆生済度にあたる仏であるから、他の仏のように界外の浄土をもっておらず、ただ六道を家として永久に現実の迷いの世界にとどまり、迷いの世界にあるものの指導にあたっている。そのため地蔵は六道衆生の親とか、六道能化の尊と呼ばれているが、この六道は現実の世界であるとともに、輪廻思想に基づいて死後に往くべき世界を指すものとなった。ここにおいて地蔵は人間の生死の運命を支配し、死後の指導者とされ、死後の信仰の中心をなすものとなったのである。しかも迷いの世界は六道であり、人間は死後この六道のいずれかに行くということで、地蔵は六道のそれぞれの指導者となったのであり、その六道を管理する地蔵（檀陀・宝珠・宝印・持地・除蓋障・日光）は六地蔵と呼ばれている。六地蔵は六道能化の職掌ということで、霊山といわれ、また古来より墓地となっているところには墓守として地蔵が安置されることになったらしい。これを時宗道場についてみるに、道場を霊山とみなしているところでは、道場の門前に六地蔵と、死後の世界の支配者であり人間行為の審判官である閻魔、更には十王を配して一連の世界、すなわち霊山を構成していた。十王は「本地はこれ久成の如来、深位の薩埵にてありといへども、流転生死の凡夫を悲しみ、しばらく柔和忍辱の形をかくし、かりに極悪忿怒のすがたをあらはして、衆生の冥土におもむくとき、中有冥闇の道に座して、初七日より百カ日、一周忌おわり第三年にいたるまで、次第にこれを受けとりて、その罪業の軽重を勘へて、未来の生処を定め給ふ」（十王讃嘆鈔）仏であり、人死すればかならず十王のところに行って、順次に罪のさばきを受けるものと信ぜられ、その呵嘖をのがれるために法要を勤修するようになったといわれる。

第三節　時宗と庶民層

次に時宗の庶民層への浸透についてみたい。一遍は弘安二年（一二七九）の冬、信濃国佐久で踊念仏をしていたとき「数百人をどりまはり」、そのため板敷をふみおとしたという（聖絵第五）。それは「大井太郎と申しける武士」の館のうちのことであったが、聞法の喜びにひたり踊りまわったのは武士というよりも庶民たちであったらしい。それは『聖絵』に描かれている姿からもいえるし、同国小田切の里のある武士の館で、初めて踊念仏をしたとき、「道俗おほくあつまり、結縁あまねか」った（同上第四）ということからしても、庶民が多く参加していたことが知られる。同七年閏四月十六日、近江国関寺から京都に入ったとき、「貴賤上下群をなして、人はかへり見る事あたはず、車はめぐらすことを得」なかった（同上第七）といい、また一遍の臨終を耳にしたとき「道俗かずをしらず、聴聞」（同上第十一）したということからしても、庶民層の支持を得ていたであろうことが知られ、「十六年があひだ、目録にいる人数二十五億一千七百廿四人」[18]「其余の結縁衆は齢須もかぞへがた」（同上第十二）かったといった、おびただしい人たちは農村を基盤とした農民を主とする一般庶民層であったといっても過言ではない。直接農民を教化したという記録はないが、弘安七年篠村で「異類異形にして、よのつねの人にあらず、畋《でん》猟漁捕を事とし、為利殺害を業とせるともがら」（同上第八）が、皆掌を合わせて念仏を受けたというのは、漁民が教化を受けたことを示している。領主である武士が帰依すれば、その地で生活を営む農民は上の行うところ下これに従い、時衆に傾投するのは当然であった。美濃・尾張両国のあたりを遊行していたとき、処々の悪党は「聖人供養のこゝろざしには、彼道場へ往詣の人々にわづらひをなすべからず。もし同心せざらむものにおきては、いましめをくわふべし」という札を立てて、一遍の遊行を助けたという（同上第七）。『聖絵』の成立したのは入滅後一〇年のことであり、こうした事実を知っていた人もあったはずであるから、真実を伝えているものとみてよいであろう。とすれば悪党の強力な支持があったらしい。悪党は山賊・盗賊といった人たちのほかに、荘園の本所や鎌倉幕府の支配体制からはずれた大小の名主階層を指していたから[19]、こうした人たちの帰依も受けていたことを認めてよいであろう。しかも、一遍は備前国の福岡とか信濃国佐久郡伴野の市といった荘園市場や、尾張国萱津・近江国草津・備中国軽部などの街道にそった宿場、近江国大津・山城国淀・摂津国兵庫・淡路国福良などの港にも立ち寄っている。市場・宿場・港は人のより多く集まるところであったから、教化し賦算するには最適のところであった。また参詣した大隅正八幡宮・安芸厳島神社・伊豆三島神社・美作一宮(中山神社)・摂津住吉神社・山城石清水八幡宮・備後一宮(吉備津神社)・伊予三島神社・淡路一宮といった神社は、平野部の、しかも街道に沿った社であり、それは寺とて例外ではない。また一遍は信濃の善光寺・下野の小野寺・尾張の甚目寺・近江の関寺・摂津の天王寺・播磨の教信寺・讃岐の善通寺など街道に沿った寺院に詣でたが、その多くは無住[20]が参詣したい霊場として挙げた「洛陽・諸国ノ処々ノ名所、霊山霊社、山門・南都ノ七大寺、コトニハ南浮第一ノ仏ト聞ユル大仏・日本第一ノ霊験熊野・生身仏ノ如ク思ユル善光寺・大師入定高野・上宮太子ノ御建立仏法最初ノ四天王寺」の、「コトニハ」と示した庶民の信仰をあつめていた寺々であった。京洛で結縁した釈迦堂・因幡堂・悲田院・六波羅蜜寺にしても、そのすべては平安中期以来、京洛の上下貴賤、無名の庶民までが群れ集い詣でた庶民的な寺院や堂であった[21]。こうした社寺に詣でたのは、彼の宗教的行為が庶民的であったからであり、彼は布教の手段を賦算・踊念仏に求めた。生活に束縛をうけ、仏法に接することのできなかった民衆にとって、それがたとえ一時的であったにしても、社会不安と生活の苦悩にさいなまれていたものにとり、踊念仏することによって、苦しみを忘れエクスタシーの境地に入ると共に、極楽往生を保証してくれる一遍の教えは、庶民層の受容し得る要素を多分にもっていた。それは一遍ばかりではなく、真教にしても正安三年越前国角鹿笥飯太神宮に詣で「浜の沙をはこびはじ」めたとき、「諸国帰依の人、近隣結縁の輩、貴賤を論ぜず、道俗をいはず、神官・社僧・遊君・遊女に至るまで」「肩をきしり、踵をつげ」「海浜すこぶる人倫、道路ますく市のごとし」（絵詞伝第八）という状態で多く集まったが、その多くは地域性から考えても、農民とか漁民という階層の人たちであったろう。中世の庶民たちは、「近来、備後国住人覚因と申す僧、大般若供養の願をたてゝ、当宮に参宿したりしが、世間の所労をして死にけり。無縁のものなりければ、まことしき葬送なんどにおよばず、坂が辻といふところに野捨てにしてけり」（八幡愚童訓）というように、野捨てという状態で死体は遺棄されるのが常であった。といっても、どこに遺棄してもよいかといえばそうでもない。遺棄地は定められていたらしい。そうした野捨て地とでもいうべきところが、霊山・霊地と呼ばれているところで、京都付近でいえば蓮台野・鳥野辺・清水・阿弥陀峯がそれにあたっていた。野捨てが世の常であったとしても、親が死に子が亡くなったとき、親愛の情をもち生活をともにした人を、ねんごろに葬りたいと願うのは、子として親として、また妻として当然の心念であった。高貴な人は丁重な葬送儀礼を経て葬られるが、庶民は無視されがちであったとき、時衆は簡素であっても丁重に葬送し、念仏して供養した。「没後の事は、我門弟におきては葬礼の儀式をとゝのふべからず。野にすてけだものにほどこすべし」（聖絵第十二）と主張しても、行をともにした人を川に流し、「野にすて、けだものにほどこす」ことはできない。庶民に接した時衆は自らすすんで葬送に関与した。もはや、こうした状態になったとき、民衆は時衆こそ自分たちの味方であるとして、喜んで帰依した。時宗が圧倒的に庶民層の支持を得た要因の一つには、葬送との関連があったのである。

葬送をとおして庶民に接した時宗は、次第に供養する念仏僧と、直接死体処理や荼毘にあたる三昧聖・御坊聖《おんぼう》との区別を生じさせた。しかも両者は当初同一道場内で起居をともにしたらしく、醍醐寺三宝院の満済准后が御影堂新善光寺の風呂を使用するにあたって、「仍《よ》って不浄等の輩、悪火など時衆たりと雖も、堅く禁制する所の由、申し入るゝの間、先々も参籠中在所に於て沐浴する也。所詮、当年尚思慮を加う。時衆は方々羅斎者（もの忌みをつかさどるもの）なり。定めて不浄の輩にも多く交《まじわ》らん。向後に於て斟酌すべきものなり」[22]（原漢文）とこだわっているのは、不浄の輩としての時衆が御影堂内にいたため、同じ風呂に入らなければならないから、不浄だと考えたらしい。かくて時宗は葬礼を媒介として非人層と結びついたが、その契機となったのは何であったろうか。『聖絵』によれば路傍には乞食の群れがあって、一遍のもとに集まっていたようであるし、また真教が加賀国の藤塚から宮腰のあたりを遊行していたとき、「岸高く瀬早き大河」に出会った。そのとき時衆に随従していた「疥癩の類」と、「其の辺の住人」とが互いに旅人を渡河させようとして争った（絵詞伝第五）ということは、時宗教団内に非人の存在していたことを物語っている。とすれば、これらの人たちは随従し聞法の喜びにひたりながら、葬送という面で時衆の一翼をになっていたのではあるまいか。いわば時宗には、在地の有力武士と結び道場を中心に活躍した時衆があらわれてきた反面、向下的には葬送に関与する三昧聖・御坊聖ともいうべき非人層をも受けいれた。もはや、こうなれば一般庶民層に対する教化は形式化し、応永七年（一四〇〇）八月、若狭国汲部・多烏両浦の百姓が「御時衆御下の時、客人のもてなしの分お、御百姓等あてられ候事」「御時衆支証もなきつぎさたおされ候て、百姓の家内おついふく《追覆》し、さい《財》物おさへ《押》とられ《取》申候事」「御時衆上洛の時、ミやげ《土産》とがう《号》してひいおゝ《費用》かけめされ候[23]」といって奉行所に言上しているように、十四世紀も末になると農民にとって時衆は無慈悲な収奪者となり、農民に向けていた教化は年貢の割当てと取立てにすりかえるといった状態になってきた。

註

(1)『新編武蔵風土記稿』巻二三一、人見村一乗寺の条。
(2) 金井清光「明徳記と伯耆三明寺」(時衆研究三一)参照。
(3) 金井清光「太平記と時衆」(『時衆文芸研究』二〇九頁)。
(4) 七条道場旧蔵文書（京都長楽寺現蔵）で、同一内容のものが新渡部仙岳氏旧蔵文書中にあったという。新渡部文書の原本は今失われて見るに由ないが、解読者は署名に「他阿弥湟信」とあったと記録している。もし「湟信」と記されていたとすれば、時の他阿弥陀仏は自空だったので、自空の別号であったかもしれない。しかし、他に自空が湟信と名乗った記録があったとすれば別であるが、恐らくは「陀仏」の運筆による誤写で、原本には七条文書同様「他阿弥陀仏」と記されていたのではあるまいか。
(5) 大永五年五月二十二日付文書、福井県小浜西福寺蔵。
(6) 天文八年五月四日付、浅井亮政花押泉阿弥陀仏宛文書、滋賀県番場蓮華寺蔵。
(7) 永正十年十一月十一日付、朝倉敏景花押文書（福井県敦賀西福寺蔵）。
(8)『園太暦』観応二年二月二十七日条。
(9)『防非鈔』に「時衆の身を以て、医師を立て呪術を行うを停止すべきの事」の一条をたて、時衆の呪術を禁じている。
(10)『異本小田原記』に「斯る弓馬合戦の隙なきに、氏綱常に歌道に御心を寄す。駿河より宗長を節々招き越し、連歌をぞなされける。又小田原福田寺の住持愛阿といふ者、衆に勝れたる連歌の達者、又松田長慶も隠なき名人なり。彼是三四人、月次の御会ありて、隠し名を付け、田舎連歌と号し、京にて点を取り給ふ。惣じて時衆の僧、昔より和歌を専とし、金瘡の療治を事とす。依之、御陣の先へも召連れ、金瘡をも療治し、又死骸を治め、或は最後の十念をも受け給ひけるほどに、何れの大将も同道ありて、賞翫あるとぞ聞えし」

と記している。

(11) 往生即成仏の思想的根拠については、下村稟然「一遍教学の中心問題に就て」(『一遍上人の研究』六九頁以下)参照。

(12) 拙稿「時衆と葬送儀礼——特に霊山としての東山正法寺について——」(印度学仏教学研究一七の一)および「京都東山双林寺旧蔵国阿上人像について」(日本仏教二七)参照。

(13) 『聖絵』には一一か所に、『絵詞伝』には一〇か所に往生人について述べている。これを法然の伝についていえば、法然につき聞法した人として、『伝法絵』は法然のみしか記載していないが、『琳阿本法然伝』および『拾遺古徳伝』には各四人を挙げ、入滅後およそ一〇〇年ごろ成立したと推定されている『九巻本法然伝』には一八人を載せている。なお『本願寺聖人親鸞伝絵』には往生者としては親鸞のみしか挙げていない。『聖絵』の成立は法然入滅後八七年のことである。法然の場合、九巻伝以降急増の傾向にあることは、このころを境に追善を重視するようになったことを示唆しているのではあるまいか。

(14) 川勝政太郎「一遍上人とその廟塔」(西宮三の一四頁以下)参照。

(15) 時宗名号の特異性については、拙稿「時宗における他阿流の名号」(古文書研究四)参照。

(16) 法華読誦・弥陀称名双修観については、拙著『遊行聖——庶民の仏教史話——』五三頁以下参照。熊本県舟尾一間社の享禄四年在銘板碑に「密以釈典蔵、励願力、集比丘衆百余人、令読誦法華妙典一千部、以顕阿弥陀尊容、伏希乃此善功施恵貴賤、現存得安穏楽、後世入場中周、導群情同円種智焉」と記しているのは、その一例である。

(17) 埼玉県丹荘長慶寺の貞治三年在銘板碑に「右志者、為沙弥道阿七分全得逆修也」とある。

(18) 辻善之助氏は「一遍聖絵を通じて著しく目に著くことは、これに帰依し、之を鑽仰して、結縁に与かる所の者に、民衆の多いことである。十六年の間に、目録に入る人数二十五億一千七百二十四人とある。億は万のつもりであらう。即ち二十五万人のものは、殆んど皆平民であった」(『日本仏教史』中世篇の一、四四九頁)と述べ、赤松俊秀氏は「念仏の賦算を与へた人数二十五億一千七百二十四人と言ふのは、二十五億を二十五万とすれば、決して誇張した数字とは云はれないのである」(「一遍上人の時宗について」『鎌倉仏教の研究』一七八頁)といい、ともに二十五億は二十五万人のことであろうとしている。

(19) 井上光貞『古代日本の国家と仏教』後篇第二章「鎌倉仏教と復古主義」三八〇頁。

(20) 嘉元二年撰「雑談集」。

(21) 井上光貞『古代日本の国家と仏教』中篇第二章「説話集からみた平安期の民間仏教」二三七頁以下参照。

(22) 『満済准后日記』応永三十四年一月二十三日条。

(23) 若狭秦文書、石田善人「室町時代の時衆について」(下)(仏教史学一一の三・四合集号、一〇五頁所収)の史料による。

この文書には前文に「西の京の御時衆毎度御下候、数十ケ日在国候、せん〳〵は御代官なんと候て、御入なく候、たま〳〵御下向の時下用お年貢□なてられ候、この御時衆ハ下用お一銭も御たてなく候、この事はかゝ侍者と申候し御僧ニ御けいやく候し時、上の御意ニ□□候て、一日の分ニ十六文御年貢ニりやうよう申候」の一文があり、西の京の時衆が奉行所を通して、若狭国汲部・多烏両浦の御百姓から訴えられたときの言上書であるという。西の京の時衆といえば、京都の西郊に居住していた時衆を指しているようであるが、今それが、どこに当たるかについては明らかでない。

第六章　室町期における教団の展開

第一節　藤沢道場清浄光寺の展開

一　初期清浄光寺の動向

呑海によって藤沢に進出した当時の清浄光寺の規模については明らかではないが、「開山上人（呑海）独住三年のうち、夏は藜藿《れいかく》を食とし、冬は松葉を薪」としたといい、五代安国も「十一年山住の間も間寥の躰、同前にして春秋をゝくらせ給ふ」（二十四祖御修行記）たという。藜はあかざの葉、藿は豆の葉のことで、貧しい人たちの食べものを指し、藜藿は粗食を意味しているから、思うにささやかな生活をしていたのであろう。しかし、「相襲血脈三四の次第」をした呑海の周辺には一味同心に帰敬する門徒もおり、道場に止住した時衆は必ずしも少なくはなかったようである。いわば藤沢に道場が創建されたことによって、痛手を受けたのは、むしろ当麻道場であったらしい。「当麻山は孤独なる故、威光をとりぬること顕然なり」（同上）といっている言葉のはしに、一方的見解という感なくもないが、一遍智真以来書き継ぎした往生与奪の権威の象徴である『時衆過去帳』(1)と、『絵詞伝』

の根本的原本をもって別立した呑海が、遊行の正統をひく上人であり、藤沢道場に一遍以来の遊行の法灯が輝いていることを意識したことにより、当麻側近の人たちのなかに、当麻の真光に背を向け呑海と行をともにした時衆がおり、その結果「当麻山は孤独」すなわち孤立の状態になっていったことを示唆しているように思われる。

それが六代一鎮の代に至り、敷地を転じ、八一坪の仏殿を建立するに至ったという。敷地がどこから転じてきたものか、はっきりしていないが、「寺は元より極楽寺と云、小舎」のあった寺址であり、元弘三年五月殿原たちは「念仏の信心弥々興行」のために道場にしげくやってきたといえば（野沢金台寺文書）、一鎮在世当時の清浄光寺は地理的に見て、西富台地上にあったのではあるまいか。とすれば敷地を転じたのは、殿原衆の来詣にともない狭隘を感じたために、より広い寺域を求めた結果であり、それは西富台地上での位置転換であったろう。文和四年（一三五五）十二月一鎮入滅のあとをついで独住したのは、遊行八代渡船であって、翌五年三月藤沢山に入り、以来二六年間独住したが、その間、延文元年（一三五六）に梵鐘を鋳造した。鐘銘には、「夫《そ》れ鴻鐘なるは、天地を鑪となし、陰陽を銅となし、万物を鎔《いがた》となし、造化を工となして成る。太極の図なるは、その徳常住して、大岦に供えて自ら得る。風韻相颸の中に大に通ずる響を有するものは、何物もこれに若《し》かん。故に梵宮の砌りには、これを有すべきものなり。伏しておもんみるに声塵の世界は、妙観察智の能く摂化する所なり。是れをもつて宗祖曰く、『洪鐘は響くと雖も、必ず扣くを待つて方《まさ》に鳴る。大聖の慈を垂るるは必ず請を待つて、当《まさ》に説くべし』と。恰をもつて袷というは、寔《まこと》に惟《ただ》、声は即ち生ずることなきの玄旨なるのみ。爰《ここ》に相州藤沢山清浄光院は鴈宇の基は久しけれども、鳧《ふ》鐘いまだこれあらず。然る間、或いは瞿子釈種等、將《まさ》に法灯のいよいよ耀《かがや》き、梵響の遠からんことを欲し、遂に鶴烈買官の思いを酬ぜしめ、□麗□神、これが宝鐘を鋳る」(原漢文)と記しているように、寺基が整ってより以来、すでに年久しいのにいまだ梵鐘は鋳造されていない。この上はまさに法灯を耀かし、眠れる衆生を覚醒してやるのだという願望をもって、願主給阿等の助縁により鋳造したが、願主給阿については明らかでない。伝承しているところによれば俣野氏の一族であり、治工大和権守光連は当時関東御鋳物師として活躍した物部氏の棟梁であったという。(2) 高さ一七〇・五センチ、口径九二・四センチをもつ梵鐘を造立するには、かなりの代価を必要としたであろうことはいうまでもない。ということから考えれば、時衆をうごかす推進力となったのは、やはり伝承のごとく当地の土豪俣野氏であったかもしれない。なお、ここで注意したいことは、鐘銘に「東流の仏法、州相に遇うを得て寺を藤沢に開く。清浄の光、砌前に海を湛《たた》え、甍の後に嵎を峙す。梵風瑟瑟、法水洋洋として松は朝日に青く、雲は夕陽に紫なり。これを勝地とトして、彼の楽方に臨み聚落を離れず」(原漢文)とあり、砌(きざはしの下の石だたみ)の前に海をたたえ、甍(屋根の棟)の後ろには嵎(低い山)が峙《そば》だっている。すなわち門前には海があり、背後には岡があると記していることである。このことは、『更級日記』に「相模国になりぬ、にしとみといふ処の上、絵よくかきたらむ屛風を立て並べたらむやうなり、片つ方は海、浜のさまも寄せかへる浪のけしきも、いみじうおもしろし」と描写されている西富台地の景色と似ているので、このころはまだ近くまで海が入りこんでいたのかもしれない。しかも近くには聚落が形成されていたらしい。『藤沢山知事記録』に「再興は遊行八代の御時也、人王九十五代後光厳院の時世也、延文元年也。此時尊氏、御本願となりて建立、広さ百坪あり」といい、また通常、梵鐘は伽藍の建立なり、一山の結構がととのえられたとき、画竜点睛の意味において鋳造される例が多いことからすれば、延文元年（一三五六）（文和五年三月延文と改元）のころ一山の威容ようやくととのえられたものと思われる。当時、寺は鐘銘にも「藤沢山清浄光院」と記され、また『菟玖波集』にも「清浄光院にまかりて」とあるので、清浄光院と呼ばれていたらしく、その清浄光院が藤沢に占地していたであろうことは、「寺を藤沢に開く、清浄の光」とあることによって明らかである。しかも、それは「厖宇の基は久しけれども、梟鐘未だこれあらず」と述べているように、今を隔たる久しい時期のことであった。足利尊氏が本願となったという伝承は、遊行二五代佛天の記録した『御修行記』にも「六祖の時代より敷地を転じ、仏殿を八十一坪に興し侍」ったとみえているが、建立後百六十余年の成立であるからそのまま認めることはできないにしても、こうした伝承がのこされている以上、事実であったかもしれない。寺沼琢明氏は、清浄光寺の再興について「渡船上人の遊行嗣法は文和三年にして、遊行教化三年なりと云へば、帰住の年は延文元年に相当す。此の年三月には遊行第九祖白木上人の嗣法ありて、渡船上人が実際には二年に満たざる遊行の短期に比し、稀に見る格段の長期たる二六年の独住を開始せるゆえんは、蓋し、将に藤嶺台上に輪換の美を致さんとせるに因らざるなきか」(3)と述べ、歴代上人の独住に比し、渡船が殊更長期にわたり独住したのは、清浄光院の再興をなさんとする意図があったからであろうとしている。だが、佛天は一鎮以後、一一代自空・一四代太空の代にも回禄にあった仏殿を再興したと伝えているが、渡船の再興については全くふれていない。梵鐘は一山の整備が成ったとき鋳造するのが常であったことを前提に考えてみると、再興にはそれを成就させるにたる原因があったはずである。とすれば梵鐘鋳造以後、倒壊とか灰燼とかの災害に罹ったことになるが、こうした記録ものこされていない。しかも延文元年の再興であることは時間的にも考えられない。足利尊氏の宥和政策の影響で、文和四年から三年余りは南北両朝は平和を享受していたので、延文元年には争乱は中絶状態で、事実上不成功に終わったとはいえ、両朝間における和睦の交渉もなされていたという。そのような時期では、尊氏による再営も考えられないではないが、政局不安定時に本願となって再興したということも首肯し得ない。次に長期間独住したことが再興をはからせた原動力になっていたであろうといっても、独住は必ずしも再興の意図とばかりはいえず、身体的疾患であったかもしれない。今、延文元年時における遊行上人の年齢をみると、渡船は五二、白木は四三で、年齢的にみても渡船が独住するのは当然であり、長期にわたったというのは長命であったからであろう。その後応永年中灰燼に帰し、上杉中務少輔朝宗などの助縁によって、一〇〇坪の堂宇が建立されたという。回禄にあったのが応永何年であったかはっきりしていないが、当時の藤沢上人は自空であった。朝宗は世に釈迦堂管領と呼ばれた憲顕の兄憲藤の次子で、応永二年（一三九五）三月足利満兼の信任を得て関東管領となり、同十二年までその職に在ったが、同十六年七月満兼が亡くなると、その夜出家して上総の長柄山胎蔵寺に隠居したという。この朝宗の子が氏憲（禅秀）であり、一族の氏定も後年清浄光寺で自刃しているところからすれば、上杉氏と清浄光寺は早くから関係があったと思われるので、道場の再興に朝宗が助縁したであろうことは認めてよいのではあるまいか。(4) ちなみに上杉禅秀が足利持氏を除かんとして叛乱をおこしたのは、応永二十二年十月のことであった。これよりさき足利基氏の子氏満は関東管領の要職にあり、奥羽地方を治定するに至るや氏満の勢威はいよいよ東国を圧するようになった。かくて彼は幕府の命令を奉じないばかりか、自ら公方と称し、執事を管領と改めるなど、常に中央政権との対立意識を濃厚に顕現したため、上杉憲実は死をもってその非をいさめた。氏満の孫持氏に至るや、ますますその色彩は顕著となり、更に持氏はその性軽燥にして部下を御する器量に欠けていたため、関東管領上杉禅秀はしばしば持氏を諫むるところがあったけれども、持氏はこれを嫌い、かえって禅秀を疎遠せんとする風がみられた。時たまたま政所評定において、持氏は常陸国小田氏の一族越幡六郎の所領を没収したが、ときに六郎の罪はさしたるものでなかったため、禅秀にこの処分に不服の態度を示し阻止しようとした。しかし、自信過剰で言い出したらあとにひかぬ持氏に業をにやした禅秀は、二十二年四月憤慨して管領職をなげだしてしまった。しかるに持氏は、これ好機とばかりに山内家に属する上杉憲基を管領に充てることにした。元来禅秀は犬懸家上杉に属し、両上杉はライバルの関係にあったから、いよいよ憤満の情やるせなく、そのため種々の風説がおこり、これが動機となり持氏は禅秀を敵視する形勢が強くなって、禅秀は一身の安全をおびやかされるほどの有様になった。

そのころ京都では足利義満の長子義持が将軍職にあり、弟義嗣は兄に叛心を懐き、己れ将軍職にとって代わらんものとの野心陰謀を企てつつあった。よって義嗣はひそかに使者を東国の満隆（持氏の伯父）および禅秀に遣し、ともに機を通じて相援けることを勧めたらしい。ここにおいてか禅秀は、日ごろの不平と不満を一掃する好機であると深く期するところあり、満隆にも叛をすすめ、持氏を倒してこれに代わらんと献策したのである。そのため満隆も心大いに動き、持氏の弟持仲（満隆の養子）を奉じて事を挙げ、内書を諸国に下してその党を集めた。この挙に応じ、禅秀また翌二十三年十月二日夜に乗じて兵をおこし、持氏の居館を急襲、決戦は同月六日に行われたという。一時この戦いにより持氏＝憲基方が敗北を喫したとはいうものの、二十四年正月十日寝返りをうった味方軍のため、禅秀をはじめ一族男女四三人、従者五七人とともに鎌倉雪の下で自刃した。これがいわゆる上杉禅秀の乱といわれるものであり、この戦禍のため落命した武士・良民、あるいは畜馬の亡魂を慰める趣旨のもとに建立されたのが「敵御方供養塔」(藤沢清浄光寺境内所在)と呼ばれるものであって、造立の趣旨を「応永二十三年十月六日の兵乱より同二十四年に至り在々所々に於て敵味方の箭刀水火のため落命せる人畜の亡魂、皆悉く浄土に往生せんとするが故にこの塔を建つ。この前に立つる僧俗十念あるべきものなり。応永二十五年十月六日」(原漢文)と記しているところからすれば、兵乱の一周忌供養にあたり、呪願者太空によって造立されたものと思われる。また『鎌倉大草紙』によれば、小栗満重は常陸国小栗城に拠り足利持氏に叛いたが、戦利あらず、満重の子助重は相模国の権現堂に隠れた。ここに賊あり、助重を殺して財貨を奪わんとした。ときに遊女照の義侠によって陰謀を察知した助重は、身をもって清浄光寺にたどりつき遊行上人を訪ねたという。清浄光寺には、こうした葬送とか供養に関する伝承が数多くのこされている。

越えて同三十三年二月十四日清浄光寺は再度回禄に見舞われた(喜連川判鑑)。自空の代に灰燼に帰してから十数年しかたっていない。時の藤沢上人は太空であり、彼が遊行の法灯を尊恵に譲り藤沢山に入ったのは同二十四年四月のことで、永享元年(一四二九)ころには「一丈二尺間一百二十坪」の堂宇を再建した。佛天が「六祖の時代より敷地を転じ、仏殿を八十一坪に興し侍り、其後第十一祖の時回禄の後百坪になり、亦復十四祖の在世に炎上ありし時、一丈二尺間一百二十坪に増広」(二十四祖御修行記)したと記しているように、清浄光寺は灰燼の たびに堂宇はかえって拡張されている。堂宇の規模は、そこに集まる人たちの多寡と資金に深いかかわりあいがあることはいうまでもない。とすれば拡張されていることは、時衆が年を経るごとに増加していたであろうことを物語っている。時衆たちにとっては、十数年間に二度まで再興の資金を負担しなければならない。にもかかわらず、より拡張されたかたちで再建されたことは「関東の諸大名の信仰、前々に超過」（遊行縁起）して堅固であったこと、また時衆が強い信仰をもって再興に協力したこととともに、遊行一五代尊恵が清浄光寺再興成就のために積極的に動き遊行し、すべてを捧げて努力したことに原因があったらしく『藤沢清浄光寺造営被記過去帳』には一万一三四二人の結縁者の名を挙げている。(5) ここに記された法名の人たちこそ、一紙半銭を喜捨して再建に協力した人たちであったといえよう。こうして清浄光寺は漸次整備され、多くの人たちの信仰の中心となったが、それには一つに時宗教団における知識であり、絶対者であった阿弥陀仏が藤沢道場に在山していたからであろう。

二　霊山としての清浄光寺

初期教団は知識帰命と不往生をもって宗団の統制をはかっていた。『過去帳』に法名をつらねることは往生が約束されたことを意味していた。しかし、一度約束したといっても、生前の不行跡が発覚したとき往生のとり消しがなされ、不往生の烙印がおされた。それは応永三年（一三九六）九月八日の条に、「常仏房（裏書）不往生時衆廻心の間、これを免れ了ぬ」（時衆過去帳）とあるのを最後にすがたを消してしまった。とすれば往生与奪の権のうち、剝奪の権はいつまで続いたのであろうか。『時衆過去帳』の上からは明らかにすることはできないが、一二代尊観時代までであったろうという。(6) 往生与奪の権が単に往生を保証する手段としてのみしか価値を有しなくなり、また道場が檀越一族の氏寺化して、道場坊主と檀越が直結し、次第に遊行上人の支配から離脱する傾向が生じたとき、それに代わるべきものとして、知識すなわち遊行上人は道場住持の任命権をもちだしてきた。竹野道場興長寺の住持職を相阿弥陀仏に、(7)山口道場善福寺の住持職を大一房(8)に遊行上人から仰せ付けられたのはその例であり、その場合「或いは館家を誘い、或いは俗縁を憑み、存分あるの仁は理非に及ばず、堅くこれを申し付けらるべく候」(原漢文)と述べているのは檀越とか俗縁の関係をたちきる目的をもっていたことを物語っている。

「何事につけても、いきたる身にてこそよろこびもあれ、身命を阿弥陀仏に奉りて、往生の一大事より外は、此世にも望なき身にありてむうへは、なにごとをも仏知識にあづけまゐらせて、今は称名をこたらずして臨終まつより外は、如何なる要かあるべき」(他阿上人法語第一)というように知識に帰命したとき、人々は弥陀の代官である知識から往生が保証された。往生を約束する知識は藤沢道場に在山していた。いわば藤沢道場は生ける阿弥陀仏のましますところであり、浄土であったから、藤沢まいりし、またここに死後知識すなわち他阿弥陀仏と同床したいと願う人がいたのである。藤沢道場清浄光寺が一に登霊台と呼ばれていたのには、祖霊のとどまるところといった意味があったからであろう。それは清浄光寺ばかりではなく、他阿弥陀仏が当麻道場におったときには当麻が阿弥陀仏のましますところと考えられて

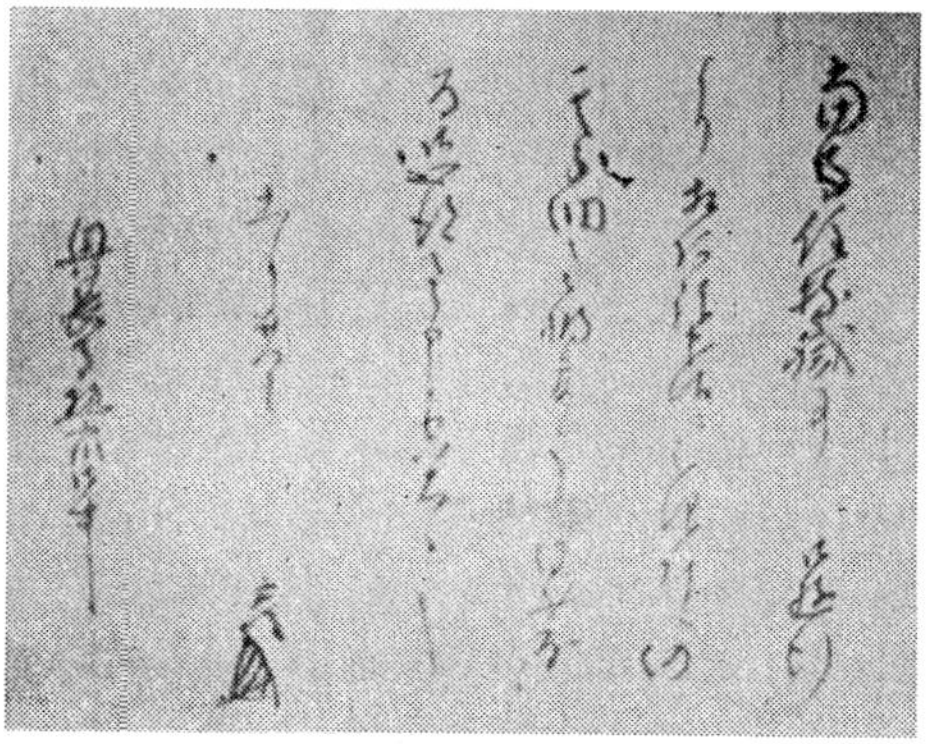
住持職任命状(竹野興長寺蔵)

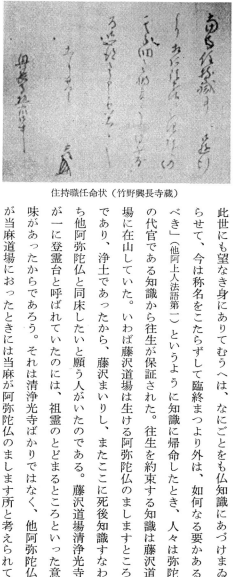

いたから、「とても地獄へおつべからんには、押て当麻に参てこそ死なめと申族ども」がいて、当麻まいりする人がいたのである。(9) また佐渡国松山（新潟県佐渡郡真野町）の大願寺が佐渡高野といわれていたのも、ここが霊山と考えられていたからであろう。一遍が弘安七年（一二七八）閏四月大津の関寺で踊躍念仏を修したとき納骨の委託を受け（聖絵巻七）、京極道誉が延文元年（一三五六）「元弘以来、凶敵・御方共戦場において命を墜したる族《ともがら》、勝計すべからず。しかる間、正しく彼の凶魂の菩提に資せんがため」寺領を四条道場金蓮寺に寄進したのも（金蓮寺文書）、また明徳の乱に敗れた山名満幸が応永元年（一三九四）春のころ上京し、「五条高倉辺にあやしの小屋に宿」をとっていたとき見つけられ、侍所の所司佐々木高氏の孫高詮に討たれ、その首級が「されば四条の道場へおくれ」との足利義満の命により、「四条の聖のかひ〴〵しく鳥部野の道場に取納」められたというのも（明徳記）、三島入道某が細川頼之の死を聞いて「すぐ勘解由小路朱雀の道場に参て、聖に十念うけ」、傍らの堂で「仏浄土所生の縁」を願ったのも（同上）、その根底によこたわる時宗道場を霊山とみる思想があったからであろう。この場合、時宗道場にいた聖すなわち知識は弥陀の代官とみられていたのであろう。しかし、こうした傾向は時宗道場全般にみられたとしても、特に清浄光寺において顕著であった。

元弘三年五月「鎌倉没落之刻」南部茂時は「鎌倉ニテ生害」した。そのとき家臣佐藤彦五郎は主人の遺骸を藤沢山に運び入れて山内に葬ったが(10)（東奥軍記・鎌倉大草紙）、上杉氏定も応永二十三年わざわざ藤沢道場まで逃げこんで自刃した（鎌倉大草紙）。藤沢道場にまでやってくれれば、ここには弥陀の代官である他阿弥陀仏がいて、阿弥陀仏にあい奉ることができるのだというような期待とあこがれがあったからであろう。遺骸が葬られれば、当然そこには供養塔も造立されたことと思われ、そのかぎりにおいて清浄光寺の旧跡字光徳から、いくつかの板碑や五輪塔が出土しているのは、葬送の事実を物語っているとみてよいであろう。『時衆過去帳』には藤沢山に葬送した例として、観応二年（一三五一）二月十二日の条に本阿弥陀仏を挙げ、葬送したとしているのを皮きりに、至徳四年（一三八七）七月二十三日の条には重阿弥陀仏の白骨を納めたと記している。今、『過去帳』によって藤沢山への葬送の事実を調査し表示すれば、次のようになる。

表11　藤沢清浄光寺への送葬・納骨者一覧

遊行世代	死亡年月日	法名	葬送・納骨に関する記事
七代　託何	観応二年二月十二日	本阿弥陀仏	畠山臣、上州林氏、当寺ニ葬ス
一二代尊観	至徳四年七月二十三日	重阿弥陀仏	佐竹家、御白骨納
一三代尊明	応永四年二月二十六日	声阿弥陀仏	藤沢ニ而葬ス
	同　六年カ	渡阿弥陀仏	梶原河内入道、後ニ送骨□納ム
一四代太空	同　九年三月十一日	覚阿弥陀仏	□□藩、当山ニ葬
	同　九年	底阿弥陀仏	応永九年三月十一日贈号、□□藩当山ニ葬ス、奥大河内
	同　十一年九月三日	覚阿弥陀仏	五島家臣、当山葬、逆修俣野兵庫殿
	同　十九年カ	浄阿弥陀仏	国清寺殿、当山ニ葬、大内殿
一五代尊恵	同二十一年八月六日	覚阿弥陀仏	土堂藩、当山ニ葬ス
			甲州武士為一属(族)造碑、高木氏、当山ニ遺骸葬
	同二十一年八月六日	覚阿弥陀仏	伊藤家、松本氏当山ニ葬

遊行世代	死亡年月日	法名	葬送・納骨に関する記事
	応永二十一年十月二日	但阿弥陀仏	柳沢出羽守、分骨葬
	同二十三年五月十三日	但阿弥陀仏	疋田右京進、送骸葬
一六代南要	正長ノ頃カ	其阿弥陀仏	佐々木臣加藤某、当山ニ遺骸ヲ送ル
		但阿弥陀仏	称光院、大関家臣、当山葬
	永享元年三月六日	其阿弥陀仏	武田安芸守、分骨葬
一七代暉幽	嘉吉元年六月二十四日		義教将軍卒ス、長子義勝ヨリ当山ニ分骨ヲ送ル
	文安四年二月十八日	但阿弥陀仏	上杉五郎憲春、当山ニ遺骨葬
		覚阿弥陀仏	俗姓児玉某、当山遺骨葬
一八代如象	明応五年三月三日	覚阿弥陀仏	上杉家藩、当山葬
二〇代一峯	明応年中		普光院殿、細川右京大夫源持之公、当山ニ分骨ヲ送ル
二一代知蓮		覚阿弥陀仏	和泉守臣、当山ニ葬ス

三　治外法権的性格

清浄光寺は、こうした霊山としての性格のほかに治外法権的な意味も有していたらしい。貞治元年（一三六二）畠山兄弟が鎌倉府の足利基氏にそむき伊豆国修善寺に陣を布いていたのは、観応の騒乱の余波いまだおさまらざるころのことであったが、その年の九月畠山入道道誓（国清）は弟式部大輔義熙とともに「中間一人ニ太刀持《もた》セ、兄弟二人徒《かち》ニテ」十八日の夜、遁れて「藤沢ノ道場」にまでやってきた。どのような目的があって、藤沢にやってきたかははっきりしていないが、時に上人の好意によって、「甲斐々々敷、馬二疋・時衆二人相副テ」昼夜をわかつことなく、「馬ニ鞭ヲ進メテ上洛」した。そのころ舎弟の尾張守義深は「箱根ノ御陣」にいたが、こうした動きをしていることを知る由もなく、「翌《つぎ》ノ夜或時衆」からこの旨を聞き、「サテハ我モ何クヘカ落ナマシ」ということで、結城中務少輔(直光)に助けを請うた。その好意によって、義深は底に空気穴をあけた長唐櫃の中に寝、「鎌倉殿ノ御馬廻ニ供奉シテ」藤沢道場まで送りとどけられたという。京都に行ったといい、箱根から藤沢に送られたといったところで、所詮遊行上人とか時衆の厄介になっているか、藤沢道場のお世話になっている。時衆の世話にならずに往来することは困難だったのかとさえ思われる。藤沢道場に入った義深は、ここで「御免」、すなわち罪を許されて越前国の守護となることができた。一方上洛した畠山兄弟は「甲斐無ク命助リテ、七条ノ道場」に入ったらしい。そのとき聖はその労をねぎらい、道の案内者をつけるとともに「行路ノ資」なども与へ、南方すなわち南朝に赴かせた。伊豆在国時、畠山氏に従っていた人のなかに遊佐入道性阿という時衆がいた。この人の手引きがあったかどうかわからないが、畠山氏は時衆をたより、藤沢へ、更に京都七条道場へと遁れたらしい(以上太平記巻三十八)。こうして時衆が、落人の世話もすれば案内することのできたのは、時衆の風体さえしていれば天下御免で通行が許される特権をもっていたからであろうし、ひいては藤沢道場に入れば罪をのがれることができるというような治外法権的な地域を、時宗道場はもっていたのかもしれない。このような道場と時衆との背景のうちに、陣僧の生まれでる条件がそなわっていたものと考えられる。

四　藤沢派教団の地方的展開

ここで時宗の地方展開の様相についてふれておきたい。展開に推進力を果したのは遊行上人の回国であった。六祖一鎮は嘉暦二年（一三二七）越後国曾禰津長福寺で賦算したのち能登国を経て加賀国に入り、薗田・梅田（加賀）・勝蓮花（越前）・高宮（近江）を回って和泉国朝限を遊行し、七祖託何は延元三年（一三三八）四月越前国河井荘往生院で賦算したのち越前国中野・越中国安倍・同吉江・加賀国益富を経て、暦応三年（一三四〇）備中国穴田、康永元年（一三四二）三月備後国尾道を遊行、その後九州を回国して同三年六月四国に渡った。四国に渡った託何は讃岐国から畿内に入り、北陸をまわり近江国から東海道を東下、遠江国を経て東国に入ったという。また八祖渡船は越後国から佐渡国に渡り、再び越後国に入り完部・萩・三条・高月を遊行するなど、主として北越の教化に力をそそいだようである。九代白木は延文二年（一三五七）秋のころ出羽国に入り、その後北陸道を南下して、同五年畿内に入ったもののごとく、更に西して山陽道を化益、貞治二年（一三六三）春、備後国尾道から伊予国に渡り、九州地方を回国して東上、京都七条・近江国高宮・尾張国萱津を経て、同六年のころ駿府一華堂に入ったというように、歴代宗主にはこれといって一定した回国のルートはなく、道場主の要請により遊行したらしい。したがって一直線上に遊行するばかりではなく、じくざくに同一個所を何回も通ったこともあったようである。こうしたルートの大略は『時衆過去帳』の僧衆と尼衆とを対比することによって知ることができ、そこに示された遊行地には時宗の道場が存在していたとみて大過あるまい。しかも、そのうち主要道場と目されていたものは、奥羽地域には南部光林寺・同教浄寺・八戸成福寺・白河小峰寺・二本松称念寺・最上光明寺・鶴岡長泉寺等があり、北陸地域には国府称念寺・蔵王堂極楽寺・佐橋専称寺・十日町来迎寺・柏崎一念寺（以上越後）・松山大願寺（佐渡）・吉江仏土寺（越中）・梅田光摂寺・潮津西光寺（以上加賀）・矢田金台寺（能登）・長崎称念寺・敦賀西方寺・岩本成願寺・井川新善光寺（以上越前）、小浜西福寺（若狭）等の諸道場があった。また東海道ぞいには高宮称讃院・小野大光寺・大津荘厳寺（以上近江）・垂井金蓮寺（美濃）・萱津光明寺（尾張）・大浜称名寺（三河）・橋本教恩寺・浜松教興寺・見付省光寺（以上遠江）・府中長善寺・沼津西光寺（以上駿河）があり、北関東には佐竹浄光寺・江戸崎顕性寺（以上常陸）・宇都宮応願寺・黒羽新善光寺（以上下野）・板鼻聞名寺・山名光台寺（以上上野）、南関東には本田教念寺・人見一乗寺・河越常楽寺（以上武蔵）・鎌倉別願寺（相模）等が存在し、これらの地域と北陸とを結ぶ甲信地方には一条一蓮寺・黒駒勝願寺・小瀬玉田寺（以上甲斐）や伴野金台寺（信濃）があってパイプの役割をはたしていた。更に京都には七条道場金光寺・大炊道場聞名寺等があり、なかんずく七条道場は河原口道場とも呼ばれ[11]西国時衆の中心道場となっていた。応永二十三年四月三日、将軍足利義持は管領細川満元に命じ、国々の守護に遊行上人の回国にあたっては、各関所を自由に通過させるようにとの下知を伝えたが、その下知状に「清浄光寺・遊行・金光寺、時衆・人夫・馬・輿巳下諸国上下向事」として、清浄光寺・遊行・金光寺の三者を併記しているところからすれば、金光寺すなわち七条道場は清浄光寺と比肩するほどの地位を獲得していたとみてよいであろう。それは四祖呑海以来の伝統でもあったらしい。この道場には代々の足利将軍も、しばしば方違に利用しており、義政のごときは夫人日野氏と将軍義尚を伴い踊念仏の聴聞に来ている。[12]こうして将軍がじきじきに踊念仏を聴聞したのは、

表　12『時衆過去帳』所収の国別往生時衆の数

地方	国名	人数	小計
畿内	山城	164	254
	大和	25	
	河内	21	
	和泉	13	
	摂津	31	
東海道	伊賀	44	541
	伊勢	40	
	志摩	8	
	尾張	52	
	三河	10	
	遠江	26	
	甲斐	62	
	相模	192	
	武蔵	70	
	上総	4	
	下総	10	
	常陸	23	
東山道	近江	163	382
	美濃	28	
	飛驒	3	
	信濃	39	
	上野	25	
	下野	61	
	出羽	6	
	陸奥	57	
北陸道	若狭	7	534
	越前	210	
	加賀	76	
	能登	12	
	越中	52	
	越後	174	
	佐渡	3	
南海道	阿波	5	35
	伊予	7	
	土佐	7	
	讃岐	14	
山陽道	播磨	16	59
	備前	3	
	備中	4	
	備後	26	
	安芸	1	
	長門	9	
山陰道	丹波	2	73
	丹後	5	
	但馬	4	
	因幡	11	
	伯耆	42	
	石見	8	
	隠岐	1	
西海道	豊前	6	109
	豊後	7	
	筑前	14	
	肥前	3	
	肥後	12	
	日向	20	
	大隅	23	
	薩摩	14	

四条道場や六条道場で踊念仏は修されていたとしても、ここで将軍が聴聞したという記録はなく、ただ七条道場あるのみであった。遊行上人が上洛した場合、滞留したのは七条道場であったから、この道場は清浄光寺の別院といった性格をもつ高い地位をしめていた。このほか藤沢派に属する道場としては畿内に堺永福寺（和泉）・小寺照林寺（河内）・兵庫真光寺（摂津）があり、山陰道には橋立万福寺（丹後）・竹野興長寺（但馬）・私部専称寺（因幡）・益

田万福寺（石見）が、山陽道には尾道西江寺・同常福寺（備後）・山口善福寺（周防）・赤間関専念寺（長門）、西海道には博多称名寺（筑前）・高瀬願行寺（肥後）・都於光台寺（日向）・鹿児島浄光明寺（薩摩）があって、大道場として聞えていた。これらのうち『過去帳』のなかにみられる人名から往生者を地域的に摘出して整理してみると、前表のようになる。

越前国がもっとも多く、これについで相模・越後・山城・近江の順に多い。相模国に多いのは藤沢清浄光寺を擁する上からいえば当然であろうが、地域別にみたときは北陸地方に存在する密度は極めて濃厚である。『時衆過去帳』は遊行上人所持のもので、上申に基づき法名を記入したものであるが、同一地域に多くの名が見えることは、遊行上人が長くその地に止住していた結果とみてよいであろう。止住するには、それを支えていた時衆がいたであろうことを考えるならば、より多くの人たちをおさめていることは、それだけその地の教団が隆盛であったことを物語っている。上総・下総両国には千葉氏の外護により創建されたと伝承される寺院があるにもかかわらず、伸張をみせていないのは日蓮宗の中山法華経寺の基盤が根強く張っていたためか、もしくは当麻無量光寺系の勢力が大きかったために、清浄光寺系の『過去帳』に所収されなかったか、いずれかであろう。紀伊から南和泉にかけて少ないのは高野山教団が広く分布していたからと考えられるが、時宗の地方別にみた展開の諸相については別に考えたい。

五　室町後期の清浄光寺

永享二年（一四三〇）閏十一月二日、後小松天皇より「国家安全・宝祚長久」を祈禱すべき旨の勅旨があり、同八年将軍足利義教は御教書を下して「清浄光寺藤沢道場遊行金光寺七条道場の時衆の人夫・馬・輿已下の諸国に下向の事、関々の渡し、印・判形を以て、その煩ひなく勘過すべき」を国々の守護人に仰せ付けたが、これは応永二十三年四月三日および同二十六年十月二十日出された将軍義持の御教書と同意であり、ここには三井寺の関所ではややもすれば異義に及び命令に従わないものもいることを指摘している。義持が没したとき、その子義勝は分骨を藤沢に送っている。義教の分骨を藤沢に送っていることは、少なくとも義教が遊行上人に対し深く帰依していたであろうことを示している。一六代南要が永享二年三月、義教に「越後布二十端、蠟燭五百挺」を寄進したとき、義教は返礼として段子一端（赤）・盆一枚（桂漿）を下賜しているが[13]（以上清浄光寺文書）、次代暉幽も将軍には親交していたらしく、彼が七条道場在住時には時折り参詣し[14]、同四年四月十九日には「因幡堂縁起絵三巻」および「一遍上人絵十二巻」を義教の御前に持参して一見を請うている[15]。しかも義教は暉幽の肖像を描かしめて座右に置いていたというほどの傾倒ぶりであったという（遊行由緒書）。また義教の母鹿苑院准后（義満夫人）や兄義持も、遊行上人尊明を崇敬していたらしく、『遊行縁起』には「鹿苑院殿准后御信仰あつく、京都に御抑留十二年、公家・武家・地下残所なく洛中帰伏、門前市をなし、利益さかむなる事、三県の道俗の道綽の化に随しがごとく、長安城の人民善導の教に帰せしに似たり。其後あまりに在京も長々しとて、公方（将軍・義持）へも伺申されず、忍で江州守山まで遊行に赴給処に、公方より勘解由小路殿・畠山殿両人の方へ仰出されて御留あり」と記され、在京も長々となったので、この上は自分の本命である遊行化益の旅に出たいと、公方に通告した上、許しを得ないまま近江国守山まで来たところ、使者をもって帰洛するようにとのお沙汰があった。なぜ滞留すべきことを沙汰したかは知るに由なく、『遊行縁起』自身「委細猶々勘解由小路方より申すべく候」といっているが、前々から「故御所」より遊行しなくてもよいから、京都に留まっているようにとのおさとしがあったといえば、京都での帰仰はなみなみならぬものがあったとみてよいであろう。こうした将軍家との結びつきが、やがて藤沢への送骨という事実となったのであろうが、またそれが義教にのみとどまったものか、鹿苑院准后や義持にしても、そのような行為がなされていたものかは知ることができない。それにしても、送骨があえてなされた背景には清浄光寺が霊山であるという信仰が潜在していたであろうことは否定できない。

永享以後の清浄光寺の辿ってきたあゆみは明らかでないが、文明十八年（一四八六）十月のころには北陸・東海の諸国を遍歴してきた道興准后が、すでに世に聞えた所だということで当寺を訪れ、その感懐を『回国雑記』に、

藤沢の道場、聞えたる所なれば一見し侍りき。ある寮にて茶を所望し侍り、暫く休みけるに、池の紅葉のちりけるを見て、

沢水もかげは千いろの木の葉かな

道場の前に、ふりたる松の藤のかゝりければ、

紫のいろのゆかりの藤さはに

むかへの雲をまつぞ木だかき

と記している。道興は関白藤原房嗣の第三子で、入道して聖護院門主となり、大僧正准三后に叙せられた僧である。その道興が来訪した時の藤沢上人は如象であった。当時藤沢道場には池があり、仏殿の前には老松がそびえ、藤がかかっていた。ここにたたずんだ道興は澄んだ池の水面に散った紅葉の美しさにみとれ、松の古木にからんだ藤を見て、花咲くころはさぞかし紫雲たなびく彼方に、「むかへの雲をまつ」阿弥陀の浄土、かくやあるらんと思う心地がするであろうという感懐にひたっていた。時に道興は「ある寮にて、茶を所望」したようであるが、「ある寮」といえば数多あった寮のうちの一つを意味していたであろう。とすれば道場内には数多くの客寮が存在していたとみてよかろう。客寮は遠近から詣でくる時衆や信者たちを接待するために設けられたもので、当時清浄光寺には一寮から六寮まであった(16)。このほか大寮と呼ばれるものもあったようであるが、これはむしろ六寮中とりわけ規模の大なるものを指していったのであろうし、客寮・客軒という名称にしても、特定の寮を指したのではあるまい。むしろ参詣客の便宜をはかる寮といった意味のものであったろう。しかも、寮には「一寮坊主」「二寮茶寮執事」「三寮衆」という、いわば坊主・茶執事・衆と呼ばれる時衆がいた。この場合、坊主は寮の一切をとりしまり、寮衆を監督する地位にある僧であり、茶執事は寮務を司るもの、衆は寮に所属し、坊主の支配下にある時衆を指しているのではあるまいか。

越えて永正九年（一五一二）八月、藤沢上人一峯示寂の報に接した遊行二一代知蓮は藤沢山に帰山した。知蓮は当然藤沢上人をつぐ身である。ところが、そのころ相模国の戦局は北条早雲と三浦道寸が対立し、異常なまでに切迫した状態におかれていた。小田原に本拠を構えていた早雲は、相模国を平定しようとの意図をもって東進したが、時に道寸は相模の中央をおさえる岡崎に城をかまえて、相模川流域の平野ににらみをきかせていた。しかるに同年八月、道寸は一円的に所領をひろげることをせず、個々の土豪武士を人的にとらえつつあった早雲の政略に抗しきれず、ついに岡崎城を追われ、住吉城に逃げこんでしまった。岡崎城をおとしいれた北条軍は二手に分かれ、一軍は矢倉沢往還を経、武蔵に通じる道をとって当麻を占領し、早雲花押の「軍勢甲乙人等の濫妨・狼藉」を禁止する旨の制札を当麻道場無量光寺にかかげた（当麻無量光寺文書）。他の一軍は扇谷上杉朝良の守っている大庭城をおとし、十月玉縄に築城した。かくて翌十年正月早雲は道寸を助援にきた太田資康（道灌の子で、妻は道寸の女）を破り鎌倉に進攻したが、このとき同月二十九日藤沢道場清浄光寺の諸堂宇は戦火にみまわれて灰燼に帰し、ために知蓮は本尊阿弥陀如来を駿河国府一華堂長善寺に遷座したという。

こうして本尊は難をまぬがれたとはいえ、「此本尊には円光もましまさず、蓮華座もなく、観音には御手もうせ、同く御光も蓮華座もうせ給ひ、勢至も同前にやつれさせ給ふ」すがたをしていたという（二十四祖御修行記）。遷座後知蓮は長善寺を藤沢山に擬し独住地と定めて、止住していたとはいうものの居ること僅か三か月にして、五月三日法灯を意楽にゆずり、八日に入滅。二二代意楽はまた回国僅か一年にして、遊行の法灯を称愚にゆずり近江国上坂乗台寺に独住。同十五年五月十九日称愚また入滅し、つづいて十月十九日には意楽もなくなるというふうにして、遊行の法灯は常にゆさぶられていた。かくて不外が、衆におされて二四代遊行上人位についたのは、同十五年九月二十七日のことであった。こうして遊行上人は永正九年（一五一二）から同十五年の間に四たびも交代しなければならないという不安定な時代では、清浄光寺の再建も思うにまかせず、本尊は依然長善寺に安置されたままになっていた。こうしたさなか、藤沢から本尊に付き添ってきた時衆は、「本尊の御まへにして、昼夜の行事をつとめ」たけれども、日夜の給仕さえ意のごとくならないし、さりとて再興といったところで機縁熟せず、世の行く末を案じて悲嘆にくれていた。時あたかも同十七年十月のころ遊行中の不外は甲府一蓮寺に入り、九日二二代意楽の三回忌の法要を厳修したが、時たまたま檀越武田大井入道宗芸は折から遊行中の上人のためにということで、居間を新造した。新造したことは、長く一蓮寺に滞留し教化してほしいという願いのこめられていたことを意味していたのであろう。当時、不外は自ら「沢山当住持二十四世他阿」と名乗り、また「宿世つたなく、かゝる時代の藤沢の有名無実の衆頭」であるといっているところからすれば、藤沢山にはすでに堂宇はないけれども、七月九日遊行の法灯を佛天に譲ったからには、本来ならば独住の身となり、藤沢道場清浄光寺の住持である。しかし、灰燼に帰し、堂宇とてない寺に入るわけにはいかない。それでも独住の上人は、住した寺が清浄光寺でなくても藤沢上人と呼ばれたらしい。ところが悲しいかな、実際には赴き住することもできないという実感が、「藤沢の有名無実の衆頭」と言わさしめたのではあるまいか。思うに、今化益のために来住しているのは、甲府であって駿河国も近い。駿府の長善寺には、清浄光寺の本尊が安置されている。こうして「駿河近き所へかく移来ぬれば、本尊を迎へ移し奉らむと云心、ひしくくと思ひ立」ったというのは、長善寺の隣接地に来ているにもかかわらず、時衆にのみ本尊の護持をまかせているのは申しわけない、思えば私は清浄光寺の住持ではないのか、とすれば藤沢上人であるからには、本尊をここにお迎えして日夜給仕するのが、当然のつとめであると思いたつに至ったのである。そこで早速「是則、仏智にこそとて、御代官」を遣わされ、道中つつがなく迎えることができた。御本尊到着と聞くと、上人ははだしになって庭前に出、帽子を脱いで出迎え、自ら御輿に手をかけ、一蓮寺の仏壇へ迎え入れ惣礼十念し、落涙された。「移し置申されて後は、午夜座臥に六度づつ祈念を凝し」「一山建立を遂て、本尊鎮座し」奉りたいと念じていたという（以上二十四祖御修行記）。その後、本尊は独住した藤沢上人によってそれぞれの住持に伝持されたものか、はたまた藤沢上人とはかかわりなく、甲府一蓮寺にそのまま伝承されて安置されたか、そのいずれかと思われるが明らかではない。しかし、後年一蓮寺の法阿天順が天下安穏の世を迎えたとき、清浄光寺の再建に力つとめたといえば、機会あれば再建をと念じていた歴代法阿（一蓮寺の歴代住持の法名は法阿弥陀仏）の心情を思うとき、ここに本尊が安置されていた責任上、再建にふみきったものと考えられるので、不外以後おそらくは一蓮寺に安置されていたのではあるまいか。

『一蓮寺過去帳』一七世法阿の下に「藤沢山伽藍、永正年中ヨリ百余年退転」していたと記しているので、永正の戦乱に焼失してより以来、仏殿は退転し藤沢には存在していなかったように思われるが、寺そのものはなくても、藤沢上人の称号は法灯を受けついだ人たちによって「藤沢二十五代上人」（為和卿集）、「駿州藤沢上人」（相州文書）と呼ばれて、代々うけつがれていたらしい。とすれば、その間清浄光寺はどのような状態におかれていたのであろうか。

永禄二年（一五五九）、北条氏綱によって記録された『小田原衆所領役帳』の職人衆の部に、

一、藤沢大鋸引

百四拾七貫七百文　　藤沢寺分

拾弐貫三百廿文　　同所反銭本増

拾貫四百拾弐文　　同所棟別銭

以上百七拾貫四百卅弐文

とあり、「遊行上人へ被進分」としては一三貫七二〇文あった。このころ目銭一〇〇文について三文の割で棟別銭が割り当てられていたようであるから、[17]一〇貫四一二文では三一二文となり、これを一〇貫四一二文から引けば一〇貫一〇〇文となる。これを一戸あたり三五文あて課税があったとすれば二八八戸となるので、当時清浄光寺の周辺にはおよそ二百八、九十戸の家があったようである。[18]こうした数値から考えてみると、藤沢はかなり大きな集落で、清浄光寺の門前町を形成していたといえよう。しかも当地には早くから六軒の伝馬屋敷が常設されていた。[19]これもひとえに清浄光寺があったゆえであろうか。これより先き諸堂宇の焼失した清浄光寺の地を、小田原城主北条氏康が一〇〇〇貫文の奉加銭で買い上げ、家臣に与えるべき替地にしたいという意向のあることを耳にした二九代躰光は、玉縄城主北条左衛門大夫に宛てて御分国奉加として、お渡し下さるという約束どおり異変なく、とりなしてほしい、とりなして下されば直ちに帰山し再建に努力したいと要求した。その結果、寺領は安堵され事なきを得たものの、再建は成就できなかった。[20]越えて元亀二年（一五七一）七月十六日には藤沢あたりにまで進出してきた武田信玄は、清浄光寺に対し藤沢で二〇〇貫、俣野郷の内で一〇〇貫、計三〇〇貫の地を寄進している。そのとき「関東静謐の上においては、御本領の内、一所進じ置くべきの趣、尊意を得べく候」（藤沢清浄光寺文書、原漢文）と述べ、今はとりあえずこうした方法での寄進で申しわけないが、安泰の世を迎えたあかつきには、御本領のうちに更に重ねて一か所を寄進するであろう、という趣旨を寄進状に付加して「清浄光寺玉机下」（同上）に報じている。思うに北条氏が安堵したであろう寺領をはるかに上まわる地を寄進したのは、武田氏と時衆、ひいては甲府一蓮寺との関係が代々武田氏出身の僧をもって充てたというほど、なみなみならぬ深い関係を有していたからであろう。(21) 元亀二年といえば遊行三〇代有三の時代であり、時の藤沢上人は二五代佛天であったから、「玉床下」は佛天を指していたのかもしれない。しかし、佛天とて当時八五歳の身であり、越前国井川の新善光寺に独住していたので、藤沢には遊行・藤沢両上人ともに在住していなかったのであろう。たとえ結構の整った仏殿が現存せず、上人が在住していなくとも、清浄光寺の地位はかくれることのできない事実として認められ、命脈は門弟たちの手によって存続していたと思われる。さればこそ、かつての為政者がなしてきたであろうそのままに、寺領の寄進はなされていたらしい。

天正六年（一五七八）二月、北条氏繁は清浄光寺の願出により、大鋸の清浄光寺客寮の触口役をつとめていた森杢助に宛てて、「遊行より欠落の時衆・尼法師共に、寺家門前に堅く許容すべからず候。又請暇の時衆たりと雖も、寺家へ添状なきについては覚悟すべからず候」(22)（原漢文）と、遊行より欠落したり、いとまごいをした時衆・尼法師などを清浄光寺の門前に止住させてはいけない、たとえ請暇の時衆であっても、藤沢へ来住する旨を記した遊行上人はじめ道場主の添状を所持していないものは、大鋸すなわち清浄光寺の門前に居住してはならないと下知している。また三一代同念が堀内丹後守に宛てた消息にも、「元藤沢の儀、近年悪比丘居住する故、往覆（復）

の時衆一宿など成するべく候。其身は本寺の宗儀に背き、私にかくのごとくに候間、玉縄へ書状をもって申し候」(23)(原漢文)と、もと藤沢には遊行上人がいた関係からであろうか、堕落不埒の時衆が居住している。そのため往還の善良な時衆は、藤沢で民家に一宿を求めようとしても、止住することができない。それら悪比丘の時衆は、本寺の宗儀にそむく者であるからとり除いてほしいと記し、併せて客寮二五人がおり、円阿弥・徳阿弥が触口役をつとめていた由を述べている。思うに当時、霊山としての清浄光寺の仏殿の再興は成就されていなかったとしても、小堂ぐらいはあったのかもしれない。

第二節　他派教団の動向

こうして藤沢派が清浄光寺を中心に、関東から北陸にかけての地域に着々と基盤をきずき、一方京都に七条道場を設けて教団を形成しつつあったとき、聖戒を派祖と仰ぐ時衆は、どのような動きをしていたのであろうか。主導権を藤沢派に掌握された当麻派は、これといかに対決しようとしたか。藤沢派が主導権を握っているようにみえても、賦算権を譲られたのは、ひとり藤沢派の呑海のみではない。聖戒はすでに一遍から生前、形木名号を付与されていたし、浄阿弥陀仏も呑海も真教から京都での賦算が許され、それより前智得も知識の位につき、それぞれが正統者を任じていた。しかも、賦算権を継承した聖戒・浄阿弥陀仏・呑海の流れは六条道場・四条道場・七条道場に止住し、京都市中で教化しながら賦算した。その後、国阿が託何の門から出て一派を創設するなど、積極的に教線の伸張につとめたが、教化の対象は当初庶民層への働きかけが積極的であったが、次第に眼を貴紳や武士に向けていった。以下、他教団の動向について述べてみたい。

一　六条派

聖戒が元亨二年（一三二二）世を去ったのち、一色・瑞光・正道と次第相承して彌阿上人位を継いだが、当時住地六条道場歓喜光寺は六条東洞院にあった。康永元年（一三八九）十二月の『寺領并領地目録』によれば方一町の敷地と五八か所におよぶ寺領、それに清浄光寺（樋口油小路）・与願寺（高辻）・金台寺（高辻油小路）・正法寺（揚梅町）・満願寺（四条坊門東洞院）の五末寺が京の内外に存在し、尾張国山田に市涯（ママ）道覚寺、美作国弓削荘に河口道場定福寺があって地方発展の拠点になっていた。その後、覚恩寺・行福寺・安念寺・長寿院・芳泉院・端月院・玉林院・正面庵・道照庵等の諸塔頭が建てられたようであるが、[24] その創建年代は明らかでない。貞和三年（一三四七）十二月十八日夜、六条烏丸のあたりが焼けたとき「六条彌阿弥陀仏の道場」も灰燼に帰したが（師守記）、この道場は位置からしても、また住僧から考えてみても六条道場のことであったろう。このころ寺では日没より晨朝に至るまで別時念仏が修され、終わって礼讃の諷誦があるのが例になっていたらしい。[25] また同じ時衆とはいえ、当初藤沢派とは別行動をとっていたようであるが、『時衆過去帳』の応永三年（一三九六）十月二十六日の条に「覚阿弥陀仏六条」とあるところからすれば、少なくとも応永のころには、藤沢・六条の両派は円満裡に交渉がなされていたらしい。越えて永享四年（一三四二）四月十九日、将軍義教は「一遍上人絵十二巻」を借り出し一見したのち、二十二日に返している（満済准后日記）。この絵は、当時どこに所蔵されていたものか明示していないが、内容的にみれば『一遍聖絵』系のものであった。義教は同九年九月六日には六条道場に詣でて焼香するなど[26]、六条道場との結びつきがあったことからすれば、六条道場に所蔵されていた『聖絵』であったろう。この絵はその後、関白近衛政家も一見しているように[27]、六条道場には貴紳の出入が多く、幕府・公家との交渉は殊更に深いものがあったらしい。加うるに宝徳三年（一四五一）五月には勅願所になっている[28]。当寺は永享八年四月八日（東寺執行日記）・延徳二年（一四九〇）三月十九日（蔭涼軒日録）とたびたび灰燼に帰しているが、そのたびごとに再建されている。公家や幕府との関係もあって再建は成就されたのであろうが、他面小宮山春岩といった商人の帰依のあったことも[29]、再建をなしとげた一つの原因をなしていたと思われる。六条道場を頂点として、その支配下にいくつかの末寺が地方にも存在していたらしいが、その伸張の様相については知ることができない。

二　四　条　派

京都には六条道場のほかに四条道場があった。この道場を本寺として、その支配下にあった末寺をあわせて四条派と呼んでいた。その教勢は、東は近江から三河、西は摂津から遠く山陰にまで及び、なかんずく尾張国熱田円福寺・近江国木之本浄信寺・摂津国尼崎善通寺・和泉国堺南荘の引摂寺は大坊で、四条派の四本寺といわれている。そのうち引摂寺は応永七・八年のころ東西三七町、南北三八町の敷地があり（堺開口神社文書）、円福寺は永享四年（一四三二）九月十三日将軍義教が富士御覧の途次、熱田の宮に詣でたとき、亀井道場（円福寺）に三日間逗留

表13 四条道場金蓮寺歴代

世代	法名	形木名号相続	前住地	遷化	世寿	法系
開山	浄阿真観	応長元年六月十九日		暦応四年六月二日	73	
2	浄阿	暦応四年七月		延文五年八月二十五日	57	真観の弟子
3	厳阿	延文五年九月三日	尾張円福寺	応安三年九月二十八日	70	
4	重阿	応安三年十一月八日	隠岐大光明寺	永和五年正月二十六日	63	
5	慶恩	永和五年二月五日	熱田円福寺	応永三年九月十五日	79	厳阿の弟子
6	釈阿	応永四年七月六日	堺引摂寺	応永二十二年六月	79	
7	文阿	応永二十二年六月五日	尾張円福寺	永享十一年七月二十四日		厳阿の弟子、永享八年五月二十五日宝福寺に隠居
8	浄阿	永享八年五月二十五日	堺引摂寺	文安四年正月七日	80	文安二年菩提院に隠居
9	浄阿	文安二年七月十二日	尾張円福寺	寛正六年十一月二十一日	81	康正二年四月十一日念珠院に隠居
10	浄阿	康正二年五月十一日	尼崎正福寺	寛正六年五月十七日		
11	浄阿	寛正三年五月二十二日	姫路称名寺	明応三年十二月十五日		
12	浄阿	文明十一年四月十三日	尾張円福寺	明応八年八月二十三日	77	
13	浄阿	明応九年九月二十七日		永正四年二月二十三日	66	
14	浄阿	永正四年六月	伊勢楠歓喜寺	永正十六年四月二十七日		
15	浄阿	永正九年正月	堺引摂寺	天文元年九月二日	82	
16	浄阿	天文元年十一月十九日	守山守善寺	天文五年六月三日		
17	浄阿	天文四年十一月十四日	美濃表佐阿弥陀寺	天文十三年十月二十二日		
18	浄阿			天文十四年九月二十三日		
19	浄阿	天文十三年四月九日	木之本浄信寺	天文二十二年八月十五日		
20	浄阿	天文二十二年二月		天文二十三年七月一日	67	

世代	法名	形木名号相続	前住地	遷化	世寿	法系
21	浄阿	永禄元年三月	守山守善寺	天正五年十月十日		

し、円福寺聖が連歌の宗匠となって義教とともに百韻連歌を張行したり[30]、一三代其阿も文明十六年（一四八四）七月七日一万句の連歌の勧進をつとめているほど[31]、連歌を中心として世に知られた有力な道場であった。文明年中灰燼に帰したときには「当所旦方橋本盛正」が再建し、永正年中（一五〇四～二一）またもや焼失したときには盛正の孫にあたる正吉が願主となって本堂を再建したという。橋本氏がどのような出自であるか知ることはできないが、市場に住していたことや熱田が港町であった地域性から考えれば、商人層の出身であったと思われる。橋本氏ばかりではなく、「初市之座上銭六百六十文をもって売渡」（円福寺文書）したという表現をもっていることから考えても、室町中期以降の寺領寄進者すなわち支持者は商人層であったろう。堺引摂寺も東は宿院、北は今市をかぎる港町にあったので、都市の商人を檀越としていた。なおこのほか商人を檀越とした寺としては会津高田の長光寺があり、文安元年（一四四四）町商人の司、義原左京によって建立されたものと伝えている。これを四条道場についていえば、後伏見（康永三年十月十五日）・後光厳（延文二年十月八日・文和五年二月二十七日）・後円融（応安四年十二月七日・永和四年十二月三日・康暦元年三月二十七日）各天皇から綸旨を受け、応永六年十二月十一日には今川仲秋（沙弥仲高）より遠江国北方地頭職を道場造営料として受けるなど北朝方の外護があったらしく、同十六年三月二十二日には一山が焼失したという（東寺王代記）。このとき焼失した堂は暦応三年（一三四〇）二月建立した堂であったらしい[32]。『時衆過去帳』には応安三年（一三六八）九月二十七日・永和五年（一三七九）正月二十二日・応永三年九

月十五日の条にそれぞれ「浄阿弥陀仏」の名を載せているので、三代・四代・五代の四条道場の聖の忌日を指すものと思われるが、六代浄阿の名は見えていない。六代浄阿は応永二十二年六月示寂しているので、同三年九月以降二十二年までの間に、何が原因か知るに由ないが、藤沢・四条の両道場は対立状態にあったらしい。その対立は聖の入滅をも報知しなかったほど深刻なものであったようである。

応永三十一年八月十日の夜、四条道場は焼失した。(33)この焼失について、「実否は不審」であるが、付火《つけび》かもしれないとささやかれていた。『看聞御記』には、「四条導(ママ)場炎上の事。自焼云々。其故は四条導場を七条導場の末寺となすべきの由、公方より仰せらる。然るに開山以来先例なきの間、仰せに随はざるの処、猶厳密に仰せらるゝの間、四条上人力なく仰せに随ふ。七条上人に十念を受けらると云々。然る間、四条の大衆とも上人を追出し了ぬ。一寺滅亡と称し、時衆共自ら焼き没落すと云々。近年七条上人念仏奇特の事あり、万人信仰せしむ。室町殿も御信仰の間、今更に四条を以て七条の末寺と成らせらるの間、時衆共歎き申すと雖も御許容なしと云々。凡そ四条は古来一宗最頂となすと云々。或いは付火と説くと云々。実否不審也」(34)と記録している。また満済准后も「今夜々半四条道場悉く焼失す、一宇残さず。頻に時衆共自ら放火すと云々。其故は去月四条道場聖、十念のために七条遊行聖方へ参る。是は四条道場、藤沢の末寺となす儀と云々。此の題目、且つは公方のための下知なり。或ひは大名、沙汰を申すと云々。これにより道場時衆共、悉くもつて道場を捨て逐電すべきの結構、その聞へこれあるの間、侍所に仰せ付けられ、内々警護を致す。然りと雖も時日を経るの間由断の処、自ら放火すと云々。言語道断不便の事也。上人直ちに高野へ隠居すと云々」(35)と記している。これによれば四条道場の七代浄阿聖が将軍足利義量の仰せをうけ、四条道場金蓮寺を藤沢道場の末寺となすよう申し渡されたのは応永三十一年七月のことであったらしい。時に浄阿は開山以来清浄光寺の末寺となった先例はなく、また独自性もあるので、仰せに従うわけにはいかないと固辞したものの、再三にわたる厳しい督促に抗しきれず、仰せのままに藤沢道場の末寺になることを了承し、伝灯の異なる藤沢と結縁するため、たまたま七条道場に留錫していた遊行上人尊恵より浄阿聖は十念を受け、四条道場をして藤沢の末寺となした。『看聞御記』には「四条道場を七条道場の末寺となすべきの由、公方より仰せらる。(中略)七条上人に十念を受けらる」といって、四条道場を七条道場の末寺とするように沙汰されたようにしているが、『満済准后日記』に「去月四条道場聖、十念のために七条遊行聖方へ参る。是は四条道場、藤沢の末寺となす儀」のためであるといい、七条道場におられる遊行聖方へ十念を受けるために行ったとしているところからすれば、当時遊行上人は七条道場に在留していたのであろう。そのため四条道場の浄阿聖は七条道場に赴いたらしいが、この事実を知らなかった『看聞御記』の筆者は、七条上人と記録してしまったらしい。ことによると筆者は七条上人を「七条におられる遊行上人」の意に解して記したのかもしれない。ともあれ義量が四条道場をして藤沢道場の末寺化せんとしたのは、遊行上人に念仏奇特のことがあって、万人が帰仰し、しかも室町殿すなわち足利義教も深く信仰していたことを契機として、藤沢の支配下に時宗系の全道場をおこうとする意図があったようである。その手はじめとして四条道場の末寺化が推進された。だが四条道場の伝灯性を主張する時衆にとってみれば、「凡そ四条は古来一宗の最頂となす」という自負心をもっていたので、浄阿聖のとった態度は許容できないと批難し、浄阿聖と時衆とのあいだに確執が生じた。その結果四条時衆は面目なしと思惟し道場を捨てて、逐電するという噂が流れた。この由を耳にした義量は、侍所に警護すべきことを命じ、いつの日か時衆を処断したいと考えていた。しばらくの間、何事もなく単なる噂にしかすぎなかったのかと、安心していた矢先、四条時衆は浄阿を追い出し、時衆自らもはやこうなれば寺は滅亡し、存在する価値はないものと速断し、四条道場に火をかけた。かくて道場は一宇ものこさず焼失し、浄阿聖は高野山に隠居したという。果して浄阿が高野山に隠遁したかどうかについては明らかでないが、もし隠遁したとすれば高野山に在住する時衆をたどっての入山と考えられるが、事実は隠遁することなく、宝福寺に入ったようである。時の遊行上人尊恵は、「天性柔和にして、僧衆和合の徳を備へ、生得慈悲深重にして、抜苦与楽の誉を示し、専ら担戒にする事、金浮の嚢の如く、威儀を守る油鉢を載するに似たり。然るに在京の間は上様の御信仰斜ならず、山門より檜皮葺を付する事、客殿を破却すべきの由申侍し時も、此寺は細く上様なる道場也とて御贔屓有しかば、山訴忽に止ぬ。其外の諸大名の崇敬申に及ばず」といわれた僧で（遊行縁起）、在京のあいだ在住していた「此寺」は七条道場を指している。こうした権威を笠にきた行為が、一派の本山四条道場の末寺化であったといえる。

その後の四条道場の動きについてははっきりしていないが、将軍義教が永享二年（一四三〇）六月十一日朝四条道場に行き連歌しているところをみると、焼失した堂宇は永享二年ころまでには再建されていたようである。(36) このとき連歌をしたいと所望した聖は、道場主七代浄阿であったろう。では七条道場と四条道場とのあいだは事件後どのような決着をみたのであろうか。確執によって生じた溝は容易に消えるものではない。寛正四年（一四六三）八月将軍義教の室勝智院の葬儀にあたり、等持院で荼毘に付し、結縁諷誦したとき、四条道場と七条道場の間で席次の前後をめぐって争いが生じた。時に所司代京極氏は蔭涼職の伊勢氏にどのようにとりはからったらよいかにつき意見を求めたところ、「元来、参着次第をもって勤めるのを例としている」と答えたという。[37] これは他宗とて同一であって、時宗にのみ特異な処置ではない、とことわり書きしている。応永の一件以来、すでに三〇年の歳月を経ているのに、この有様である。こうした争いは長享三年（一四八九）四月にもあった。同年三月二十六日没した将軍義尚の葬儀に際し「結縁の前後」について争った。このとき大蔵卿は、何事も先規によるのを旨とすべきであることを前提に、「勝智院のとき四条を先となす、其の例の如くすべし」といい、四条道場を先とすべきであると答えている。いよいよ四月九日葬儀の日、知恩院が諷誦したのち、国阿・六条・四条道場の順で回向することになった。すでに前後の由は内示されていたため、七条道場は憤慨して不参した。七条道場に遊行上人は留錫するといっても、藤沢清浄光寺の別院にしかすぎない。それに対し四条道場は一派の本山である、したがって前にするのが当然であるというのが、大蔵卿の真意であったらしい。でなければ、前回同様「参来次第」とすべきであったのに、あえて四条が前になるよう取り計らったのには、こうした伏線があったからであろう。不参しているにしても、四条道場と七条道場が前後を争っているのは、一度は四条道場を七条道場の末寺にしたとはいえ、四条道場の独自性を主張する立場が認められて、両寺は同格と認定されたのであろう。こうして独自性を誇った四条道場は「四条道場に於て、六十万人決定の札、これを賦る」[38]というように、のちのちまで賦算していた。この賦算について「本朝の時宗に三上人あり。一は則ち四条上人にして京三里を化度し、二は則ち藤沢上人にして奥六国を化度し、三は則ち遊行上人、日本国を化度す」[39]と述べているところによれば、四条上人は藤沢・遊行両上人とともに賦算権を行使して、依然京都を中心に賦算していたらしい。その後の四条道場は布教教化をよそに、文学芸能の一中心地となり、文化人たちの社交の場として、連歌もやれば踊念仏も修する[40]などして、宗教本来の意義は次第にうすれていったようである。

三　国阿派・霊山派

次に遊行七代託何の資国阿を派祖と仰ぐ国阿・霊山の両派について述べてみたい。『国阿上人伝』によれば、国阿は初め書写山に登って天台の教学を学んだが、のち衆生済度の願をたて念仏三昧の行人となり、諸国修行の旅にでたとき、託何に会って時衆となり国阿弥陀仏と号し、三年随逐したのち霊仏霊社を順礼するため会下をはなれたという。『国阿上人伝』五巻（京都市霊山正法寺蔵）は近世に書写されたもので、詞書しかなく絵は現存していない。ところが『親長卿記』の文明十九年九月二十七日の条に「霊山国阿上人縁起絵 去夏比新調、旧本紛失云々 叡覧あるべく申し遣すべしと云々。仍《よ》って今日書状を遣し《其の案、別に在り》准阿に持たしめ遣し了ぬ。即ち到来《十一巻、筥に納む》し、御所に進上し了ぬ」と記録されているところからすれば、一一巻より成る『国阿上人縁起絵』と呼ばれた絵詞伝があったらしい。その成立年時ははっきりしないが、すでに文明のころには旧本は紛失し、新たに絵伝を作成したようであるが、今はそれも見当らない。このとき作成した『絵詞伝』と現存する『国阿上人伝』との関連もまた知るに由ないが、内容的にみて現行本と大差ないものであったろう。こうしたことを前提に、『国阿上人伝』により、彼の伝記を年譜化すれば、次のようになる。

表14　国阿の略年譜

年号	西紀	年齢	伝記（年譜）
正和三年	一三一四	1	二月十七日寅刻に誕生、父は播磨国石塔四郎頼茂、母は安部氏、幼名を亀王丸と称す
正中元年	一三二四	11	書写山源栄阿闍梨の室に入る
元弘元年	一三三一	18	剃髪受戒して、随心と号す
貞和三年	一三四七	34	諸国修行の旅に出、たまたま遊行七代託何にあい、念仏の安心を聞き、時衆となり、名を国阿弥陀仏と改む
五年	一三四九	36	秋、大江山を越え丹波国に至り、広法寺（律）に入る。寺僧、国阿の教えに帰し、時衆となる
文和元年	一三五二	39	夏、丹後国長坂をすぎ、臍見峠を越えて、生野の里につき、草堂に宿り、一七日の間止住す 五月、生野をたち、福知山から久志浜に至り、智恩寺に詣で、次いで成相観音堂に赴く
二年	一三五三	40	丹後国村岡に至り、浄福寺にとどまり、念仏を結縁す
延文二年	一三五七	44	夏、弟子定阿弥陀仏を浄福寺にとどめて出立す
康安元年	一三六一	48	春、但馬国養父郡の古寺に入り、正興寺と改め、六時不断の行法を修す
貞治四年	一三六五	52	春、一遍の廟所を拝し、二夜三日、六時の行法を修し、時に地頭輪田御崎の薬仙寺を国阿にたてまつる
永和元年	一三七五	62	春、四天王寺・三井寺を経て熊野に詣で、宝前にて七日七夜、六時の不断念仏を行ず。その後本宮より音無川を下り、新宮に参り、更に那智山権現に参詣す 六月十五日、新宮をたち伊勢に赴き、外宮から内宮に参詣、以来ここにて一千日参籠す
四年	一三七八	65	五月末内宮を立ち山田の里につき、一宇の道場を建て、神護念仏寺と名付け、六時不断の行法を修す
康暦二年	一三八〇	67	春、神護念仏寺をたち、明野をすぎ、斎宮の神前にて法施し、櫛目の赤御堂にて六時不断の行法を修す。その後、河野の津に神護永法寺を建立す
永徳二年	一三八二	69	秋、近江国関の地蔵堂にて日中の行事をつとめ、関寺の傍らに小庵を建て正福寺と名付く。その後、京都にのぼる
三年	一三八三	70	霊山寺に詣り、九月住持光英のゆずりを受け、時宗と改め、霊山寺住持職となり、光英は双林寺無量寿院に移

			る。国阿、阿弥陀堂を建立して正法寺と号す
至徳元年	一三八四	71	十一月七日　上人号を勅許され、「国阿上人」と号す 十月十八日、双林寺勝行房国阿に帰依して、双林寺を国阿に譲り、光英また無量寿院を国阿に譲る。その他、花光房・石見房も国阿に帰依。時に勝行房は宝寿庵、光英は安養寺に住す
二年	一三八五	72	八月二十六日、光英臨終の行儀を国阿に依頼、以来念仏称名をこととして、十月晦日往生をとげ、これより安養寺も時宗となる
嘉慶元年	一三八七	74	春、北国修行に旅立ち、大津正福寺に一宿して六時の行法を修し、有乳山をこえて笥飯太神宮に参詣。時に夢告により、敦賀に来迎寺を造立
二年	一三八八	75	春、信濃善光寺に詣で、時に高井の妙喜尼国阿の教化を蒙り、念仏の行者となる
康応元年	一三八九	76	若狭国小浜に至り、西林寺および称念寺を時宗とす
明徳元年	一三九〇	77	春、上洛すべきの由御教書を受け、九月八日小浜を立って京にのぼる
応永三年	一三九六	83	八月、畠山五郎重信の外戚の女、国阿の弟子となり、聞一房となのり、霊山に法林寺を造立
十二年	一四〇五	92	九月十一日入滅

右の表から正和三年に生まれ、応永十二年九二歳で入滅したことが知られる。『吉田日次記』によれば、国阿が伊勢参宮するたびに、その不浄によって神宮では怪異が生じたという。[41] このとき国阿は「伊勢熊野参詣輩永代許汚穢」という呪符を配布したらしい。これによれば国阿は伊勢神宮や熊野神社に参詣する人たちの汚穢はらいを目的として呪符を配布したようであるが、永和四年山田の里に建立した神護念仏寺は「道俗男女、先此寺へ参り、国阿弥陀仏の十念を受け、汚穢をゆるし給ふ御札を頂戴して、神前」に詣でるため、すなわち汚穢はらいをしてから参宮する人たちの便宜をはかるために建立したものであるという。いわば穢れた人たちが伊勢神宮とか

熊野神社に参詣する前には、必ずその神の承諾をうけなければならないという、習俗を背景に建立されたのが神護念仏寺であり、その手段として呪符の配布がなされた。しかも、こうした現象は応安のころまで存続していたらしく、霊山時衆の文阿弥は伊勢と京のあいだを往来しているので、[42]両者間には密接な連絡がもたれていたとみてよいであろう。

国阿が霊山に住していたことは「霊山国阿上人」と呼ばれていることによって明らかであるが、国阿が霊山に住する以前から、霊山には念仏僧が住していた。菅原孝標の娘が「卯月つごもりがた、さるべきゆゑありて、東山なる所へうつろ」い、「霊山ちかき所なれば」ということで、霊山に「詣でてをがみ奉」ったのは、万寿二年(一〇二五)のころであったらしいが、このときすでに霊山では「念仏する僧の、暁に額づく音の尊く聞ゆれば、戸を開けたれば、ほのぼのとあけゆく山ぎは、こくらを梢どもきりわたりて、花紅葉の盛りよりも、なにとなく茂りわたれる空のけしき、曇らはしくをかしきに、郭公さへ、いと近き梢にあまた度鳴いたり」(更級日記)といっているように、それがたとえ観想的念仏であったとしても、念仏が修されていた。霊山の開創については知るに由ないが、元慶八年(八八四)といわれ、[43]寛弘元年(一〇〇四)三月十八日には「霊山堂供養」が修され(日本紀略)、『本朝無題詩』に藤原明衡は「暮春に霊山寺に遊ぶ」の詩を書いているところをみると、すでに十世紀には創建されていたとみてよいであろう。創建当初の霊山寺は天台系寺院であったと思われるが、のちここで法然が「元久二年正月一日より、霊山寺にして三七日の別時念仏をはじめ」(四八巻伝巻八)たことがある。霊山は東山連峯の一角に位置する一峯で、当初鷲の尾山と呼ばれていたことから、インドの霊鷲山にちなみ霊鷲山と改称した。更に霊山と略称するようになったらしく、古来から一帯の地は霊地とされていた。霊山は、蓮台野・六道と同義語で、鷲の尾は「はせ」が「わせ」となり「わし」となったものといわれ、語源は「はせ」であるという。「はせ」は「こもりくの泊瀬」(万葉集)というように、「こもりく」は泊瀬の枕詞であり、峡谷山間の地形を形容した語で、山にかこまれた地域を指している。とすれば、鷲の尾また南は清水山との渓谷(古名山の井谷)、北は菊淵で境をされ、その下流が峡谷をなしており、渓谷をまたいで桂橋が架けられていた。[44] しかも、蓮台野・六道では今に八月盆に精霊迎えの行事を修し、泊瀬(長谷)が「こもりくの泊瀬の山の山のまに、いさよふ雲は妹にかもあらむ」(巻三)という『万葉集』の歌によっても知ることができるように、長谷を中心とした地は葬地であったろうことを想定し得られるから、語源よりみたとき鷲の尾また葬地であったとみて大過あるまい。鷲の尾は、古来より「鷲尾の花下に、忍びて院の御車立てられ侍りける日の連歌」(菟玖波集)として、しばしば中世の連歌集に散見している。枝垂桜の花の下には霊魂がやどるという思想があったから、花の下で連歌を興ずるということは、霊をなぐさめるという意図をもっていたのであり、その花下連歌が霊山で修されたということは、霊山がそれにふさわしい地であったことを物語っている。ここは清水・鳥野辺・阿弥陀峯とともに古代の葬地であり、念仏聖が一大別所を形成していたところでもあった。教真が「漸く其の期に至り、腰輿に駕して爪生別所に遷」り(後拾遺往生伝巻中)、陽生が命終に臨み「竹林別所に占め、安陽(養)の浄刹を望」(法華験記巻中)んだのも、また、「女房、終焉の地所を求めんがため」善峯別所に向かったのも、[45] 命終を目前にしての移住であり、別所を終焉の地と考えていたからにほかならない。とすれば、別所は十七世紀初頭の編著である『日葡辞書』にも「Bexxo

Facadocoro Adro」(46)と記されているように、往生地ないし葬地としての原初的意義をもっていたとみてよいであろう。このように考えてみたとき、鷲の尾は国阿が永徳三年（一三八三）結縁した以前から、霊山としての性格が付与されていた。国阿が積極的に葬地としての霊山にかかわりあいをもつことができたのは、国阿自身つとに葬送に関係を有していたからであり、『国阿上人伝』に伊勢御裳濯河の河上に、「癩人死して、目もあてられぬ有さまなる」をみて、ねんごろに引導したと記し（巻三）、更に霊山に赤子塚の伝承をのこしているのも、葬礼と無関係ではない。いわば国阿はあえて葬地を求めつつ、当時別所を形成し、念仏聖たちの止住していた東山に至り、占地し時宗道場を創建したのではあるまいか。

道場が創建されて以来、霊山は弥陀信仰を憧憬する人たちの霊地として、時衆を媒介に展開したらしく、それは境内に国阿塔と呼ばれる鎌倉期の板碑や、文保二年（一三一七）六月在銘の五輪塔をはじめ、多くの鎌倉期以降の造立と考えられる塔碑が散在していることによっても知ることができる。換言すれば、塔は霊の供養を目的として造立したものであったから、ここに造塔し結縁した人たちは、霊山に来世をゆだね、安養浄土を欣求した人たちであったといえよう。かくて霊山は、霊地であるとともに荘厳な落日を見て、落日の彼方にましますす西方浄土を想念することもできる（日想観）、名実ともに中世信仰の地として、少なくとも中世社会には神聖視されていたようである。

霊山は祖霊のましますす山として広く知られていたらしく、『祇園執行日記』に「霊山に参るに、常陸の時衆これあり。素麺等菓子これあり」(47)と述べているところによれば、はるばる常陸国から霊山に詣でた時衆もいた。この時衆が霊山正法寺の支配下にあった時衆か、常陸国に所在していた広義の時衆かははっきりしていないが、『時宗末寺帳』によって知るかぎり、国阿の流れは山城に三二、摂津に九、若狭に三、越前に一八の道場を擁し関東には皆無で、しかも国阿の足跡また関東におよんでいなかったので、常陸国あたりの時衆といった意味で記録したのかもしれない。それにしても霊山が常陸国まで時宗道場の一つとして知られていたことは事実であった。

ここで国阿上人像について述べてみたい。かつて京都東山双林寺に安置され、本尊として時衆信仰の対象とされていたであろう室町期の造立と推定されている国阿上人の木像が、東京荻原安之助氏宅に所蔵されている。像は椅像で玉眼を入れ、像高一メートル、座高七四センチ。頭部に薄手の楮紙三枚と、毛髪とおぼしきものが納入されていたという。納入紙のうち、一枚には何も書かれていないが、他の紙には結縁交名と年記が記されている。[48]結縁交名には「当寺住持代々聖」以下一〇三名の結縁したと思われる人たちの法名が記されているが、中に阿弥陀仏号を有するものが大半をしめ七七名をかぞえ、結縁交名の末尾には「文安二年四月十四日入霊」とあり、他の一紙に「□阿弥陀仏文安二年卯月□十一日」と記されている。入霊とは木像を造立後、供養して開眼点睛することであり、仏師の彫刻した木石の形像にみたまが入れられて、仏格の位置にまで高められたことを意味している。入霊は造立後あまり年時を隔てない時期に、お性根入りの式を経てなされたものと考えられるから、本像は文安二年（一四四五）四月のころ造立されたものとみて大過あるまい。国阿の木像が双林寺に安置されていたことは、双林寺時宗化[49]の歴史的事象から見た場合首肯できるが、胎内文書にはこの像が国阿であるとはしていない。阿弥陀仏号を法名とする人が、其阿弥陀仏をはじめとして結縁交名者の七五パーセントをしめているのは、時宗ゆかりの像であることを物語っている。それに双林寺が国阿によって時宗化されたとすれば、その開祖をまつることは自然なすがたであろう。とすれば、やはり所伝のごとく本像を国阿上人の像と認めてよいのではあるまいか。

国阿上人像であるとした場合、結縁交名のはじめに「当寺住持　代々聖　其阿弥陀仏……」と記し、なぜ国阿弥陀仏または国阿上人の名を挙げず、「当寺住持代々聖」としているのであろうか。国阿は被造立者であり、被造立者である国阿の像を造立するため、当寺住持と代々の聖が結縁者となって、造立に力をつくしたものと思われる。双林寺は、二代円阿弥陀仏―三代珠阿弥陀仏―四代陵阿弥陀仏―五代時阿弥陀仏と次第し、正法寺は、二代寂念―三代覚尊―四代鳳山―五代慈道と次第しており、歴代譜によるかぎり国阿弥陀仏はあたかも藤沢道場清浄光寺における他阿弥陀仏、四条道場金蓮寺の浄阿弥陀仏のように歴代住持に与えられた法名ではなく、開祖にのみ与えられた法名であったと考えられる。とすれば国阿は唯一人であり、『国阿上人伝』の国阿弥陀仏と同一人であって、国阿像の造立を発願してより以来、双林寺の代々聖は多くの時衆の助縁を得て、上人像を造立したものであろう。「代々聖」といっているところに、被造立者より何代かを経、また幾年かの歳月を閲していることを物語っているようである。したがって国阿像は、胎内文書に明記されているように、文安二年（一四

国阿上人像（荻原安之助氏蔵）

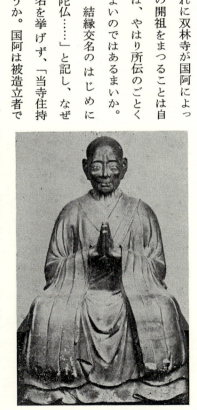

四五）四月をあまりさかのぼらない年時に造立されたものとみてよいのではあるまいか。

なおここで祖師像造立の意義について考えてみたい。およそ肖像を造立するゆえんのものは、対象である一人の人間のもつ完全な表現であって、完全な表現ということは、その人の生涯をもっとも端的に示す姿の表現であるといえよう。例えば愛媛県道後の宝厳寺に安置されている一遍像にみられるように、一遍像の多くは上体をややかがめ、合掌し、身には粗末な法衣をまとった遊行念仏のすがたであり、やせすぎた面貌は写実的で、衣文などにも流動感があふれている。それはあたかも腰をかがめ、手をさしのべる阿弥陀三尊の来迎の姿態に共通している。そのものずばりに、拝するものに、じかに祖師のすがたのありのままを伝えることができるし、時衆にとってはありがたい祖師のみすがたとして、無言のうちにあらねばならぬ理想的行業を端的に知ることができる。かくて、あとにのこされた弟子たちが先師のすがたを忘却の彼方におしやることをせず、身近に拝して自らの行業の誡めとしたようである。したがって一遍像の造立は、早くから現存したもののごとく、高弟他阿真教が十三回忌を兵庫道場でつとめたときには、すでに道場の御影堂には上人像が安置されており、「平生のすがたに、たがは」ぬ像を瞻礼した真教は「在世のむかし思ひ出でられて、懐旧の涙せきあへず、十念の間称名の声もとゞこほり給」（一遍上人絵詞伝巻十）うたほどであったという。

空也像（京都六波羅蜜寺蔵）や一遍像は衣のひだに至るまで写実性にとんでいるが、国阿像はこれらの像に比し、面貌は個性的につくられているけれども、衣文部はある程度簡略化され形式的になっている。形式的に流れているとはいえ、面貌にみられる深いしわと、喉頸部の骨筋のめだつさまは、国阿の数十年のあゆみを示す特色であろう。いわば、ここに写実が見られるのであり、胎内に毛髪が納められていたということは、この像が生ける国阿を具象化するためのものであり、また毛髪を納めることによって、その像に魂をこめ、像を拝することにより亡き像主を供養することを意味していたといえよう。したがって、この像に対し弟子たちは、『高山寺縁起』に示されているように、敬愛の念をもって師に仕え、灯燭・時食・湯茶などを、あたかも生きている人にもてなしたと同様、国阿の在世中なしてきた給仕を継続しつづけたであろうことが考えられる。時宗には歴代上人像の多くが中世から近世初頭にかけて造立されたもののごとく、[50]四条道場には「四鼓九鼓を聴き祖堂を歴覧するに、則ち木像九これを安ず。又各位牌あり、第一祖一遍上人、第二先徳大上人《おうしようにん》、次に金蓮寺開山初祖浄阿弥陀仏、二祖浄阿、三四五六七八九十前に同じ、当住は浄阿第十世也、第九祖一人画像也」[51]（原漢文）と述べているように歴代の上人像が安置されていた。時宗には、祖師像は禅宗における頂相のように数多く伝存している。しからば、何がゆえに遊行上人像が造立されたのであろうか。ここで造立の意義を、頂相と対比して考えてみたい。禅宗は一途に自力によって思索し、瞑想して悟りに達しようとする自力の宗教であったから、偶像を礼拝するということは、不可欠の条件ではない。彼らにとっては修行以外に何ものもない。しかし、修行者が単に自力にのみたよることは、独断迷妄におちいる危険なしとはしないであろう。ここに外的な力としての師や指導者に接することにより、宗教を求める理想的な心境の具現者にたえず接することになる。いわば、禅宗にとって彼岸の仏ではなしに、此岸の人間としての師・指導者のもつ意義は大きい。かくて、禅宗では師について印可をうけた、すなわち人の師となる試練をおえたとき、いま江浙に大刹の主とあるは、おほく臨済・雲門・洞山等の嗣法なり。しかあるに、臨済の直孫と自称するやから、まゝにくはだつる不是あり。いはく、善知識の会下に参じて、頂相一幅・法語一軸を懇請して、嗣法の標準にそなふ。しかあるに、一類の狗子あり、尊宿のほとりに、法語・頂相等を懇請して、かくしたくはふること、あまたあるに、晩年におよび官家に陪銭し、一院を討得して、住持職に補するときは、法語・頂相の師嗣法せず、当代の名誉のともがら、あるひは王臣に親附なる長老等に嗣法するときは、得法をとはず、名誉をむさぼるのみなり。かなしむべし。末法悪事かくのごとくの邪風あることを。(52)

というように、師より師自身の肖像画や法語を授けられることが常となっていたらしく、(53)しかも頂相や法語を授けられることは、その師の法をつぐことを意味していた。時衆の場合、「今身より未来際を尽して、身命を知識に譲り」、もし「制戒をも破らば、今生にては白癩黒癩と成りて、後生には阿弥陀仏の四十八願にもれ、三悪道に堕ち」(一遍上人絵詞伝巻六)ることがあっても後悔するようなことはしないと誓ったのである。知識は阿弥陀仏のお使であり、生身の仏体であって、具体的には遊行上人である。上人は、時衆にとって何ものにもかえることのできない絶対者であり、極楽往生を保証してくださる阿弥陀仏の代官であったから、知識すなわち上人の像を造立して、あたかも阿弥陀仏につかえるがごとく、日夜給仕するようになったものであろう。いわば、仏の位置にまで引きあげられた知識を、「仏之御使」とうけとり、絶対者とあがめ、あとあとまで師を追慕し給仕しようとする意図をもって、上人像の造立がなされた。

第三節　一向衆教団の動向

一向俊聖が弘安十年（一二八七）になくなったとき、彼は「我れこの十八日に死せむこと必せり、然れども我が法は悉く礼智阿に属せり、敢て違ふことなかれと、門弟に遺誡して、師資の血脈・蓮華衣等悉く礼智阿に附属」（一向上人伝巻五）したという。礼智阿は堀河中将師隆の子として、建長四年（一二五二）生をうけ、九歳のとき伯父の三井寺尊慶について修学し、一七歳の春には剃髪受戒して名を尊覚と改めた。少年期から青年期にかけての彼は、公家の子弟たちが自らの俗縁をたよって南都北嶺の寺々にのぼったと同様、名聞利養を求めて一途に天台の教学を修めるために、日夜精進をつづけたが、常に心にひらめいたのは増賀・玄賓のことであった。そして無常の風はひしひしと、その身にせまり、弥陀の浄土にあこがれる日々も次第に多くなった。そのような思想遍歴をたどっていた建治三年（一二七七）の春、新羅宮に詣でてまどろむうち、「一向上人こそ、今世の大導師なり」（同上）という神宣を受けた。この上は一向俊聖にあい教えを受けたいと思い、清水寺での夢告で吉備津宮に至り、一向俊聖を拝して弟子の礼をとり専修念仏の教えをうけることになった。自信教人信の生活は、そのときからはじまった。諸国を遊行して、弥陀の大慈悲にいまだあうことのできなかった多くの人たちに、本願力の偉大さを知らしめ念仏させたい。これが彼にとって常に心にかけていた念願であり、教人信のすがたであった。踊躍念仏を自信と教人信のために盛んにして、縁なき衆生に念仏の法味をあじわわせたい。このような願いも一向俊聖の示寂後法灯を伝受し、いよいよ回国の旅にのぼろうとした際、ここにとどまって教団の確立をめざすようにという領主土肥元頼の請によって断念し、遊行を法弟存阿にゆずった。そして正中二年（一三二五）正月七三歳で寂するまで、教団を確固たるものにするため不断の努力をつづけた。教団を構成する人たちも数を増し、各地に有力な信者ができたけれども、なかには戦乱のため父を失い子をなくし、この世に望みを失った人もいたに相違ない。彼らは回国遊行の知識のあとを追い、踊躍念仏に生きがいを感じて諸国を流浪した。念仏の声は津々浦々にまでもこだましたけれども、ショー化した踊躍念仏に加わった人は「はねばはね」ただ踊躍することのみが使命であり、念仏は単なる手段にしかすぎない。「衣の裳をつけず、念仏する時は頭をふり肩をゆりておどる事、野馬のごとし。さわがしき事、山猿にことならず。男女の根をかくす事なく、食物をつかみくひ、不当をこのむ」（天狗草紙）という風紀をみだす者が、遊行と踊躍念仏にことよせて多くあらわれるに至っては、もはや黙視するにしのびない。このような状勢のなかで、唯善は嘉元二年（一三〇四）十二月十六日高田の顕智に「嘉元元年九月日、諸国を横行する人を禁制せらる御教書に云く、一向衆と号する成群の輩、諸国を横行するの由、その聞えあり、禁制せらるべしと云云。これにより一向の名言を混じ、横行・不横行の差別を論ぜず、一向専修念仏滅亡に及ぶの間、唯善（中略）門流の邪正を糺し、子細を申し披く。忝なく免許に預り御下知し畢ぬ」と消息を申しおくっている（専修寺文書、原漢文）。この文書によれば、当時一向衆と号した念仏の徒が群れをなし、異形の体で諸国を横行していたらしく、時に唯善は迷惑だといわぬばかりに、本願寺の親鸞の流れを汲む門徒は、弥陀に一向に帰依して念仏しているけれども、同一道場に止住して諸国を横行するようなことはしないと述べ、もし「一向」という名言にこだわって弾圧を加えるというようなことがあるならば、専修念仏はいずれの門流を問わず、「弥陀に一向に帰依する」ことが建前になっているのであるから、弾圧を強行することにより専修念仏は滅亡してしまう、と幕府に上申している。これによって明らかにすることのできるのは、親鸞の流れを汲む門流は横行するようなことはしない、諸国を横行（遊行）しているのは一向衆であって、わが門流ではないというのである。とすれば一向衆というのは一向俊聖の流れをくむ門流であったかもしれない。「一向衆と号する成群の輩、諸国を横行するの由、その聞えあり。禁制せらるべしと云云」という禁制の出された背景を考えてみると、それが一向俊聖の流れであるにせよ何であっても、あなどりがたい勢いをもって、群れをなして諸国を遊行していたであろうことが知られる。踊躍念仏を媒介として、何らの娯楽をももちあわせなかった一般民衆たちが、この教団に風により草のなびくように入ってきたとき、「念仏する時は、頭をふり肩をゆりておどる事、野馬のごとし」という批判をも甘受せねばならなかった。「男女の根をかくす事なく、食物をつかみくひ」などする不道徳もあえてした事実は、確かに当代社会からするどい批判を受けるに充分な要素をもちあわせていた。

そのころの教団を統帥していた知識は礼智阿であり、遊行の聖は存阿であった。存阿は弘安二年陸奥国の学牛《まねうし》（真似牛）に往生寺を建てて独住し、正安三年（一三〇一）六月には遊行を願阿にゆずって応長元年（一三一一）七月示寂したという。異分子の流入によって教団をささえてゆく力が不道徳であるときめつけられれば、知識はそれ相応に教団の粛正をはからなければならなかった。礼智阿が

一、僧は和合をもて本となし、敬上慈下を礼となす事。

一、尋常、衣を離すべからざる事。
一、道場の法則、都て殷重なるべし。
一、身命を顧みず、自利利他すべし。
一、専修の人、何の悔《(ママ)》ありてか、いたづらに悪事をなすや。
一、衣食居処、華やかなるを好むべからず。
一、酒肉五辛、これを食すべからず。
一、毎日二時の踊躍念仏、或ひは行道念仏、法のごとく勤むべし。
一、もし亡者あらば弥陀経を誦し、念仏して追薦すべし。
一、みだりに在家に入ることなかれ。利益あるを除く。
一、深く機法を信じ、憍慢を懐くことなかれ。

と制規を定めたのも、その背景に華美を好み、酒肉五辛を口にした者があったからであり、専修の名に事よせて「念仏ニハ戒行ナシ。罪ヲ造マジト慎ムハ本願ヲ軽シムナリ。往生ハ一念ニテ治定セリ。念仏ヲオホク申サムトテ三万六万ナド珠数ヲクルハ、他力ノ中ノ自力念仏ニテ順次ノ往生ハナラズ」(礼智阿上人消息巻下)という者もあった。「往生ハ一念ニテ治定」するのであるから、悪事をなすもはばかるところはない。罪をつくってはならないということこそ、かえって本願を軽しめることになりはしないか。仏の本願に誓われたところは、罪深い者であっても救うということにある。とすれば仏自ら造罪をも肯定していることになる。これすなわち「念仏ニハ戒

行ナシ」という所以であると説く者もいた。そこで礼智阿は、このように説く人たちの考えも充分に受けいれて、

ソレ悪人正機ノ本願ナレバ、五逆・十悪・五障・三従ノ罪深キモノモ、頼メバ往生ス。念仏スル人ハトガヲアラタメズ、罪ヲ恐レズト云ニハアラズ。惣ジテ諸悪莫作衆善奉行ハ仏法ノ通誡ナリ。本願ニホコリ、ツミヲ恐レヌモノハ往生スベカラズ。随分ニ悪ヲヤメムト慎デモ、地躰ガ凡夫ナレバ罪悪ハトヾマルコトナシ。弥陀ノ本願ハ大悲深クマシ〳〵テ、是非ナク此人ヲ助給フナリ。サレバヲヨバヌマデモ、心ノ放逸ヲアラタメムト思ヒ、身ノ威儀ヲモトトノヘムトスル人ハ、マコトニ正見ノ善人ナレバホトケノ御心ニモカナヒ、祖師上人ノ御語ニモ准ズベシ。サレバトテ必止ト罪ヲトドメヨト云モ過タリ。地躰ガ凡夫ナル故、弥陀ノ本願ヲ頼ムモノハ、罪ヲオソルヽニ足ラズト云ハ邪見ナリ。法然上人モ罪ヲバ恐ルベシ、身ヲバ卑下スベカラズトノ玉ヘリ。此ワカレヲヨク思ヒ知ベシ。（同上）

と説き、「悪人正機ノ本願」であるけれども、殊更悪を行ぜよということではない。「諸悪莫作」こそ念仏行者の前提でなければならない。念仏さえとなえれば救ってやるぞという誓願は、凡夫にとって造罪という意識がなくても、自然のうちにおかしている罪は念仏の功徳によって消滅するということをいっているのだ。「罪ヲバ恐」れ、善根をつむように心がけなければならないと説いたのである。このようにして、教団の粛正に力をそそぐとともに、彼は身近な問題をとりあげては法談の座を設けて多くの人たちと語りあかし、また口語をもって信者たちの問いに答えた。『礼智阿上人消息』にのせられている法語は、このようにして累積されたものであった。例えば、

念仏ノ安心ト云ハ男女貴賤ノ隔ナク、我身ツミフカキ浅間シキ極重ノ悪人ナリト思ヒ取テ、カヽルヲモ助給ヘルホトケハ、阿弥陀如来バカリナリトシリテ、ナニノヤウモナク一筋ニ阿弥陀如来ノ御袖ニスガリツクオモヒヲナシテ、後生助給ヘ南無阿弥陀仏ト申セバ、ソノ阿弥陀如来ハ六十万億那由他恒河沙由旬ノ御身ヨリハ八万四千ノ光明ヲ放チ、ソノオホキ光明ノ中ニ我等凡夫ノ念仏スルモノヲオサメイレテ守護シタマフ。

といっているのも阿弥陀一仏にすがることによって往生が可能であることを、庶民層にまでひきおろして説いた法然の法語に比し、より庶民性があるように思われる。法談は知識を中心にしてすすめられた。知識は絶対者であったから入衆した人は、すべて知識に帰命して二心のないことを誓って念仏にはげんだ。念仏こそは一向衆にとっての生命であったから、「毎日二時の踊躍念仏、或ひは行道念仏、法のごとく勤む」べきことが要求され、反面親鸞の流れをくむ人たちのなかには「遁世ノカタチヲコトヽシ、異形ヲコノミ、裳無衣ヲ著シ、黒袈裟ヲモチヰ」（改邪鈔）たいわゆる一向衆の風儀をまねた人もあったらしい。康永三年（一三四四）十一月出されたといわれる「六ケ条禁制」の第五条に「何阿弥陀仏といふべからざるの事」を、第六条に「裳無衣・黒袈裟用ふべからざるの事」を挙げているのは、少なくとも一向衆ないし時宗の投影が真宗教団のなかにあったであろうことを示唆している。

礼智阿のあとをついだ良向は、嘉暦三年（一三二八）一向俊聖の忌辰にあたって『一向上人伝』五巻を編み、その年念仏堂のために寺領として箕浦荘二貫六七〇文を寄せられたという（蓮華寺文書）。越えて元弘のころより御家人層における惣領制の弛緩したことや、先進地方の名主のもとにいた農民の台頭したことなどによって、鎌倉幕府は次第に圧迫を加えられ、幕府は動揺して危機に頻した。この時に乗じて持明院統の皇位要求をしりぞけ、幕府を倒して朝権を回復しようとしたのが、大覚寺統の後醍醐天皇を中心とする勢力であった。かくて天皇方と幕府との争いは、京都を中心にすすめられ、護良親王が吉野により四方に令旨を出して武士を誘い、楠木正成が金剛山の千早城にたてこもって敵の大軍を一手にひきうけ死守したために、赤松則村をはじめ諸国の武士が漸次天皇方に属するようになって形勢が変わりつつあった。幕府方にしてみれば、天皇に敵対しなければならない。やむなく天皇に対するとしても、やはり自らの立場を有利に導くためには天皇を擁立しなければならないということで、後醍醐天皇を隠岐に移すとともに、新たに持明院統に属する光厳天皇を立てた。そして大義名分をたてて自らの勢力の挽回につとめたけれども、幕府をささえていく基盤を失った執権北条氏は、元弘三年五月俄に天皇方にくみした足利高氏が六波羅を打ち破り、上野国に挙兵した新田義貞が鎌倉を攻略したことによって滅亡した。ときに近江国番場の地を領していたのは、京極道誉であった。彼は常日ごろ北条高時の行動をよく思っていなかったので、足利高氏が鎌倉から上洛したとき、高氏はひそかに道誉にすすめて、京合戦の先陣をなすべきを番場で相談したという。かくて天皇方に走った高氏は六波羅を攻めたのであり、ときに南六波羅には北条時益、北六波羅には北条仲時がいて終日奮戦にこれつとめたけれども利あらず、戦に疲れ五月七日の夜半には時益や仲時らは光厳天皇および後伏見・花園両上皇、皇太子康仁親王を奉じて、公家とともに関東に落ちのび、追われゆく途次、時益は四条河原で流矢にあたってなくなり、仲時は佐々木氏の宗家である六角時信を頼って近江路に入った。「敗北し来る」の報に接した近江・美濃・伊勢国の武士たちは、亀山天皇の皇子で伊吹山の麓にあった太平護国寺に幽棲していた覚静法親王を奉じて、番場の嶺に陣をしいて迎え討とうとしていた。翌八日、六角氏の本城のあった観音寺城を出て番場にやってきたとき、今やおそしと待ちかねていた宮方の軍は街道を塞ぎ、それに六

梵　鐘　銘（滋賀県番場蓮華寺蔵）

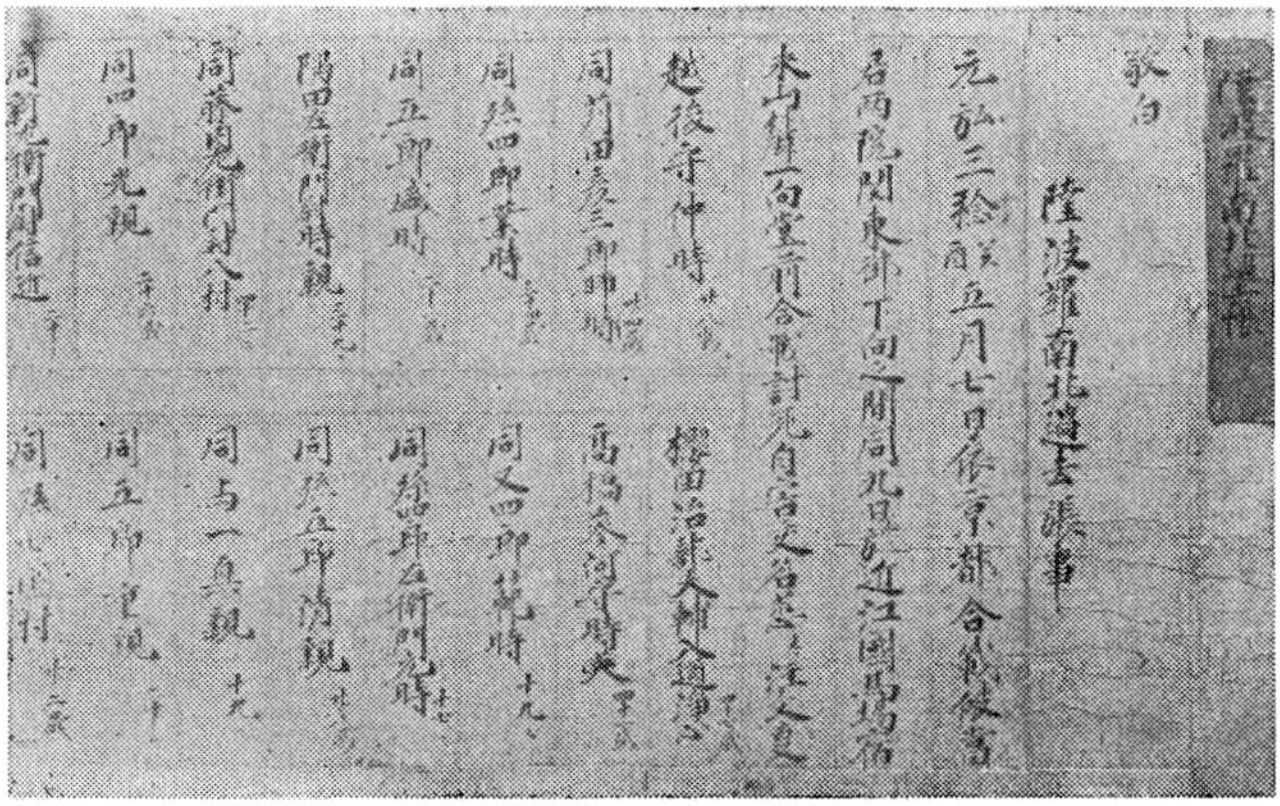

六波羅南北過去帳（同上蔵）

角氏の軍は、この戦いに参加しなかったため、大いに疲労をかさね、この上は死を決して敵にあたり血路を開くのほかなしということで、糟谷能隆はその先陣をうけたまわって進撃した。しかるに山下に錦旗を仰いだ北条氏はあえて進撃することなく、仲時また敗残疲労の寡兵をもって新来の群衆に敵することの無意味であることを察し、護衛し来たった新帝と両上皇に別れを告げ、九日に至り「近江国馬場宿米山麓一向堂前」において一族郎党ともどもに自刃し果てたという（太平記巻九）。一向堂は蓮華寺のことで、蓮華寺といわず一向堂といっていることからすれば当時はいまだ蓮華寺と称していなかったのかもしれない。ときに住僧良向は「惣じて当寺に於て討死」した「自害の人数肆伯三拾人」（四百三十）の霊をねんごろに弔うため「討死し自害した交名」を『過去帳』に記し、四八日間にわたり常行三昧の念仏を修行した。この間の経緯について良向は（六）『陸波羅南北過去帳』（原漢文）に

彼の亡魂幽霊、往生極楽証大菩提の為めに、四十八日間常行三昧の念仏を修行す。廻向の願文に曰く、風に聞く、生死の大海煩悩は尋池より流出し、菩提の高岳は涅槃の命門より涌出す。貪欲の船・嗔恚の風、檣《とう》を砕く。慈悲の驥《き》、忍辱の苑。嗚呼、爰に南北の両君加階を諍ひ、国位を恣にし、城都を傾け、諸州を痛《なやま》す。東関堅く閉じ、将帥悚懼《しょうく》し、軍士気を失ふ。然る間怨敵競ひ来り、彼の堂前に於て或ひは自害す。厥の尊霊を弔はんが為、四十八日、常行三昧に念仏を唱へ、頓証得悟の仏果を祈る。夫れ四十八日の功徳は、則ち弥陀如来像の誓願第一なり。

と記し、光厳新帝に供奉していた坊城大納言信実・日野大納言資名・中納言頼定らは良向を戒師として出家した（公卿補任）。志を同じくした人たちが自害したのを耳にした公家は無常を悟り、自らも彼らの菩提をとむらわん

として出家をとげるに至ったようである。

その後延慶二年（一三〇九）正月勅願所の綸旨を賜わり（蓮華寺文書）、延文二年（一三五七）良向の寂するにあたって用阿が法灯をつぎ、以来釈阿・相阿・琳阿・悟阿・聞阿・通阿・祐阿・慈阿・貞阿・生阿・無阿と次第相承したけれども（一向上人血脈譜）、そのころの教団の動向については記録が残されていないので明らかにすることはできない。しかし道場は各地に設けられていたようで、一向堂とか一向寺という名称の残されているものの中には、一向衆関係すなわち一向俊聖や、その流れをくむ人たちによって開創されたものと伝えられているものが少なくない。例えば鎌倉の前浜には一向堂があったといわれ（東大史料編纂所蔵、元弘三年六月十四日付、市村三石丸代後藤四郎信明の軍忠状）、その旧堂地から「南無阿弥陀仏　念阿弥陀仏逆修　正平七年壬辰極月三日」在銘の板碑が出土している。その他、美濃・下野・常陸などには一向寺が存在し、栃木県堀米の一向寺には康暦元年（一三七九）生阿弥陀仏在銘の板碑と来迎三尊を浮彫りにした板碑とがある。

また宇都宮の一向寺にも、年代はやや下るけれども応永十二年（一四〇五）四月二日在銘の銅造阿弥陀如来（坐像）が安置されており、その背面には結縁者二百七十余名の名が記されている。銘は左右襟から肩腕膝にかけて、ほとんど全面にわたり陰刻されていて、どこからどこに連絡をとっているかはっきりしていない。しかし、この像は、藤原満綱がパトロンとなって造立した「四十八躰内第二願」であったらしく、その発起者となったのは「一向寺当住忍阿」であり、彼は「一向上人　行蓮上人　行也上人」という法系につらなる人であった。忍阿にとって、この年は「師範（行也）十三年」の法忌にあたっていたから、追善の意味も多分に含まれていたであろう。そして造立の意図について、更に語をついで「高祖善導大師・良忍上人・源空上人乃至聖道浄土祖師等融通一結諸人往生極楽也」と述べ、また「願はくは融通を同じくする人、尽して極楽国に生じ仏に見《まみ》え了んぬ。生死仏の如く一切を度す」と記しているところをもってすれば、融通念仏と一向衆とのあいだには何らかのかかわりあいがあったであろうことが彷彿としてうかがえる。一向俊聖の念仏思想にしても信仰形態にしても、浄土教という範疇のなかから考えてみたとき、それが例え良忠の法系に属する人であっても、良忠の行状のなかから導きだすことはできない。とすれば突発的に発生したもの、考えだされたものとも思われるが、同時代の一遍智真の風儀と似ていることからすれば、両人が同じような発想のもとに信仰形態を考えだされたとは思われない。ということは、必ずやこれに先行する念仏が、一向俊聖の自覚によって昇華し、遊行の形態をとらしめるに至ったのではないかと推定されるのであり、その念仏は何かと反問したとき、一向の法灯の上に善導や法然（源空）と並んで大いなる位置をしめていると忍阿の語る「良忍上人」の融通念仏こそ、鎌倉時代の勧進聖の修した念仏の一つであったから、勧進聖を通して一向は融通念仏を受容したのではあるまいか。しかして、ここに名をつらねる人たちは、藤原満綱と主従の関係をもった在家農民であったと思われる。それにしても一道場に二百七十余名の結縁者がいたことは、全国的に見たときその数はおびただしく、あなどりがたい勢力をもっていたに違いない。

およそ一向衆の道場は近江から北陸を経て出羽にいたる地方に最も多く、それに次いでは下野国に分布していた。近江国には番場に蓮華寺があり、出羽国には天童に仏向寺、下野国には一向寺があって、それぞれの教団を組織していた。特に一向俊聖が晩年加賀・越前を遊行して近江に入り、礼智阿が番場にとどまって教化したため、近江国から北陸にかけ大いなる地盤を形成していた。このように勢力の伸張を企てていたとき、本願寺の覚如は応長元年（一三一一）越前国大町の如導のもとに下り、明徳元年（一三九〇）綽如は越中の井波に瑞泉寺を建立し、その遺志をついだ巧如も瑞泉寺にくだったが、特にその弟頓円鸞芸や周覚玄真が加越門徒の支持をうけて越前に下り、藤島超勝寺・荒川興行寺を建てて北陸の開教を志したことによって、本願寺の教線は北陸一帯にわたるものとなった。覚如が、なぜ北陸に目をつけたかといえば、「当時高田門徒の勢力が三河に伸びて京都から東海道へ通路を扼し、近畿や中国は仏光寺の教線によって殆んど占有されて」（宮崎円遵『蓮如上人の生涯』）いたから、新たに教田を開拓しようとすれば、残された地は北陸以外に存しなかったからである。それならば北陸は仏教に因縁のなかった土地かといえば、無縁の地ではなく、真宗にとっての未開拓地であったにすぎない。大町門徒が和讃を諷誦するとともに踊躍念仏を修していることは（愚暗記・愚暗記返礼）、時宗ないし一向衆の投影と思われ、文明三年（一四七一）には蓮如は北陸巡化の旅にのぼり「吉崎トイフコノ在所スグレテ、オモシロキアヒダ、年来虎狼ノスミナレシ、コノ山キヲヒキタイラゲテ」（御文）道場を建立したという。以来ここが各地門徒の参集の中心となったというが、短日月のあいだにさびれていた本願寺教団をたてなおし、教団をして発展せしめたという背景には、蓮如の努力は述べるまでもないにしても、遊行を捨てて独住し、法談の座を忘れて、道場を中心に来たり集うものには教化するが、出でて法座を設けることをおこたり、また元弘の変を契機に、次第に貴紳の間に出入することになったため、民衆は自らの側にたっていた一向衆から遠ざかり、常に積極的に教化し働きかけてくれる真宗教団に救いの手を求めていったことに原因があったろう。そのため真宗教団に流入していった一向衆徒は、彼等によって修されていた風儀を、前時代的なものとしてかなぐりすてることなしに、そのあるものは真宗教団に入ってからでも修していたようである。それがまた教団を興隆せしむるには得策であったはずである。恐らく当初は新教団の側にとっても、教団の伸張さえできればということで黙認していたのではあるまいか。「北国方ノヒトノ安心ノトホリモシドケナキ」(同上)状態を蓮如がなげき安心の純化をこころざしているのも、このような伸張策をとった結果生じた安心と風儀の混乱であった。これというのも一向衆徒にとっては、自らの救済が主であったから、蓮如を一向俊聖の再来とすら考え、一向俊聖の法系をうけつぐ人と思っていたのではあるまいか。したがって自らの教団を前々どうりに「一向衆」と呼び、他教団に属する人たちも真宗教団に流入したのちであっても、彼等を一向衆徒と認めていたらしい。「当流(真宗)のなかに、われとなのりて一向宗といふ」(帖外御文一六)人のあったのも、自然のなりゆきであった。しかし、蓮如によって教団の再編成が行われ、安心の純化がおわれば、もはや真宗教団に属する人としての体制がととのわなくてはならない。一たび体制の再編成が終末を告げたとき、一向衆としての要素は除かれ、一向衆と名のることは許されなかった。蓮如が口をすっぱくして、「夫《それ》当宗を一向宗とわが宗よりも、また他宗よりも、その名を一向宗といへること、さらにこころゑがたき次第なり。(中略)当流のなかにわれとなのりて、一向宗といふことはおほきなるあやまりなり」(同上、文明五年九月下旬)といい、「夫当流をみな世間に流布して一向宗と号すること、さらに本宗においてその沙汰なし」(同上七、文明五年九月下旬)と述べているのも、一向衆から絶縁したいという気持を充分もちあわせていたからに外ならない。しかも絶縁したいという気持のなかには、かつて大谷廟堂の唯善も嘉元二年(一三〇四)十二月付の消息で高田の顕智に「一向衆とする成群の輩、諸国を横行するの由、その聞えあり、禁制せらるべしと云云」（専修寺文書）といっており、覚如も元亨元年（一三二一）二月「一向衆と号し、諸国を横行する放埒の輩」（本願寺文書）と、浄土真宗と一向宗とを混同してもらっては不甲斐なことであると、本所妙快院を経て鎌倉幕府に愁状をおくっている。ここでいう一向衆は、少なくとも諸国を横行（遊行）する性格をもち、放埒すなわち反社会的行動をあえてする人たちが多分に流入していた集団であったようであるから、覚如にしても唯善にしても一向衆にかかわりあいたくはないし、蓮如とて同様な考えであったにちがいない。この一向衆徒が反社会的行動をとることは社会のみだれを増大することにもなり、またそれが増大したとき、反社会行為として武力的弾圧が加えられることにもなるだろう。蓮如としては、北陸地方への進出を企て、吉崎道場を中心として、さびれていた本願寺教団をたてなおし、教団をして順調な発展の軌道にのせようとしていた時であったから、反社会的分子と妥協することは順調な発展をはばむことになることを充分に承知していたに違いない。今や武力弾圧の危機は、一向衆の頭上にせまりつつあった。そこで蓮如としては、浄土真宗も一向衆と呼ばれているからということで、弾圧を加えられてはたまらないと考え、一向衆とは我方のことをいうのではない、時衆方の名であって、近江国番場の道場を本寺とする一向の流れを指して一向衆というのである、反社会的分子を包含している一向衆と本願寺教団とは無関係であることを主張したのであろう。そして蓮如は、ことあるごとに「あまさえ、当流之輩も我と一向宗となのる也。夫一向宗と云は、時衆方の名なり、一遍・一向是也。其源とは江州ばんばの道場、是則《これすなわち》一向宗なり、此名をへつらひて如此《かくのごとく》云二一向宗一歟。是言語道断之次第也」（帖外御文六七）と、「当流之輩」のみならず、「諸宗之方より」も一向宗だ一向宗だといっているけれども、一向宗というのは本当は「江州ばんばの道場」を本寺とする一向俊聖の流れである、「既に開山聖人(親鸞)の定めましますところの、当流の名は浄土真宗」(同上)であって一向宗ではないと繰りかえしていっているにもかかわらず、依然として「一向衆」と名乗る人も多かった。ということは、絶縁したいという気持をもちあわせながらも、真宗が一向衆徒をあまりにも多くかかえこんでいたために、自他ともに一向宗としての意識をぬけることができなかったからであろう。そのため遂に蓮如自身も、力を失った一向衆に気兼ねする要を認めなくなったとき、彼は「一向宗」に正当な理由を付与して、「あながちに我流を一向宗となのることは、別して祖師もさだめられず、おほよそ阿弥陀仏を一向にたのむによりて、人のまふしなすゆへなり。しかりといへども、経に一向専念無量寿仏を念ぜよといへるこゝろなるときは、一向宗とまふしたるも仔細なし」(同上七九)と、真宗は「一向に無量寿仏を念」ずるのであるから、一向宗と申しても差支えないとすらいっている。

このようにして一向衆は次第に零落して、浄土真宗の教団になびいていったのであるが、蓮華寺がかつて多くの門徒をかかえていたにもかかわらず頽廃した理由について、文明二年(一四七〇)二月山名宗全と細川勝元等の確執があったとき、本寺蓮華寺をはじめ多くの寺々が兵火にかかって灰燼に帰し、これが原因をなして衆徒は離散し、末寺の改宗するものも少なくなかったとしている(滋賀県坂田郡志)。ここにも一因はあろうけれども、本寺の灰燼が末寺をして改宗にはしらせた理由とはならないから、真宗教団の一向衆に対する席巻こそ、零落を招いた原因であったろう。これより先、文保元年(一三一七)九月三日、伏見上皇が亡くなったとき、一向上人は召されて御葬礼のことに関与し、御陵を山城国紀伊郡深草村に定むべきを奉答したことを、『伏見上皇御中陰記』に「日有二御葬礼事一。山作所深草也。一向上人沙汰云々。御花葬」と記されている。これは一向衆が貴紳の間に接近したことを示す一資料となるものであり、ここにいう「一向上人」はおそらく二祖をついだ礼智阿であろう。しかも、応永のころの記録にすら「一向俊紹僧都」の名が見えるところよりすれば（満済准后日記）、「一向」はあたかも時宗における他阿弥陀仏と同様、知識にあたえられた名であったかもしれない。

註

（1）『時衆過去帳』に最初記入した筆者について、赤松俊秀氏は「一遍のあとに時宗教団を主宰した他阿真教がこれを書き始めたものとして、恐らく誤りはない」（「藤沢市清浄光寺の時衆過去帳」史林三五の四）として真教の自筆と認め、これを書きはじめた時期について、石田善人氏は僧衆では弘安八年七月二十一日往生の覚阿弥陀仏まで、尼衆では同年七月八日の音一房までが墨色が同一で一筆であり、僧衆では同年十月二日の持阿弥陀仏、尼衆では同年九月五日の二一房から墨色が異なっているので、弘安八年七月二十二日から九月五日までの間としている（「時衆教団の成立」史林五一の一）。しかも、この『過去帳』は真教から智得に、智得から呑海に譲られた。

（2）光連は正慶元年浄智寺鐘、暦応三年霊山寺（日向薬師）鐘、観応十年鎌倉補陀落寺鐘、文和四年江島寺鐘、翌延文元年清浄光寺鐘を鋳造した鋳工で、相模国に足跡をのこした物部氏には光連のほか重光（大和権守）・季重・国光（大和権守）・依光（山城権守）・守光・道光（山城権守）・信光（同）・国盛（大和権守）・宗光（山城権守）がおり、百数十年にわたり鎌倉鋳造師の棟梁として活躍したという（『鎌倉市史』考古編「鎌倉の古鐘」）参照。

（3）寺沼琢明「清浄光寺本堂尊氏寄進攷」（業二）。

（4）禅秀の乱のおり、上杉氏定は深手を負いながらも藤沢道場に来て自害し（鎌倉大草紙）、上杉憲実は永享の乱で足利持氏を死なせた罪を悔い、乱後管領職を弟清方にゆずり、自ら永享十一年（一四三九）藤沢道場に入って遁世し、文安四年（一四四七）二月十八日には禅秀の兄憲春の遺骨を藤沢山に埋葬している（時衆過去帳）。

（5）清浄光寺蔵『時衆過去帳』（尼衆）の二六代南要の下に「遊行十五代為二藤沢清浄光寺造営一被レ記二過去帳一人数、一万千三百四十二人」

とある。

(6) 石田善人「時衆教団の成立」(史林五一の一、一八頁)。

(7) 兵庫県竹野興長寺蔵。年時未詳十一月二十八日付の興長寺惣衆宛文書で、文中「当寺住持職事、御遊行より相阿弥陀仏ニ被ニ仰付一候」と記されている。

(8) 善福寺文書、住持職任命状には「道場善福寺住持職之事、御遊行より大一庵江被ニ仰付一候、其許別而可レ被レ副レ心之由候、自然為ニ寺僧一従ニ住持一之儀、令ニ違背一、或誘ニ館家一、或憑ニ俗縁一於有ニ存分一仁者不レ及ニ理非一、堅可レ被レ申ニ付之一候、次従ニ前々規式一、猶以不レ可レ有ニ相違一之旨候」(年時未詳　卯月十八日付)とある。

(9) 七条道場旧蔵(長楽寺現蔵)文書、中聖智得書状。

(10) 『南部系図』に「正慶二年五月廿二日於ニ鎌倉一切腹。与ニ平高時一合レ志。故義貞攻ニ鎌倉一如レ斯菩提所藤沢清浄光寺。牌名正阿弥陀仏」とあり、寺伝によれば茂時の家臣佐藤彦五郎らは茂時の遺骸を藤沢道場にかつぎ入れ、遊行上人の引導を請い法名を正阿弥陀仏と授与された。墓は茂時のあとを追い追腹をとげた六人の従者のものと共に、後山に現存している。

(11) 『常楽記』明徳四年癸酉三月十六日の条に「七条河原口道場、四間坊主大一房往生、密蔵院法師姉也」とある。

(12) 『晴富宿禰記』文明十年二月十九日の条に「室町殿今日時正満散、七条道場躍御聴聞、准后義政公御車　将軍御方義尚卿御馬也　上様室町殿御同車　其外出車一両以上車二両　輿数丁、御比丘達御輿同昇連也」と見えている。

(13) 『後鑑』一六三。

(14) 『満済准后日記』永享二年八月二十九日の条に「室町殿(足利義教)御歌御会今日也。公方様七条道場へ渡御云々」とある。

(15) 『満済准后日記』の同日条に「将軍渡ニ御壇所一御雑談、及ニ数刻一了。因幡堂縁起絵三巻・一遍上人絵十二巻、自レ前可レ令ニ一見一由、被ニ仰出一了。銘今度被レ染ニ御筆一云々」と見え、二十二日の条に「自ニ申初一天晴、因幡堂絵并一遍上人絵返上了。立阿渡云々、使者作阿」と見えている。

(16) 寮の名は『時衆過去帳』僧衆の遊行十五代尊恵の条下に「陵阿弥陀仏　迎寮」とあるのが初見で、遊行一寮・藤沢六寮・藤六寮・六寮の名が見え、一七代暉幽の条下には「見阿弥陀仏　客軒」「底阿弥陀仏　藤沢信光寮」とある。

(17) 佐脇栄智「後北条氏棟別銭考」(仏教史研究四の一六八頁)参照。

(18) 杉山博「藤沢の大鋸引」(日本歴史二七〇の六頁以下) 参照。
(19) 藤沢市大鋸森万佐子氏所蔵文書の北条氏虎印判状（弘治元年十二月二十三日付）に「伝馬を致し候裏屋敷六間、年貢壱貫弐百文、当年より返し下され候」とある。
(20) 橘俊道「藤沢古跡の再興」(『藤嶺春秋』所収) 参照。
(21) 武田信玄は永禄十二年（一五六九）小田原に遠征したが、このとき小田原の支城御幣砦は陥落した。御幣砦は清浄光寺の近くに位置している。
(22) 藤沢市大鋸森万佐子氏所蔵文書、飯沼城主北条氏繁印判状（『藤沢市史』一の六八一頁）参照。
(23) 藤沢市藤沢堀内国夫氏所蔵文書、他阿弥陀仏書状（『藤沢市史』一の六四四頁）参照。
(24) 水戸彰考館蔵『各派別本末書上覚』(『時衆史料』第二、『時宗末寺帳』所収)。
(25) 『師守記』康永四年三月五日条に「六条烏丸正阿弥陀仏弟子尼四人、参加二人、被レ修二一夜別時念仏一。自二日没一始レ之及二晨朝一、礼讃了、帰寺人別布施百文宛也」とある。
(26) 『蔭涼軒日録』永享九年九月六日条。
(27) 『後法興院記』文明十九年六月十六日条に「宣光令見一遍上人絵十二巻」とある。
(28) 歓喜光寺蔵の宣旨に「天下安全御祈事、殊可レ被レ抽二丹誠一之旨、天気祈候也、仍執達如レ件、宝徳三年五月六日　右中将（花押）彌阿上人御房」と見えている。
(29) 「道栄幷慶性夫婦寿像賛」(『補庵京華外集』下所収) によれば、延徳三年のころ四条烏丸にいた絹布商人小宮山春岩（道栄）は妻慶性と共に「同以二浄土一為レ業、六条道場一派也、先是於二大津保一建立二道場一、安二弥陀像一」と述べているように、六条道場に関与していたらしい。
(30) 愛知県熱田円福寺蔵「百韻連歌懐紙」。
(31) 熱田大宮司千秋家蔵の季吉の短冊の裏書に「奉籠一万句発句　文明十六年甲辰七月七日　円福寺十三代其阿」とある。
(32) 『師守記』暦応三年二月五日条に「四条浄阿弥陀仏御堂立柱」とあって、堂宇の建立を記録している。
(33) 『看聞御記』応永三十一年八月十日条に「今夜丑時四条道場炎上」とある。

(34)『看聞御記』応永三十一年八月十一日条。

(35)『満済准后日記』応永三十一年八月十日条。

(36)『満済准后日記』永享二年六月十一日条に「室町殿、今朝四条道場へ渡御。聖人御発句事所望申入云々、仍被遊之。さく花のさかり久しき蓮哉。脇聖人云々」とある。

(37)『蔭涼軒日録』寛正四年八月十二日条には「前日等持院御荼毘以後、結縁諷誦之時、四条与二七条一両道場有二前後之争一。故所司代京極方使三伊勢守問二訊于愚一。答曰宗門渡諷経、元来以二参着次第一勤之由、仍四条以二先次第一勤レ之云々。余宗亦同然云々」と見えている。

(38)『親俊日記』天文七年二月十六日条。

(39)『翰林胡盧集』巻十一所収「綉谷庵文阿弥肖像賛」。

(40)金井清光「時衆十二派について」(時衆研究二九の三七頁以下)参照。

(41)永島福太郎「伊勢参宮発達の基盤」(国学院雑誌五五の四)参照。

(42)『祇園執行日記』応安四年八月十九日および同年九月六日条。

(43)『山城名勝志』所引「見聞随身抄」。

(44)『謡曲熊野』に「寺は桂の橋柱」とあるのが、それにあたる。

(45)『山槐記』治承三年四月二十七日条。

(46)高木豊「院政期における別所の成立と活動」(『封建・近代における鎌倉仏教の展開』四七頁、註94参照)。

(47)『祇園執行日記』応安四年七月二十八日条。

(48)拙稿「京都東山双林寺旧蔵国阿上人像について」(日本仏教二七の一四頁)以下参照。

(49)同上一七頁。永徳三年九月、国阿は近江から入洛し、清水寺に参詣したのち霊山寺に詣でた。霊山寺には本堂である華厳院をはじめ、法華常行堂・往生院・毘沙門堂などの堂塔が建ち並んでいたが、その塔頭の一つに常楽院があり、ここの住持光英僧都は、かつて国阿が書写山の源栄阿闍梨のもとで学修していたころの知己であった。時に光英は、殊のほかこの相遇を喜ばれ懐旧の念やまず、しかも「三諦止観の法門向上なりといへども、濁世末代の機に相応せず、上下万民ともに往生浄土の行は念仏にしくはなし。仏法は群生を度せむがためなり、国阿に寺をゆづり念仏三昧の寺となせ」という天照大神の託宣を夢中にこうむるに至り、王城(京都)の地に住してほしいと強請し、霊山寺を国阿にわたし、光英自らは双林寺の無量光院に住することになった。すなわち天台の寺であった霊山は時衆となったが、霊山寺の本尊は釈迦であったため、新たに阿弥陀堂を建立した。しかるに至徳元年十月十八日、双林寺の住持願行房は国阿を招き、「我齢かたむき、既入滅に及の間、天台の宗門末法不相応なるゆへ、寺次第に衰微し侍る。当寺を国阿上人にゆづりまゐらする間、念仏の道場となし給へ」といい、願行房は宝寿庵に移り往生の素懐を遂げ、光英また無量寿院を国阿に附属して安養寺に移り、双林寺には持阿弥陀仏、無量寿院には遊阿弥陀仏を止住せしめたという（国阿上人伝）。

（50）　例えば新潟県高田称念寺・京都一条迎接寺に一鎮、広島県尾道西郷寺に託何、宮城県仙台真福寺には安国の木像が安置されており、画像も多い。福井県丸岡称念寺には真教の画像（重要文化財）があり、絹本着色、鎌倉期のものと推定されている。像の右上に「南無阿弥陀仏」とあり、画像の中央上部には「おいらくのあとをむなしとゆふつくひ　山のはちかくかげぞかたぶく」の和歌が金字で書かれている。真教は上畳——縁《ふち》には秋草の模様がある——に立ち白衣の上に衣を着し、さらにその上に衾《ふすま》をおおっている。しかも画像のまわりに截金《きりがね》をおしているのは、本尊として安置されていたことを示している。拙稿「新重文指定『他阿真教画像』について」（時衆研究五四）参照。

（51）　『蔭凉軒日録』延徳三年八月二十八日条。

（52）　『正法眼蔵』巻上。

（53）　三山進「鎌倉地方の肖像画について」（『鎌倉国宝館図録』四）。

遊行八世上人回国記

（宮内庁書陵部蔵）

文和三年九月十八日、相州藤沢山ニシテ六祖ヨリ授記、御名字相続シ算ヲ賦リ給。廿日藤沢ヲ御立有テ、平塚宿ニ着給、後日ニゾ有阿弥陀仏ノ御名字ヲ奉送給ケル。国府津道場ヘ奉入テ、久阿イツシカ御旅ヘル御道ヲナグサメ申ケレバ、被遊ケル。

生ニワカレアルニモソハテ　二度ノ齢ヲ一身ニゾカサヌル

廿五日ハ先師ノ法楽シ給ヘル日ナリトテ、瓦道与阿発句ヲスヽメ申ケレバ、

月出テ源ヌル夜トハシラレケリ

十月半ニゾ、京ニトヾメヲキ給シ、遊行ノ惣衆御道具ヲ捧テ沼津宿ヘゾ参リケル。是ヨリ佐野ト云所ニカヽリテ甲州ヘ入給ケリ。四条浄阿御道ノ畔ニテ参拝、心ニマカセザルヨシ、状ヲ捧タリケル御返事ノハシガキニ被授ケル。

忘レメヤ都ノナコソ海山ヲ　ヘダツル道ハ遠クナルトモ

御坂ヲ越サセ給テ、黒駒・一条・逸見道場等ニ移ラセ給ツヽ御逗留アリケル程ニ、歳末ノ別時ヲ思ハザル。越後国府ヨリ所定申タリケレバ、野道山ヲヘテ信州ヘ入給。伴野ハ初祖御遊行ノ時旧好アル所ニテ次々ニ道場ヲ建立シ、信心甚シキ人々ナリキ。遠州・羽州奉様語ケレバ、此道場ニテハ御百ケ日ノ別時ヲバ被勤修ケル。

諸願ノ日札衆等、卒塔婆ヲ一本造立シテ惣礼ヲト申ケレバ、御十念シ給ニゾ。別モイマダ無ケレバ御回願モ只々ノヤウニ覧給テ御儀ニムセビ給テ、

余波トテ諸トフ百ノ日数サヘ　又ワカレヌル今日ニモ有カナ

古惣堂トカヤ云テ、西ノ山本ニ古寺アリケリ。コレハ初祖来国給ヒシ時、伴野ノ某シ金磬ヲミガキ鋳サセテ奉リケレバ、初テ踊躍歓喜ノ行儀ヲアラハシ給シ所ナリ。代々当寺参詣シカナリト、客僚等ス丶メ（已下落帳（ママ）、惜哉）約ナレバ苦海沈淪ナニノ罪カアルベキ。サレドモ彼国ノ化導無縁ナル斗ヲ思フ。願クハ我渡海ヲ諫念シ給ヘトテ御十念シ給シカバ、惣ニ悪風声ヤミテ風浪音シヅマリシ程ニ、三崎ト申浦ヨリ故実ノ船ヲサ等数艘ニトリ乗テ、御迎ニ参ツ丶乗移テ御舟ヲ仕ル。十三日ノ夜半ニゾ、カノ浦ニハ着給ケル。昔智証大師密印ニ住シテ流艳国ノ難ヲノガレ、逆風ヲヤメ給シハ上古也。末世ニモカヽル法験ハアリケリト不思議ニゾ覚シ。三崎ニハ越州応称寺ノ時衆ヲ遣シヲキテ、草堂一宇アリケリ。コノ願主能阿源信ニシテ、当国ノ御利益ヲ悦ツ丶奉留程ニ、十日バカリ御休息有テ府中ニウツリ給ヒヌ。コ丶ニハフルマヤ（古厩）ノ僧阿ガヨニ久シケル所ナリケルヲ、御道場トシテ一夏ヲ送リ給程ニ、本間ノ佐渡ト云ケルハ国ノカミナリケリ。此一族コゾテ帰伏渇仰シ奉ル程ニ、貴賤群集シテ国中ノ御利益ノコル人ナカリキ。泉ト云所ハ順徳院ノ御陵アリ。十苦ヲ捨テ丶思ハザル遠嶋ニウツラセ給ヌレド、クチセヌ御名残リナリケレバ、御十念シ給テ、

クチハテヌ其名ハ今モコケノ下ニ　君モ昔ヲサゾナカナシム

府中橋本ノ道場ト云ヘルハ応声寺ノ末流ナリ。当寺ニ永阿ト云ケル時衆アリケリ。廿余年ノ古事ニヤ。此永阿惣縁ノ僮ニテ下女ナリケルヲ、丶カシキコノ事ツ丶ムトスレド、ナニトナク人ノ口遊ニモナリ侍ケル程ニ、檀方ニ能阿ト申ケル仁、信心異他ケルガ時衆ノ破戒ヲ

無念ニ思テ、此事只下女ニ娘アリトテ忽ニ気ヲ失フ。既ニ破戒スルノミニアラズ、我タメニ殺害ノ罪アリケレバ、余リニ心ウク覚テ本寺ニ帰テ、此趣ヲ廻心シケレドモ大罪重量セリトテ、更ニ不免、ヤガテ追放ス。親類ホトリニツケテ有ケレバ、タチヤスラハン事モ、サスガニハヂ思ケルニヤ。足ヘニ任テマドヒ出タリケル程ニ、路頭ニシテ、ツキニ死門ニ入ヌ。カクテ廿余年ヲスル程ニ、昔年ニテヲノヅカラ思出ル人モナカリケルニ、或時彼能阿ガ孫女、俄ニナヤム事侍ケリ。ヤガテアラヌ気色ニナリカハリツヽ、我ハコレ永阿ト云シ時衆也。破戒ノツミニ地獄ニ堕タリ。ヲカストコロノ下女能阿ニコロサレヌ。同ク悪道ニ堕ヌ。仍能阿恨深シ。生々世々ヲカサズトモ難忘物ヲヤ。汝ガ寵愛スル孫女ナレバ、ムクヒシラセントテ来シトノヽシリクルフ程ニ、能阿不思議ノ事ニ思テ、且ハ改悔シ、且ハ噫霊ヲコシラヘナダメテ、此恨ヲ忘レ給ヘ。二霊ノタメニ供仏施僧シテ、種々善根ヲ植テ開散蓮(已下落帳《(ママ)》)

藤沢ノ僧尼多ク参リタリケル中ニ、随喜交仕ノ時衆、御前ニナミキタリケレバ、御在世只今ノ様ニ思ヒ出テ、

ナキ人ノ面影ツレテ今コヽニ　クル人ハミナ涙トゾナル

二月七日三条ヲ御立有テ、新潟ヨリ国上寺ヘ移リ給。寺泊ヘゾ将軍家ノ御書ハ参リタリシ、コレハ早ク清浄光院御入院アルベキヨシ也。芳賀讃州国ノ守ノ代ナリケルガ、府中ヘ奉招請。其処勢コト〴〵シクゾ見ヘシ。三条ヨリ府中マデ御トマリ〳〵ニ代官ヲ遣シヲキテ、種々ノ談説ヲ結構ス。廿九日応称寺ニ著給。翌日ニ又鎌倉殿ノ御書出来セリ、文案大樹ノ御書ニ同ジ。三月二日都鄙ノ御返事ヲ被進。彼讃州所宣申ケル程ニ、百ケ日ノ御別時ヲ引上ラレテ、四日ヨリ被始行。廿一日七条ノ界阿弥陀仏ヲ改テ有阿弥陀仏ト被号。廿二日御名字相続御授記。晨朝以後進発。

遊行八代巡国の記　（新潟県佐渡大願寺蔵）

□□□□□□□院文和三甲午九月十八日、九州□□□□□□年極月中旬まで越後国応声□□□□□□四年正月朔日別時結願の御詠、

□□□□須もこゆるぎの　五十へだてゝ春やたつらん

佐渡国は代々の御済度にもゝれて、奥佐渡杯いへる処は、更に□□□すむ□□神にぞ。さて御当国得生乃もの出離無縁なる□□□。三月上旬に直居能津より御船数十艘にわかち乗て出船、□□は暴風吹来て、御船あやうかりける処、御十念したまひしかば、悪風声やみて悉く波しづまりし程に、三崎と申浦より故実の船長等数艘にとり乗りて、御迎に参りつゝ乗移りて船を仕る。十三日の夜半にぞ、かの浦にはつきたまひける。三崎には、越州応声寺の時衆をつかはしおきて草堂一宇有ける。願主能阿源信にして、当国の御利益をよろこびつゝ留め奉る程に、十日ばかり御休息ありて府中へ移りたまふ。本間佐渡といひける国の守なりける、此一族こぞりて帰伏渇仰し奉るほどに、貴賤群衆して国中の御利益残る人なかりき。泉といへる処は順徳院の御陵也。十苦を捨て、おもはざる遠嶋に移らせたまひぬれど、朽せぬ御名残りければ、御十念したまひて、

くちはてぬその名は今も苔の下に　君もむかしをさぞなかなしむ

府中橋本の道場といへるは応声寺の末流也。五月五日は恒例の祭払の日にて御念有ければ、好士等かさねて出領して一読をすゝめ申ければ、

出家ほとゝぎす

ほとゝぎす誰にしきけど人すまぬ　深山かくれに独りなくらん

海辺梅雨

しほやかぬ海士も栖かもふりにけり　煙絶えたる五月雨のころ

釈　教

ときおきしよろづの法の中になほ　弥陀の誓ぞ世には超えたる

七月廿九日府中を御立有て、三河と云処江御よらせたまふ。本間一族皆御供して御余波をゝしみ奉る。国中の御利益残る人なかりければ、又渡海のために三崎へ移りたまふ程に、先度御船の煩有ければ、いかにもとて国の守を始として、われも〳〵と御船を参らせ、故実の船人を集めて渡し奉り、其夜の亥の刻にやす〳〵と越前(ママ)柏崎へつき給ひけり。

両道場にてぞ七代の御一周忌の別時をば勤行せられける時、しりがほに打しぐれてものがなしき夕也ければ、

跡をとふ時しも雨ぞふり来ぬる　とてもぬるべきそでなればとや

遊行縁起

（神奈川県立博物館蔵）

六十三代祖他阿上人者、鹿苑院殿准后御信仰あつく、京都に御抑留十二年、公家・武家・地下残所なく、洛中帰伏、門前市をなし、利益さかむなる事、三県の道俗の道綽の化に随しがごとく、長安城の人民善導の教に帰せしに似たり。其後あまりに在京も長々しとて、公方へも伺申されず、忍て江州守山まで遊行に赴給処に、公方より勘解由小路殿・畠山殿両人の方へ仰出されて御留あり。其時の上様の御書に云く、遊行事不可然之由、故御所御時被仰出候。仍今度又其分以勘解由小路今申候処、已御出候由承候、如何様事候哉。急々可有御帰候。委細猶々自勘解由小路方可申候也。十月廿一日御判七条上人へ云々。其外洛中諸大名皆々以飛脚留申さる。是によりて又帰洛有て、十余年の春秋を送給へり。其後藤沢へ下向ありては、関東の利

益京都にもをとらず、鎌倉殿御信仰ありて御弟子に成日、十念御申あり。代々の御中に始て、此上人の利益前々に超過せり。其後勘解由小路殿武清、或夜藤沢・遊行の両尊を夢に見申されて、先藤沢の十念を手を合て御所望あり。遊行の方へ色代あり、遊行も又色代あり、両尊の中に金色の阿弥陀現し給ふと御覧して、両上人の日十念を申さる。此事かくれなし。又関東の諸大名の信仰前々に超過せり。或人問奉て云く念仏に三心と云事候なるは、如何様の事にて候やらん。上人答給く三心者一者至誠心、善導は至者真実者実なりと釈し給へり。又は外には賢善精進の相を現じ、内には虚仮を懐く事を得ざれといへり。内外真実なるを至誠心といふなり。若虚仮心をもて、身心を苦励して、昼夜十二時に急走急作して頭燃を灸がごとくするとも、雑毒の善と名て、虚仮の行といふなり。此虚仮の事当宗のみならず、余宗にも誠なり。終南山の道宣律師云、賢聖の密行は外は愚にして、内は智なり。凡夫の誑癡は外は智にして、内は愚なり。未有戒定を戒定の相を示す。無刀大賊、劫盗より罪ありといへり。又天台云、能修四安楽行一生得入六根、極大逆者不出三生、若為名聞利養即異勘不得といへり。是今の心とおなじ。此至誠心に十重の獣欣あり。自利真実あり、利他真実あり。広釈なる故に是を略する也。二者深心、善導は深心者深信なりと釈し給。又は此心深信由若金剛不為一切異見異学別解別行人等之所動乱破壊といへり。又此深信に二種あり。一者機を信ずる心、謂決定深信自身現是罪悪生死凡夫曠劫已来常没常流転無有出離之縁といへり。二には法を信ずる心、謂決定深信彼阿弥陀仏四十八願摂受衆生無疑無慮乗彼願力定得往生といへり。法を信ずる事は、いづれの宗にもあり。機を信ずる事は此宗にかぎれるものなり。是則無有出離之縁の機をば、弥陀の本願、ひとり救給といふ事を知しめむがためなり。此機を信ずるに付て、四重の破人あり、一には異学異見の凡夫来て、此弥陀の名号を唱て、極楽に往生すといふ事、虚言にてあるぞと、いかに申ともゆめ〳〵疑をなすべからずとなり。二には声聞・縁覚の二乗聖者来て申とも用べからず。三には菩薩来て妨るとも承引すべからず。四には報仏・化仏来て云とも、猶弥信心を増長すべし。是誠の仏・菩薩ならば妨る事更有べからず。仏法には此信心をもて本とせり。故に花厳経には仏法如大海信為能入といへり。選択集には生死の家には疑をもて所正とし、涅槃の城には信をもて能入すといへり。此信心の余の心よりも勝たり。よく〳〵信心をいたすべし。三者廻向発願心、廻向と発願との二なり。廻向と者善導は廻所修業向所求処と釈し給へり。修する所の行業をもて、浄土にむかふる義なり。発願といふは直に願ふ心なり。浄影の釈には直爾趣求説之為願挟善趣求説為廻向といへり。此廻向心大切の心なり。車と牛飼とにたとへたり。車に荷を積てをきたれども、牛飼何方へもやらされば徒車立り。是を行躰をはなしてもちたれども、廻向せざれば往生の行に成ざるに譬なり。此廻向によりて往生の行となれり。又此廻向に二あり。一には還相廻向、極楽に往生して後、此娑婆世界に還来て、有縁の衆生を引導、無縁の群類を度せんと廻向するなり。故に散善義云、又言廻向者生彼国已還起大悲廻入生死教化衆生者名廻向也といへり。礼讃には具此三心如生彼国若少一心即不得生といへり。此三心に竪の三心あり、横の三心あり。竪の三心と者、今沙汰したる三心の功能也。此功能を念仏申さむ時思はむはかなふべからず。横の三心と者一心に正直なるは至誠心、深く信じて疑なきは深心、極楽に往生せんと思ふは廻向発願心也。是横三心なり、又は一心とも云也。

八幡御詠

極楽へまいらむとおもふこゝろにて　南無阿弥陀仏

といふぞ三心

とあり。是は或人三心の事を祈請申せしに、かやうに御詫宣《(ママ)》あり。是経文と善導の釈とに、すこしもたがはず。又此三心の下に二河白道の譬あり。極楽往生の衆生に三の機を能々知しめむ為なり。道綽の着脱の譬、慈恩の娜嬢の譬、皆いとおなじ事也。

　しる人もしらぬ我等が身になして　やすきをしへの
　弥陀たのめたて

又藤沢下向の時、七条住持へ

　たちいでゝいつか帰らん我身には　もとのみやこを
　たのむばかりぞ

七条住持返事

　立いでゝしたふをしへの道ならば　もとのみやこに
　いかでとまらむ

応永八年辛巳正月十四日於相州藤沢山清浄光寺賦算五十二、遊行十二年、独住六年、応永廿四年丁酉四月十日於清浄光寺入滅六十八

六十四代祖他阿上人者、若年の時より内典・外典に日をかけ、手習を稽古有しかば、寮坊主左様の稽古などは、時衆せぬ事と制せられたれども、猶其にもこりず手跡を好で、後には右筆を承給へり。卅八にして、応永十九年三月廿六日の夜化導相続、同廿七日於金光寺賦算給へり。同日やがて江州大津道場に一夜逗留、さて在々処々の利益おびたゞし。天然応供の徳を備へ、見者無猒足の益を施す。誠に冥慮に預り、護念によらずば、争か如是の徳あらんやとぞ申あひける。其後越前国へ移給。中一年利益して加州潮津道場にして、応永廿一年三月五日より七日七夜の別時あり。中日にあたりて、白髪なるもの来て算をとる、世のつねの人ともおぼえぬものかなと思はれけれども、諸人群集の砌なれば、まぎれて見えざりけり。翌日に篠原の地下より斎藤別当より遊行へ参て、算を給たれと風聞せり。是則天に口なし、人を以てさへづるといふ謂歟。同十日地下より申様は、斎藤別当の為に卒都婆をあそばして給候へ、立候はんとて十四五尋ばかりの木を削て進じたり。さらばとてかゝれぬ其文云、南無阿弥陀佛三世諸仏出世本懐為説阿弥陀仏名号云云。此文の心は三

世の諸仏出世し給事は、此阿弥陀仏の名号を説が為なりといふ心なり。又意趣書に云、夫以亡魂真阿武名之昔施誉於東域之外法称之、今得望於西刹之内於戯落花待微風孟持泣要琴、蓋此謂而已云云。此意趣の心は、彼実盛弓箭に携し昔は誉を我朝の外までほどこし、仏法に帰する今は、望を西刹の内に得たりといへり。落花待微風といへるは、古詩心なり。花の散方にはすこしの風にもさそはるゝことはりなり。孟持泣要琴といふは孟持君といへるたけき武士あり。更に物のあはれをもしらず。まして涙をながす事、曾てなかりしなり。又要聞といへる天下一の琴の上手あり。此琴を聞人涙をながさずといふ事なし。或時孟持君、此琴を聞て涙をながす事ありき。漢朝の孟持が琴になきし事も、我朝の実盛が算を給て出苦する事も、只時尅到来なりといふ事、書あらはされたり。仍往生の賓客、上下の旅人、此卒都婆を書うつさぬ人はなかりけり。

或人の方へ進る法語云、我先師云、虚妄顛倒の心をたのみ、仮名不実の身をもて、所修の三業を虚仮と名なり。如水面画似雲膚綵若約凡情量、往生時は決定と思ふも不定なり。不定とおもふも不定なり。若仏力に望本願に託(ママ)する時は、不定と思ふも決定也。決定とおもふも決定也といへり。然らば超世独妙の本願と者名号をいふなり。一念も十念も同往生すと思て、しかも一生相続して唱べきなり。法然上人の仰に云く、一念十念往生すといへばとて念仏を疎相に申すは、信が行を妨なり。念々不捨者といへばとて、一念を不定と思ふは行が信を妨る也。然則信をば一念に生と信じて、行をば一形に励むべし。一念を不定に思ふは念々の念仏ごとに不信の念仏になるなり。其故は阿弥陀仏は正く一念を一度の往生にあて置給へる願なれば、念々ごとに往生の業となる也。唯煩悩の薄き厚きを顧ず、罪障の薄き重きを沙汰せず、口に南無阿弥陀仏と唱て、声に付て決定の思をなすべしと、御弟子に対して仰られたると云云。尤此等を以て肝心とすべき者也。誠に一切衆生念仏によらずば、生死離がたきものをや。此故に上代の諸宗の高祖、念仏に帰し給けるなるべし。況末世の凡夫善悪ともに迷の心なるをしらずして、自心本有の仏を得んと思ふは、沙を聚て油をしぼり、角𤚩をて肉をとらんと思へるが如き歟。月蔵経云、我末法時中億々衆生起行修道、未有一人得者、当今末法是五濁悪世、唯有浄土一門可通入路云云。法然上人小原にて顕真を始として、諸宗の淵底を窮たる大学生三百余人に相対して、出離生死の問答七日ありしに、三百余人の出離悉く念仏に落付て、法然上人の御弟子になりし時の御言に、我等生を五濁六悪の末法にうけ、罪を四生十悪の業道に感ず。善根薄少也、根性逆鈍也。戒行誰か持てる。定恵誰か証せる。妄に其分を在世の正機に斉しくして、現世の証入を致すべからず。暗に此身を正像の賢聖に同して、自身の得道を致すべからず。況在世の頓悟頓入は、是多は権化の示現也。正像の得道得果、実業の衆生に少たるなり。不足准望於末代之根機不及比校、当今之凡愚、造罪の凡夫といへども是を修して往生を得、他力難思の行也。具縛座下也といへども、是を信じて来迎に預かると理を尽して仰られしかば、年劫つもりて我宗の学道を極めし人々、皆念仏に帰す。実に後生を思はん人、争か念仏に帰せざらん哉。依首尾多略之かくて巡礼せらるゝ程に、応永廿三年信州善光寺へ参詣し給、礼堂にて日中勤らる。終かたに例の算くばゝるゝ時分、紫雲走りき。音楽奏し、花ふり寄(ママ)瑞おびたゞし。聴聞群衆の人々親ら是を拝して斜ならず。信敬帰依せり。同十六日戸隠へ参詣あり。其比権現三日御飯供を御食なし。然に或人に詫(ママ)して遊行の念珠と名号とを所望あり。仍神人等起請文の言を載て、遊行へ申さる神慮たるうへはとて、念珠・名号進ぜられたり。其時御飯供御食あり。不思議の事と申あへり。

老躰時衆遊行の難行合なしがたき間、請暇して上洛の

時、

我浮雲流水　君還洛陽城

誰共秋思語　只空向月明

別離可憶人間事　千里同風自有心

再会必西方極楽　花開半座共光金

列ての別さりけりつゐにたゝ　おなじ蓮の南無阿弥陀仏

応永十九年壬辰三月廿七日於洛陽七条黄台山金光寺賦算卅八

六十五代他阿上人者、於藤沢山清浄光寺十九歳にして出家発心す。是即教主釈迦如来十九𨖫城捨国王位、三十成道、教化衆生の謂なるものをや。天性柔和にして備僧衆和合之徳、生得慈悲深重にして示抜苦与楽之誉、専担戒にする事如金浮嚢、守威儀事似載油鉢。然在京の間は上様御信仰不斜、山門より付檜皮葺事可破却客殿之由申侍し時も、此寺は細く上様なる道場也とて、御贔屓有しかば山訴忽に止ぬ。其外の諸大名の崇敬申に及ばず。仍応永廿四年四月十五日の暁、十四代上人有霊夢告、遊行に是を定らる。同廿七日の夜、化導相続、同廿八日於武州河越常楽寺賦算、行年五十四、かくて遊行ある程に同国入間河にて算をくばゝる。甲乙万人群集す。其中に老人来て算をとらんとて、手を指出す。上人の給はく、高声に南無阿弥陀仏と申てとる事なり、念仏申さずばとらぬ事なりと仰られければ、添なる人、是は瘂にて候と申けり。しばしありて高声に念仏を申す、これを見る人不思議の事なりと、申あへりけり。さて算を給はりぬ。瘂の罪をば善導は皆由破法罪因縁と釈し給へり。無間永生の苦患に沈むべかりしに、此算の功力によりて、往生をせむ事、本願の不思議、此上人行じあらはし給ふものなり。其後下総国古河へ移たるべきにて候処に、其所の野田方の代官世の物忌の時節かなふべからざるよし申によて、彼在所を相過給間、如何思ける、彼代官入申さむと申けれども、近所の事にて、人々残所なく算とりて候ばやと仰られけるを御入合すは、一身の浮沈所にも安堵仕べからずとて、大庭に畏て欲申ける間、此うへはとて御入あり。年来清花衆にて有しが、やがて御弟子になるのみにあらず、従類眷属悉く御弟子になりて、帰伏申事無是非、かくて彼所に御逗留、其間利益おびたゞし。さて閏五月十四日に立給、俄に紫雲走り音楽奏し、結縁の諸人耳目を驚す。又其より六本卒都婆とて、故小山義政殿所あり。とりわけ此遊行、意好の子細有によて、十念・阿弥陀経等懇の御弔あり。是にても紫雲たちて奇瑞あり。こゝにて御詠

いにしへの里のあたりにめぐり来て　みやこのなかの月をみるかな

いとひとつるむかしの文ももらさじと　おなじうてなになすぞうれしき

さて宇都宮応願寺逗留の間も、紫雲たち奇瑞あり、いかなる伏怨世界の衆生なりとも、疑をなすべからざるものをや。

応永廿四年四月廿八日於武州河越常楽寺賦算、五十四。

遊行十六代四国回心記

（宮内庁書陵部蔵）

永享二季庚戌七月下旬御遊行十六代祖、四国ノ阿州二階堂九品寺ニ御逗留アリ。在地ノ貴賤・遠近ノ真俗帰依ノ志真実ニシテ、施僧ノ営不レ浅。爰ニ廿六日六寮当奉行始テ依レ被ニ申立一御入アリ。御帰以後留主（ママ）居臨阿・同小執事以阿・其外寮衆同心ニ云、此一両日小家ノ掃除ニ煤埃ニ咽ブ。私ノ浴水雖レ為ニ大法一、奉行三寮ヘ案内ヲ経テ、寺前ノ吉無川ニ出テ老若浴水ス。時ニ臨阿イカヾ思ヒケン、大河ヲオヨギ渡リ向ノ岸ニアガリ、石ノ上ニ暫休ミケリ。其時以阿深キ所ヲ不レ知、河中ニ歩行テ身ヲス丶ガントスル処ニ、流水沙漲テ押落ス、瀬ハヤクシテアガラントスルニ便リナシ。左右ノ手ヲアゲテ人ヲ招ク様見ヘケレバ、臨阿是ヲ見テ、急ギ助ケント思フ心事ニテ、オヨギ向テ引挙ントスルニ、水早ク浪ウズマキテ、両人ナガラ沈没シテ見ヘズ。一業所感ノ理、言語道断ノ次第也。宿業ノ所レ令レ然不レ及ラレ力者也。時シモコソアレ、当寮ヘ御出ノ始ナレバ迷惑非レ一。此条局・坊主達一同ニ披露アリ。上人ノ仰云、私浴水遊行大法今ニ始ザル事也。但シ奉行所ヘ案内ヲ経ル条、是又勿論也。然テ一寮ノ役者トシテ、二人同時ニ如レ此ノ条存外ノ子細也。縦又堅固初心ノ人ナリトモ、身ヲ慎ベキニ、留守居ナント云程ノ者ノ余人ハ汀ニ侍ルニ、兼テモ不レ知大河ニヒタリ、結局オヨギ渡リテ沈死ス。以ノ外僻事也。非ニ沙汰限一トテ被レ棄訖ヌ。其時老僧達申サレケレバ、此人ノ事ハ季来公私ノ御用ニ付、無私身命ヲツクス也。オロカナラザルノ旨同心ニ申サレバ、御返事ニハ不レ可レ叶也。其故ハ初祖一遍御入滅之時、遺弟知識ノ芳顔ヲシタイ、忽ニ前ノ海ニ身ヲ投ジ時衆六人也。二祖化導ノ方便ヲ儲、門徒法度定レシ時、我家ノ師資相承ノ末祖末弟等知識ノ掟ヲ守ル。一統行儀ヲ堅クシテ、本願ノ一途ニ順ジ、自力ノ我意用ベカラズ。今度先師ノ余波《ナゴリ》ヲ惜ミ、身命捨、心底雖レ不レ浅是皆自力也。努於二末代一此機ヲ存スル時衆アラバ、永ク門徒不レ可レ為二同行一ト云。仍テ彼六人不往生ノ人数ニテ棄ラレキ。然ヲ十四代ノ祖化益ノ時、萱津ノ也阿申云、大上人以後代々遂ニ此御沙汰候ハデ空ク過ス。御慈悲ヲモテ助ラルベキノ由、再三申沙汰アリシカバ、彼時ノ沈海六人助ラレキ。其ノ前後此等ノ類出来ストイヘドモ、大略棄ラレヌ。重テ不レ可レ申ノ旨仰ラレシカバ、其後悉ク斟酌アリ。カクテ翌日廿七日、岩倉称名寺ニ御移アリ。路次ニテ在家人申テ云ク、昨日ノ沈水ノ時衆ノ死骸、只今河上ニ浮流ヲ引上テ奉レ待。荼毘スベシヤ否ト。上人暫御立有テ、カ様ノ類門下ノ法ニテ被レ捨旨被二仰聞一。然テ路次ニ曝シ禽獣ニ引散ラサセン事、往反(ママ)ノ所見還テハゞカリナリ。又ハ在家人ノ申所モ黙止難キニ依テ一分ノ御免アリ。破戒ノ免許バカリナルベシトテ、御十念有テ以二時衆一荼二毘之一。其十念次老僧達頻ニ被レ申シカバ、臨阿死骸ハイマダ見エザリケレドモ、河頭ニ向テ御十念有。是時衆分ノ十念ニ非ズト云々。カクテ称名寺ヘ御移リアリ。暫クシテ食所ノ光一房、頓死シテ万死一生也。上人御出有テ御十念アリ。御帰リ以後、此尼時衆大一房ニ語テ云ク、我ハ是六寮以阿也、我不慮ニ溺レ水テ死。同朋達ニ暇請ノ為ニ来レリ、ト云リ。少々思事トモ申テ帰由ニテシヅマリヌ。其後又日、此度ハ臨阿語テ云、昨日不図同朋ノ浴水ノ為、河出テ以阿横死ヲ助ケンガ為、深淵望ム、流水ニヒカレテ沈没。然乍来ノ安心モ空ニ似タリ。称名ノ事ハ彼ヲモスヽメ、我モ心ニ懸ト云ヘドモ、沈水ノ作法ナレバ威儀悉クカクルノミニアラズ、只忙然トシテ往生ノ正路ヲ失ヘリ。若上人御助御訶アラバ平生念仏ノ功モアラハレヌベシ。適御十念有トイヘドモ、一分御免也。願ハ大慈悲ヲ垂テ、如レ元臨阿ガ往生ノ道ヲタヾシクシテ、悉ク御免御十念申沙汰有ベキ由シ、不レ偽涙流シ水ニ溺シ時有様、心中ノ趣キ寮舎奉行ノ始ニカヽル次第、誠ニ歎シキ由カキクドキ申ケレバ、聞人哀ヲ催シケリ。彼ガ申旨微塵程モ疑所ナカリシカバ、大一房其外老僧一両輩同道有テ、一々ニ披露申ス。所聞ノ証人僧尼アマタ一同申ケレバ、上人モ哀ゲニ被二思召一ケリ、其時局・坊主達ヲ召サレ仰曰、昨日彼等ヲ可レ助ノ由、面々ニ申沙汰有シカドモ、且ハ法ヲ堅センガ為、且末代ヲ思故ニ承引セズ。今日路次ニテ依二死骸出現一、外見ノ口遊ヲ案ジテ一分ノ免ヲ以テ是荼毘ス。今亦臨阿ガ亡魂帰来テ光一ガ口ヲ借テ、迷情愁ヲ歎ク、哀ヲ催事トモ也。存日無私人カト覚ユ。一旦身ヲ不調ニ持段ハ悪ク（ママ）ケレドモ、門徒ノ約束堅固ナル謂アラハレテ、端的ニカヽル不思議ヲ現ス。末世トイヒナガラ知識一言ノ盟ヲ金剛ノ如クニ守ズバ、不往生ノ条分明也。此上ハ悉免許ス、ト被レ仰テ、御十念有。即此由病人ニ申含シカバ合掌落涙ス。今ハ心安シ、往生ノ正路ニ赴ナン、心ニカヽル事ナシト云テ、暇請シテ帰キ。其後一時斗冥々忙々トシテ睡眠ス。良有テ目ヲ開キ、面ヲ動シテ本情ニナリヌ。其後以阿浮出シ所、臨阿ガ死骸流来ル。同引上タル由シ注進申ケレバ、免

許ノ上ハ是非ニ及ベカラズ、即時ニ死骸取寄テ称名寺ニシテ御送リアリ。末代ト申ナガラ不思議ナル事也。カクテ其日ハ暮ヌ。又翌日廿八日岩栖ヘ御移アリ。八幡社頭道場ト点ジテ御入有トキニ、食所大一房参テ披露申サル（ママ）候様、光一房昨日ハ本情分ニテ候シガ、又暁ヨリ病気、昨日ノ如クシテ申候様ハ、以阿帰来テ云、既ニ御助ニ預リ、冥途心安候処、娑婆存日ニ何トナク堺方付テ、戯シ様ニ申通ハシ候シ尼時衆有二其人一。雖レ無二実犯一妄愛シテ執心深カリケルニヤ。今没後ニ及デ彼ガ歎ク泪、身上ニカヽリ、業雲道ヲ蔵シテ末ニシルベナシ。偏ニ引返ス如ニテ、輪廻業網ヲ結ブ。末世濁乱ノ凡夫、出家ノ形ヲ仮ルト云ヘドモ、色ヲ貪ルニ依テ流転嶮難ノ道ニ帰ナントス。願ハ慈悲ヲ発シテ上人ニ申テ、中有ノ愁歎ヲ助玉ヘト申ケレバ、重テ披露申サン事憚多ト云ヘドモ、サテシモ有ベキナラネバ、此由申上ト云々。上人仰ニハ其身存日所作罪業懺悔セズ。重病ニ臥、末期ニ臨テ廻心向輩棄捐スベキ旨、前々被

レ定訖。然テ生涯ノ作罪ニヨリ、没後ニ苦受事、自業自得果ナレバ、是助ベキニ非ズ。剰ヘ無レ故時衆ヲ悩シ、其身行体空咎ノ上ノ咎也。乍レ去病者ノ十念ノ為ニトテ、御出有。病人ニ向テ御掟有様、存日ノ罪障ヲ先有ノマヽニ可レ申由仰有ケレバ、我全実犯有事ナシ。煩悩具足身不レ及レ力、折々愛念相続ノ色ヲ申通ハシ侍シ計也。物裁所衆忍一房是也云々。我ハ強ニ其念深ニアラザレドモ、女人ノ習、五障雲厚ク覆、三従ノ波頻ニ動、我今慚愧心不レ浅。願御助候ベシト申ス。其時実犯ナキ条ハシカリ。一念迷処云通ツル咎遁ガタシ。一分ノ免ナルベシ。時衆分ニアラズ、十念請ヨヽト被レ仰シカバ、発露涕泣シ、平ニ御助候ヘト申計テ終ニ手ヲアゲズ。爾時サラバ沙汰ノ限ニテ助也、以阿ニテ有ベシ、過去帳ニ入ベシ、心安思ヘト仰シカバ、随喜ノ涙ニ咽ブ。手ヲアゲ合掌シテ御十念給リキ。今ハ思事ナシ、是マデナリトテ、其後ハ物云ズ。上人御帰以後高声ニ呼テ云、臨阿ミダ仏、暫待給ヘ、悉

御助ノ御十念給タリ、同道申サン、ト云テ帰訖。其後光一房数刻睡眠ニ入テ如レ無二正念一、良久有テ本情ニ成ヌ。聴テ忍一房ニ御尋有シカバ、光一房ガ申ツル如ク御返事申ケリ。仍テ御追放有。則惣ヘ出テ数日歎シカバ、程ヲ経テ後、時衆分ニナサレテケリ。悲哉、男女ノ凡夫、出家名ノミ有テ、末法ニ入テ後ハ浄行持輩、一人モ有ベカラズト見エタリ。然ハ意馬心猿トテ、散乱散動心ナクテハ有ベカラズ。サレバ白地ノ戯マデモ死後業障ハゲシクシテ、輪廻業塵山ト積リ、煩悩ノ露海ト湛テ、未来永々輪転尽ザラン事悲シマズバ有ベカラズ。端的ノ咎ナリトモ急ニ懺悔シ、速ニ心垢ヲ灌ギ、往生ノ正因ヲ成ズベキ也。カリソメニモ門下ノ法ヲ害シ、知識ノ命ニ違スル事アラバ、一大事ヲ空クセン事疑ナシ。後見輩伝聞類ヨク〱耳ニ留メ心ニ染テ、門徒法度堅ク守、二世願望ヲ成就スベシ。風聞師資八代祖化導ノトキ佐州ノ永阿ト云ケン人、誓戒ヲ破リ無慚死去。年月ヲ経、後廻心シテ往生直因テ成ズ。

佐渡ノ回心記トテ、人皆存知ノ事ナレバ巨細ニ不レ記云々。夫門徒ノ約束トハ僧尼時衆ニナル始メ、仏知識ニ向、今身ヨリ未来際ヲ尽シ、身命ヲ譲リ、若此誓戒ヲ破、門下ヲ出テハ、二世大願空クシテ永阿鼻ノ底下ニ沈ミ給ント誓ヲナシテ、金ヲ打訖後、或悪縁境界ニヒカレ、或ハ宿因ニ被レ催、異門破戒トナル輩多分有、其儘ニ本ニ不レ帰、廻心ニ向ハズシテ命終シツレバ、打シ処ノ金ノ誓言空シカラズ。冥照覧救事ナケレバ、如二悪道趣時一、先陰府至閻魔法皇呵責詞聞後悔ノ心為方ナシ。冥官罪ノ軽重糺シ、羅刹責受ク。中有旅労久遠ナレバ過去結縁遠ザカリ、得道因薄クナル故、未来永々沈輪悲デ未ダ生転セザルニ、其魂精来テ人ニ付テ廻心懺悔心ヲ発、破戒重罪ヲ消滅セント望ム。其時知識慈悲発シ、始テ免許十念授時、永劫苦器ヲ離レ不退楽果ヲ証ス。是ラノ族一遍以来在々所々出来ス。茂ガ故ニ是ヲノセズ。彼ラハ皆暦数ヲ経テ後申ス如クノ中有労苦ニヨリ、破戒因果ヲ思知テ慚愧ノ心ヲ発スハ、其謂尤分明也。只是昨日水ニ溺死セシ者ドモ、今日来テ或ハ棄捐ノ免許望ミ、或ハ妄執ノ過ヲ懺悔。其心正直ニシテ所作罪ヲ打曝シテ泥梨ノ愁ヲ遁レシメント歎ク。此有様後代ハ不レ知、前代未聞也。カクテ七月ヨリ十一月マデ阿波・土佐・伊与《(ママ)》三ケ国間日月送リ、忍一房ヲバ称仏房ト号シテ、是モ業滅勤行懈怠ナク、身命ヲ尽スベキ由シ仰含メラレシカバ、退転ナク時行法ヲ心懸ル色有ケレドモ、ナドヤラン日夜朝暮病気ノミニテ過ケリ。去ル程ニ十月十二日森山方ノ在所河津柳ヲ御立有テ、山越谷クダリ、山臥ノ瀬ト云フ河ヲ渡、又太山ニ向テ登シニ、途中ニテ食所ノ光一房俄ニ発病シテ存命不定也。御十念有テ、御薬与ヘラレテ御透アリ。軈テ輿ヲ寄助乗ラレテ、漸ク晩ニ及デ願成寺ニ着訖。路次ニテ少減ノ色ミヘケルガ、再発シテ云様、就中面目ナシ。上意モ恐シク、同朋ノ心中恥シケレドモ、サリトテハ終ニ申サデハ叶マジキ謂ナレバ、身ノ振舞打曝申ス也。我六寮ノ以阿侯。凡夫効煩悩所依身不レ及ガ事、雖レ不レ珍、前世ノ宿執ナキハ現在ニ実犯ナク、我遁ガタキ悪縁ニヒカレテ、称仏房ガ愛念ニタブラカサレテ、破戒無慚ノ身トナリヌ。然ヲ存生ニモ回心ニ向ハレテ空シク横死ス。死シテ後苦果ニ責ラレテ、人ニ付テ回心申トキモ、猶カレガ咎ヲ重クナサント思フ。我所犯ヲ恥テ無二実犯一旨ヲ偽申シ故ニヨリテ、無慚無愧ノ咎、仏意ノ照覧陰ナケレバ、泥梨ノ苦ニ沈テ休時ナシ。此任ニ慚愧セズバ未来永劫浮ガタシ。願ハ此由御披露有テ御助ノ御十念申沙汰候ヘト、頻ニ申ケレバ、又此旨申上ラレケリ。委細被二聞召一テ、其時節度々存日ノ咎ノ（ママ）申候時ハ、実犯有事ナシ。只申通ツル計ト云テ、知識ヲ申掠メ虚言ノ咎ニ沈テ、大苦悩ヲ受時、後悔身ニアマリテ為ン方ナサニ、今回心ニ向フ。中々トカクノ沙汰不レ可レ及。永ク捨ラルヽ由被レ仰キ。此由シ称仏房ニ御尋アリシカバ、是モ論ズル処ナク、有ノマヽニ申ケレバ、縦彼可二偽申一トモ、罪障ヲ思知ラバ、其刻ニコソ申ベキ不得心ノ至極也。心ニコメテ今已ニ亡魂ガ獄苦ノ難堪ニ催シテ、回心ニ向時遁ヌ処ニテ此由申事、無二是非一次第ナリトテ追放アリ。仍数日断食所ヘ出テ歎キシカバ、御免有テ客僚分ニナサレヌ。以阿ガ事ハ為二末代一堅可レ被レ棄之由シ被レ仰シカドモ、トテモ阿州ニテ御助有シモノナレバ、虚妄ノ咎ハ申ニ及ヌ事ニテ候ヘドモ、御慈悲ヲ以御助有ベキニテ候。今御捨アラバ、永劫沈倫哀ナル事ニテ候ナント様々申ケレバ、御十念有テ御助有キ。相構々、此門下ニ入リ、誓戒ノ金ヲ打タラン輩ハ、小罪ナリトモ心ニ思ヒ身ニ犯セバ、仏意ノ照覧ヲ愧テ、同朋ノ見聞ヲ恥ヅベカラズ。急ニ懺悔シテ楽刹ニ生ジ、阿弥陀如来ノ無上ノ色身ヲ拝シ、菩薩・聖衆ト一処会シテ、身相神通ヲ具足シ、不退ノ位ヲ証シ十地究竟シ、願行円満シテ回向ノ心ヲ成ジ、大悲ヲ発シ、娑婆ニ還リ、十方法界ノ衆生ヲ誘引シテ、九品ノ蓮ニ往生セシメント思フベキナリ。

右所見所聞之通、一分無レ私眼前之条々也。所ニ注置一又為ニ後輩一之安心也。一言無ニ加減一、僧尼老若悉存知次第也。年代在前。　右筆其阿識之。

本書云
永正十六己卯季命ニ于藤（遊行廿五代ノ御事也）一寮其阿一書写畢。於ニ所々一令ニ薫誦一者也。可レ為ニ藤沢流通物一耳。

抑コレヲ見ン人思ヒ取ベシ。十念之功厚薄ハタヽ知識ノ内証タル事ヲ。是ハ十四代ノ御自筆ヲ令ニ書写一者也。

時宗血脈相続之次第　（新潟県十日町来迎寺蔵）

高祖
一遍上人　○入戒　伊予国人　源姓河野　延応元己亥年誕生　建治二丙子年三月廿五日於ニ熊野山証誠殿一承ニ神託一如レ此発願卅八　化導十四年　正応二己丑年八月廿三日於ニ摂州兵庫嶋一入滅五十一

一遍上人ヨリ相続
二祖上人　一遍上人御弟子、他阿　○入戒四十歳　建治二年　正応二己丑年九月三日摂津粟河於ニ極楽寺阿弥陀堂一賦算五十三　遊行十六年　元応元己未年正月廿七日於ニ相州当麻一入滅八十二　独住十六年　生国豊後　嘉禎三丁酉誕生

二祖ヨリ附法
三祖中上人　一遍上人御弟子　本名量阿　○入戒卅　生国加賀堅田　弘長元辛酉年誕生　嘉元二甲辰年正月十日於ニ相州平塚宿一

賦算四十四　遊行十六年　独住三年　元応二庚申七月一日於相州当麻入滅六十歳

三祖ヨリ、元有阿
四祖上人二祖上人御弟子藤沢山開山　○入戒　生国相州人俣野　文永二己丑年誕生　元応元己未年四月六日於因州味野西光寺賦算五十五　遊行七年　嘉暦二丁卯年於相州藤沢山入滅六十三歳　独住三年

四代ヨリ、本名師阿
五祖上人中上人御弟子　○入戒廿五　生国相州渋谷　弘安二己卯年誕生　正中二乙丑年閏正月十一日於武州芝宇宿賦算四十七　遊行三年　建武四丁丑年十二月三日於藤沢山入滅五十九

五代ヨリ、本名与阿
六祖上人二祖上人御弟子　○入戒十九　生国越後　弘安元戊寅年誕生　嘉暦二丁卯年四月一日於越後国曾禰津長福寺賦算五十　遊行十二年　文和四乙未年十二月廿二日於相州藤沢山入滅五十九　独住十八年

六代ヨリ、本名宿阿
七祖上人中上人御弟子　○入戒廿四　生国上総人矢野　夢想国師甥也　弘安八乙酉年誕生　暦応元戊寅年四月十九日於越前国河井荘往生院賦算五十四　遊行十七年　文和三甲午年八月九日於京七条金光寺入滅七十歳

六代ヨリ、本名底阿
八祖上人四代上人御弟子　○入戒十三　生国雍州洛陽安衆人　嘉元三乙巳年誕生　文和三甲午年九月十八日於相州藤沢山賦算五十　遊行三年　康暦三辛酉年正月八日於藤沢山入滅七十七　独住廿六年

八代ヨリ、本名界阿
九代上人六代御弟子　○入戒三十一　延文元丙申年三月廿二日於越後国府応称寺賦算四十三　遊行十一年　貞治六丁未年六月十八日於駿河国一花堂入滅五十四　加賀国人井家　正和三甲寅年誕生

八代ヨリ、本名唯阿
十代上人　○入戒十九　貞治六丁未年七月七日於相州藤

沢一賦算四十四　遊行十九年　嘉慶元丁卯年正月十一日於二藤沢一入滅六十四　加賀国人斉藤　正中元甲子誕生

十一代上人　十代ヨリ、八代上人御弟子　本名師阿　○入戒廿九　康暦三辛酉二月十八日於二備後国尾道常称寺一賦算五十三　遊行七年　応永十九壬辰三月十一日於二藤沢山一入寂八十四　上総人隠岐佐々木　元徳元巳年誕生

十二代上人　十一代ヨリ、八代上人御弟子　本師阿　○入戒十二　嘉慶元丁卯年二月廿六日伊豆三嶋於二西福寺一賦算卅九　応永七年庚辰十月廿四日於二長門国赤間関専念寺一入寂五十二　遊行十四年　後醍醐帝二宮大塔宮御子也　亀山院トモアリ　貞和五己丑年誕生

十三代上人　十一代ヨリ、九代上人御弟子　元底阿　○入戒十二　応永八辛巳年正月十四日於二相州藤沢一賦算五十二　貞和六庚寅年誕生　濃州人山田　応永廿四丁酉年四月十日於二藤沢山一入寂六十七　七条逗留十二年　藤沢六年住廿六年

十四代上人　十三代ヨリ、十一代御弟子　本名弥阿　○入戒十一　応永十九壬辰三月廿七日於二七条金光寺一賦算卅八　駿河国人足洗　永享十一年己未十一月十四日於二藤沢一入寂六十五　独

十五代上人　十四代ヨリ、十代上人御弟子　本名唯阿　○入戒十九　応永廿四丁酉四月廿七日於二武州川越常楽寺一賦算　正長二己酉六月八日於二洛陽金光寺一入寂六十六　遊行十三年

十六代上人　十四代ヨリ御師匠・入戒不知　○正長二己酉七月十六日於二相州藤沢山一賦算　文明二庚寅年五月十九日於二清浄光寺一入滅八十四　独住卅一年　京人布留山　遊行十一年

十七代上人 十六代ヨリ、十三代御弟子 本名弥阿 ○入戒九 永享十二申年正月十六日於㆓越後国佐橋専称寺㆒賦算卅七 文正元丙戌年十一月廿八日於㆓七条金光寺㆒入滅六十三 遊行廿七年 奥州畠山

十八代上人 十六代ヨリ、御師範不知 本覚阿 ○入戒十六 文正二丁亥三月十二日濃州垂井金蓮寺ニテ賦算四十九 明応三甲寅正月廿六日於㆓藤沢山㆒入滅七十六 遊行五年 独住廿四年 野州聴野

十九代上人 十八代ヨリ、同前 本像阿 ○入戒九 文明三辛卯年六月八日於㆓越後国称念寺㆒賦算四十五 周防国人 遊行廿四年 明応五丙辰年七月十八日於㆓藤沢山㆒入滅七十 独住三年

廿代上人 十九代ヨリ、十六代御弟子 元弥阿 ○入戒十四 明応四乙卯年三月七日於㆓藤沢㆒賦算四十六 遊行三年 永正九庚申八月廿九日於㆓藤沢山㆒入滅六十三 独住十六年 宝徳二庚午年八月廿九日誕生奥州畠山二本松

廿一代上人 廿代ヨリ、十八代御弟子 元珠阿 ○寛正元庚辰年二月卯日誕生上野新田 入戒十五 明応六丁巳年五月八日於㆓越前国敦賀西方寺㆒賦算卅九 遊行十六年 永正十癸酉年五月八日駿州於㆓長善寺㆒入滅五十五

廿二代上人 廿一代ヨリ、十六代御弟子 元持阿 ○寛正六乙酉年誕生 江州人上坂 入戒年号亦不知 永正十癸酉年五月三日於㆓駿河長善寺㆒賦算四十九 遊行二年 永正十五戊寅年十月九日於㆓江州上坂乗台寺㆒入滅五十四 独住五年

廿三代上人 廿二代ヨリ、十九代御弟子 本其阿 ○文明元己丑年誕生 山城人富樫 入戒四 永正十一甲戌年九月三日於㆓河州通法寺㆒賦算四十五 遊行五年 永正十五戊寅年五月十九日於㆓薩州鹿児島浄光明寺㆒入滅四十九

廿四代上人　廿二代ヨリ、十六代御弟子　元其阿　○寛正二辛巳九月生　武州人　永正十五戊丑九月廿七日於㆓江州上坂乗台寺㆒賦算六十一　入戒九　大永六丙戌五月十七日於㆓豊後国西教寺㆒入滅六十七　遊行三年　独住七年

廿五代上人　廿四代ヨリ、廿代上人御弟子　同前　○長享元辛未年八月生　奥州人畠山二本松　入戒不知　永正十七庚辰年七月九日於㆓信州海野常照寺㆒賦算卌四　元亀二辛未年九月廿五日於㆓敦賀西方寺㆒入滅八十五　遊行九年　独住四十四年

廿六代上人　廿五代ヨリ、廿代上人御弟子　前ニ同シ　○文明十二庚子年生　信州人嶋津　入戒不知　享禄元戊子年八月廿九日於㆓越前敦賀西方寺㆒賦算四十九　天文五丙申年八月朔日於㆓越後国田伏極楽寺㆒入滅五十八　遊行

廿七代上人　廿五代ヨリ、廿一代上人御弟子　本覚阿　○入戒不知　越後国人石川　天文五丙申年十月廿七日於㆓越後国高田称念寺㆒賦算卌七　天文十六丁未年七月二日於㆓予州宮床之願成寺㆒入滅四十九　遊行十三年

廿八代上人　廿五代ヨリ、廿五代上人御弟子　同前　○入戒七　奥州二本松人　天文十七戊申三月九日於㆓豊後国府称名寺㆒賦算四十一　天文十九庚戌年八月十日於㆓豊州廿日市㆒入滅四十三　遊行三年

廿九代上人　廿五代ヨリ、廿代上人御弟子　本乗阿　○入戒六　奥州二本松人　天文廿一壬子四月廿三日於㆓越前国敦賀西方寺㆒賦算五十二　永禄五壬戌十二月四日於㆓羽州大宝寺㆒入滅六十二　遊行十一年

三十代上人　廿五代ヨリ、同前　同前　○入戒（マヽ）生国　永禄六癸亥年九月十四日於㆓越前国岩本成願寺㆒賦算五十三　遊行十一年　天正十一癸未年四月五日於㆓越前国敦賀

西方寺一入滅七十三

卅一代上人卅代ヨリ、廿五代御弟子 元其阿 〇入戒（ママ） 生国 元亀四癸酉年七月十八日於二常州江戸崎顕声寺一賦算五十六 遊行十二年 天正十五丁亥年六月廿八日於二日州都於郡光照寺一入滅七十 独住四年

卅二代上人卅一代ヨリ 卅代上人御弟子 〇入戒 生国不知、但常州ト云 佐竹之一門也 天正十二甲申年八月廿三日於二日州都於郡光照寺一賦算四十二 遊行六年 寛永三丙寅年五月廿二日於二相州藤沢山一入滅八十四歳 独住卅八年

卅三代上人卅二代ヨリ、廿九代御弟子 元其阿 〇入戒十二 生国不知、但元直江、中古杜井氏成、杜井三郎左衛門丞原吉正二男ナリ 天正十七己丑年於二越後国北条専称寺一賦算四十七 遊行廿四年 慶長十七壬子年二月廿七日於二周防山口善福寺一入滅七十

卅四代上人卅二代ヨリ 卅三代御弟子 〇入戒（ママ） 生国 慶長十八癸寅年三月三日於二武陽日輪寺一賦算五十三 遊行十五年 寛永廿一甲申年四月廿日於二藤沢山一入滅八十四 独住十八年

卅五代上人廿四代ヨリ、三十代御弟子 元持阿 〇入戒 生国相州 寛永四丁卯年二月廿三日於二藤沢清浄光寺一賦算六十五 遊行十四年 寛永十七庚辰年十月廿九日於二甲府一蓮寺一入滅七十八

卅六代上人卅四代ヨリ、御師匠不知 元法阿 〇入戒 生国甲府 同一蓮寺住 寛永十八辛巳年二月廿三日於二相州藤沢山一賦算六十四 遊行四年 藤沢山住三年 正保三丙戌年八月八日於二藤沢山一入滅六十九

卅七代上人卅六代ヨリ、卅二代上人御弟子 元其阿 〇入戒 生国相州 正保二乙酉年三月廿二日於二藤沢山一賦算五十四 遊行三年 万治元

戊戌年十二月三日於二藤沢山一入滅 六十七　独住十二年

冊七代ヨリ、元其阿
冊八代上人 御師匠不知　○入戒　生国周防　羽州最上光明寺住
正保四丁亥年二月十九日於二相州藤沢山一賦算 五十六　遊行七年　承応二癸巳年四月三日於二羽州秋田声躰寺一入滅 六十三

冊八代ヨリ、元其阿
冊九代上人 冊四代御弟子　○入戒　生国羽州最上　武州日輪寺住
承応二癸巳年閏六月十八日於二相州藤沢山一賦算 四十三　遊行六年　独住五年　寛文二壬寅年於二江戸浅草一入滅 五十二

冊九代ヨリ、元其阿
四十代上人 冊九代上人御弟子藤沢山本堂幷代々上人之御廟所再建　○入戒　生国相州藤沢　武州日輪寺住
万治三庚子年四月廿八日於二相州藤沢山一賦算 冊八　遊行三年　天和三癸亥年三月晦日於二藤沢山一入滅 六十二　独住廿二年

四十代ヨリ、元其阿
四十一代上人 御師匠不知　○入戒　生国武陽滝山　寛文四甲辰年三月廿五日於二藤沢山一賦算　遊行四年　寛文七丁未年閏二月廿七日於二雲州一入滅

四十代ヨリ、元其阿
四十二代上人 冊九代御弟子　○入戒　生国佐州　武陽日輪寺住　寛文八戊申年三月廿五日於二相州藤沢山一賦算　遊行十六年 奥州再度修行 京ニ三年、江戸ニ四年逗留　藤沢山ニ住　勅許南方門主僧正

四十二代ヨリ、元法阿
四十三代上人 冊七代上人御弟子　○入戒　生国相州　甲州一蓮寺住　貞享二乙丑年三月廿三日於二藤沢山一賦算　遊行七年　於二京都七条道場一元禄四辛未年六月六日入滅　藤沢山ニ一切経蔵建立同納経

藤沢廿代ヨリ、元其阿
四十四代上人 冊七代御弟子　○入戒　生国上州三波川　元禄五壬申年三月廿五日於二藤沢山一賦算 五十六　遊行四年　元禄八乙亥於二摂津兵庫嶋真光寺一入滅 五十九

年五月十一日也　宗門出世之次序ヲ定ム

四十五代上人藤沢廿代(ママ)ヨリ、元其阿卅七代上人御弟子熊野権現之神輿再建　○入戒　生国相州戸塚　南部光林寺住
元禄九丙子年三月廿七日於二藤沢山一賦算五十九
遊行八月

四十六代上人尊證四十二代上人御弟子　○因名ハ澄源　生国伊予国　水戸太田
浄光寺ニ住ス　後ニ移二転甲府一蓮寺一而住ス
元禄十子年三月十八日於二藤沢山一法灯相続
賦算四年　元禄十三辰四月八日於二雲州一示
寂

四十七代上人唯稱四十世上人上足也　○諱名ハ玄道　生国遠州見附宿　黒駒
称願寺ニ住シ後ニ移二住羽州光明寺一ニ於二藤
沢山一相続修行七年歟　宝永五子年四月廿六
日於二藤沢山一遷化寿六十三

四十八代上人賦國四十代上人御弟子　○諱名ハ呑了　生国山城洛陽花ノ本也
浅草日輪寺久住　於二藤沢一八月相続　回国
四年　正徳元卯年十一月廿四日於二品川善
福寺一入滅　今年直ニ甲府一蓮寺轉眞上人
古跡相続

四十九代上人一法四十代之御弟子　○字ハ暦應　生国相州藤沢西村青木氏
也　越州高田称念寺ニ住ス　轉眞上人修領軒
役勤ム　翼(ママ)年正徳二辰三月於二藤沢一従二古跡一
附法　令二諸国遊行一九年　享保六丑春入山
享保十巳六月廿九日唱滅　遊行藤沢共ニ十
四年也

五十代上人快存南門上人御弟子、元ハ野州佐野称念寺弟子ナリ　○生国佐野也　始称念寺ニ住ス　中コロ浜
松教光寺ニ移リ後ニ一蓮寺ニ転ス　一法上人
従二入寂一直ニ享保十年ニ古跡相続　次午年
三月遊行　令二回国一十一年　享保廿卯九月

十二日如意上人入滅ニヨリ同年十一月藤沢
ニ入山住スルコト十九年　宝暦三癸酉年九月九
日入滅寿八十四　遊行藤沢トモニ廿九年也

（以下別筆）

五十一代上人賦存　生国下野国秋妻　四十八世賦國上人弟
因名了珍
子　武蔵本田称名寺　後ニ遠州見附省光寺
住職　於ニ藤沢山ニ賦算　宝暦丙子二月廿八
日入滅

五十二代上人一海　生国武蔵国本田村真下氏　四十五代尊
因名辨點《カツ》
遵上人弟子　始常州水戸神応寺　甲府一蓮
寺ニ転ス　宝暦六子三月藤沢古跡相続　翌
年回国修行ニ出遊行五年　同十一年八月十
三日帰山　明和三戌三月廿六日藤沢ニテ寂

索　　引

あ

熱田円福寺……………………………… 121,248
尼珍一房…………………………………… 117
尼奉行……………………………………… 130
阿　弥………………………………………11
阿弥衣……………………………76,128,173
阿弥陀仏………………………… 138,139,197
阿弥陀仏号………………………………… 150
粟河の領主………………………………67,80
淡路国の二宮………………………………38
安　国…………………………… 129,192,221
安国像……………………………………… 174
安　食………………………………………98
安食九郎左衛門……………………………98
安食問答……………………………………99

い

井川新善光寺……………………………… 245
意　楽(遊行22代)………………………… 241
伊豆三島神社………………………………37
出雲五郎左衛門入道………………………89
伊勢大神宮…………………………86,95,96
伊勢に詣でた目的…………………………96
板垣入道……………………………………85
板鼻道場聞名寺……………………………19
板碑造立者…………………………………96
一期不断念仏結番……………………31,73
一条時信……………………………………85
いちのひと…………………………………59
一蓮寺過去帳……………………………… 243
一華堂長善寺……………………………… 241
一向宗…………………………………278,280
一向衆………………6,42,49,57,267,271,278
一向衆禁圧…………………………………51
一向衆の投影……………………………… 277
一向俊聖…………………………………… 271
一向俊紹僧都……………………………… 281
一向俊聖の画像……………………………48
一向上人…………………………………… 280
一向上人縁起絵詞………………………56,76
一向上人伝………………………………… 271
一向堂(鎌倉前浜)………………………… 275
一　鎮(遊行6代)……………… 121,129,222
一鎮像……………………………………… 174
一　遍………………………………21,25,28
一遍教学の祖述者………………………… 105
一遍教学の本体…………………………… 105
一遍上人絵詞伝…………………58,64,95,137
一遍上人行状絵……………………………58
一遍上人法門抜書………………………… 5
一遍上人木像……………………………… 174
一遍智真の念仏……………………………16
一遍の思想…………………………………96
一遍の成道…………………………………28
一遍聖絵……………………………………58
石清水八幡宮………………………………35
岩常谷の道場……………………………… 192
引摂寺(和泉)………………………… 248,250

う

上杉禅秀…………………………………… 225
上杉禅秀の乱……………………………… 227
上杉中務少輔朝宗………………………… 225
上杉憲実…………………………………… 226
雅楽助……………………………………… 110
宇都宮の一向寺…………………………… 275
馬　衣………………………………………51

え

回　向……………………………………… 201
絵詞伝………………………………………77
絵詞伝の成立年時………………………70,78
越前国の惣社………………………………91

円　伊……59
円福寺(熱田)……121,248

お

お一の箟……92
往　生……199
往生決定権……106
往生讃……21
往生即成仏……200
大上人……82
往生の当体が念仏……28
往生の保証……150
往生与奪の権……228
大町門徒……277
大三島明神……36,37
大山祇神社……33
奥谷派……118
小栗満重……227
小田原衆所領役帳……243
踊念仏……6,45,82,83,213,215,236
小　野……93
小野社壇……91
小野社の神主実信……86,91
小野大菩薩……91,94
御坊聖……217

か

開山彌阿上人行状……60,63,74
覚　如……279
欠落の時衆……245
勘解由小路朱雀の道場……230
風早禅尼……83
風早東西阿弥陀堂……83
勝田証阿弥陀仏……94,97
鎌　倉……87
河端女院……119
河原口道場……235

き

祇園執行顕詮……121
北条毛利丹後守時元……82
吉祥塔……95
木之本浄信寺……212
機法一体の名号……199
器朴論……180
帰命戒……15
客　寮……240,245
暉　幽(遊行17代)……238
暁月房……97

く

弘願讃……21
熊野権現……17,34,89,95
熊野信仰……17

け

解意阿……47
解意派……41
逆　修……210
袈　裟……51
結縁衆……74,127,134,155,214
気比神宮(敦賀)……91,93

こ

光陰讃……21
江州番場の道場……6,279
甲府一蓮寺……242,245
河野通信の墳墓……32
光福寺時衆……178
空　也……57
高野山……27
国　阿……246,255
国阿上人絵縁起……255
国阿上人絵伝……76
国阿上人像……261
国阿上人伝……201,255
己心浄土……26
己心弥陀……26
小宮山春岩……248,283
御連歌の式……19

さ

蔡州和伝要……180
歳末の別時……31
堺引摂寺……248,250
佐竹騒動……8
佐渡高野……230
佐橋専称寺……82

更級日記…………………………………… 223
懺悔讃……………………………………21
三代の聖…………………………………… 116
三昧聖…………………………………… 217

し

持阿法語集…………………………………… 5
自　空(遊行11代)…………………… 192,225
軸　屋…………………………………… 141
時　衆……………………14,39,40,41,57,127
『時衆阿弥教団の研究』……………………10
時宗安心大要…………………………………… 4
時衆過去帳…………………… 15,70,137,281
時衆関係制規…………………………… 164
時宗教団…………………………………… 127
時宗教団衰微の原因…………………………… 8
時宗綱要…………………………………… 8
四十五箇条起請文………………………… 172
時衆制誡…………………………………… 160
時宗道場…………………………………… 134
時衆内序列…………………………………… 166
時衆の心得……………………………………85
時宗は神仏習合を強調………………………96
時宗要略譜……………………………………76
時宗和讃………………………………………21
時宗和讃の特色…………………………………20
四条朱雀道場…………………………… 121,126
四条道場……………… 120,248,251,254,264
四条道場金蓮寺…………………………… 230
四条道場の末寺化…………………… 252,253
四条派…………………………………… 248
四条派の四本寺…………………………… 248
地蔵信仰…………………………………… 211
地蔵菩薩…………………………………… 212
地蔵菩薩像…………………………………… 211
四大偈………………………………………… 43,45
七条道場…………………… 108,233,235,254
七分全得…………………………………… 211
十劫正覚衆生界の偈…………………………26
時分と多念…………………………………… 106
十　王…………………………………… 213
十重の制文…………………………………… 149
十二光箱……………………………65,129,156
十二道具…………………………………… 127
十二道具の持文……………………………33
拾要讃……………………………………21
浄　阿…………………………………… 126
浄阿上人絵詞伝…………………………… 119
浄阿弥陀仏……………………………89,246,251
証阿弥陀仏消息………………………… 193
浄阿弥陀仏の流れ………………………… 118
請暇の時衆…………………………………… 245
聖　戒………… 27,61,63,64,71,75,175,246
称　愚(遊行23代)………………………… 241
浄業和讃……………………………………21
荘厳讃……………………………………21
条々行儀法則…………………………… 178,180
清浄光寺……………………………7,41,222
清浄光寺の規模………………………… 221
清浄光寺の再興………………………… 224
清浄光寺の再建………………………… 243
清浄光寺の本尊………………………… 242
清浄光寺の門前町………………………… 244
浄土門…………………………………… 182
浄土和讃……………………………………22
正法寺…………………………………… 262
称揚讃……………………………………21
白旗の道場……………………………………97
詞林采葉抄……………………………………98
神祇信仰……………………………………97
真　教………………… 21,64,79,83,104,124
真教像…………………………………… 174
真教の画像…………………………………… 284
真教の忌日……………………………………98
真教の布教態度……………………………87
真　光…………………………………… 114
真光寺……………………………………82
真光寺塔…………………………………… 205
神　国……………………………………96
神護念仏寺………………………… 257,258
真宗要法記…………………………………… 4
陣　僧……………………18,194,195,196,234
晨朝讃……………………………………99

す

菅生の岩屋……………………………………61
諏訪神社…………………………………… 115

せ

善光寺……26
善光寺如来……143
善光寺如来の信仰……88
仙　阿……79,117
千本塔婆……203,204

そ

総行頭人……130
宗　俊……68,94
双林寺……261,262
俗時衆……31,40,41
即便往生……26
祖師像造立の意義……263
卒塔婆……205
存　阿……268
尊　恵(遊行15代)……228,252,253

た

他阿上人法語……99,136
他阿弥陀仏……66,67,137
他阿弥陀仏真教……71
他阿弥陀仏同行用心大綱……85,162
大鏡集……99
太　空(遊行14代)……21,227
躰　光(遊行29代)……244
大通智勝仏……36
大日即弥陀……185
当　麻……86
当麻山無量光寺……82,98
当麻道場……87,137,221,241
当麻道場無量光寺……145,237
当麻の真光……111
大利讃……21
高田の顕智……267,278
託　何……21,142,176,182,195,234
託何像……174
託何の思想……185
託摩の僧正公朝……60
武田信玄……244
竹野道場興長寺……229,282
垂井金蓮寺……19
丹生山……29,81,123

ち

智　顗……44
知　事……130
知　識……44,144,265
知識帰命……165
知心修要記……154
智　得……21,70,93,99,128,154
智得像……174
智得の思想……126
智得の嗣法……100
茶執事……240
中　聖……125
中上人……100,125
重　源……12
調　声……72,129,130
智　蓮(遊行21代)……240

つ

菟玖波集……224

て

敵御方供養塔……227
天狗草紙……49,84,267

と

同行用心大綱註……180
道興准后……239
道後宝厳寺……19
東西作用鈔……181
道時衆……40,41
道場関係制規……163
道場住持の任命権……229
道場誓文……97,135,152,162
道場の建立……135
当体の一念……105
藤沢山清浄光院……224
藤沢山知事記録……223
当得往生……27
頭　人……130
頭人代……130
同　念(遊行31代)……133
登霊台……229
斎　衆……40

渡　船(遊行８代)……………… 222,225,234
取り子……………………………………12
鳥部野の道場…………………………… 230
呑　海………………… 108,129,137,158,221
呑海像…………………………………… 174

な

長崎道場………………………………… 195
中条七郎蔵人……………………………84
南部茂時………………………………… 230
南　要(遊行16代)……………………… 238

に

二河白道…………………………26,129
二教讃……………………………………21
二祖大法語………………………………99
二尊二教門……………………………… 182
日本書紀………………………………… 122
入衆の条件……………………………… 102
如　象(遊行23代)……………………… 240
忍　阿…………………………………… 275

ね

念珠屋…………………………………… 141
念仏と往生の関係……………………… 101
念仏の形木………………………………89
念仏算……………………………28,30,80

の

野守鏡………………………………… 50,84

は

白　木(遊行９代)…………………… 225,234
繋多寺……………………………………33
波多野出雲入道道憲…………………… 119
花園天皇………………………………… 120
埴田社……………………………………91
播州法語集…………………………4,5,176
播州問答集……………………………… 4
番　帳…………………………………… 128

ひ

聖　絵……………………………………77
常陸の時衆……………………………… 260
人見道場一乗寺………………………… 191
百利口語…………………………………22
兵庫道場………………………………… 145
兵庫の観音堂……………………………62

ふ

不往生…………………………103,151,228
不往生者……………………………… 16,71
不往生の起因…………………………… 158
不　外(遊行24代)………………… 241,242
賦　算……………………………28,132
賦算化益………………………………… 109
賦算の形式化…………………………… 103
藤沢時衆…………………………………41
藤沢清浄光寺……………………7,41,222
藤沢清浄光寺造営被記過去帳………… 228
藤沢上人………………………………… 242
藤沢四郎太郎…………………89,108,115
藤沢に道場を設けた理由……………… 114
藤原満綱………………………………… 275
仏　身…………………………………… 183
仏心解…………………………………… 180
仏　天(遊行25代)………………227,242,245
仏　土…………………………………… 184
夫木集……………………………………97

へ

別願讃……………………………… 21,22
別時念仏…………………………………86
別時念仏結番………………………… 73,97
別　所…………………………………… 259

ほ

法阿天順………………………………… 243
宝　号……………………………………45
亡者の追善……………………………… 202
北条氏康………………………………… 244
北条左衛門大夫………………………… 244
報　身…………………………………… 183
坊　主…………………………………… 240
法　然……………………………………44
奉納縁起記……………………58,92,94
防非鈔…………………………… 159,163
宝蓮讃……………………………………21

堀内丹後守……245
堀米の一向寺……275
梵　鐘……222,224
本尊名号……141
本朝の時宗の三上人……122

ま

麻山集……13,104

み

彌阿上人行状……64
彌阿弥陀仏……63
御影堂……145
御影堂新善光寺……145,211,217
御正躰……92
弥陀の代官……106
名号即往生……106
明要廃寺……79

む

無　住……215
無常讃……22
無上大利讃註……180
無量光寺(当麻)……82,98
室町時衆……9

も

裳無衣……194

や

山口道場善福寺……19,229,282

ゆ

由阿弥陀仏……98
唯　善……267,278
有阿弥陀仏……89
遊　行……30
遊行縁起……238,239
遊行系図……100
遊行三十一代京畿御修行記……133
遊行のお砂持ち……85
遊行賦算権……107
有　三(遊行30代)……245
融通念仏……16,276
踊躍念仏……31,50,57,130,266

よ

与阿弥陀仏……111,113
吉崎道場……279
四祖上人御消息……157
四代浄阿……121
四代の相貌……116

ら

礼智阿……45,266,268

り

良　向……271
霊　山……213,258,259,260
霊山時衆……258
霊山派……41
霊山霊地……216
臨終絵……48

れ

冷泉為兼……97
冷泉為相……98
蓮華寺……274,280
蓮　如……41,277,278,279
蓮門精舎旧詞……10,24

ろ

六ケ条禁制……271
六時讃……99
六地蔵……213
六字名号の印板……28
六十万人頌……28
六〇万人知識の形木名号……119
六条道場……89
六条道場歓喜光寺……247
六条派……41
六道讃……21
陸波羅南北過去帳……274

わ

和邇氏……93

刊行の辞

四半世紀の戦後の歴史のなかで、学問の世界が生んだ成果は大きい。それは、日本宗教史の分野においても例外ではない。そうした日本宗教史研究の成果は、多種多様な場において発表されており、それらの成果のすべてを手に入れることは極めて困難である。そうしたところに、研究成果を一冊にまとめることへの要望がたかまって来たのも故なしとしない。それだけでなく、各研究者自身にとっても、永年の研究成果を、あるいは最新の業績を、一つの体系にまとめあげることは、今後の研究進展のためにも重要な課題であろう。

このような要望にこたえて企画されたのが、この「日本宗教史研究叢書」である。なお、ここにとりあげた時代は、古代・中世・近世・近代・現代にわたり、内容は道教・仏教・教派神道・キリスト教・民間信仰・戦後の新宗教など、日本の宗教の全分野におよんでいる。また、問題意識の面でも、思想的・社会的・政治的等々の背景との密接な関連をふまえ、それぞれの宗教の本質を多角的視野にたって究明するという態度をとっている。さらに、全執筆者による研究会のつみかさねのなかに、一冊一冊が生みだされてゆくといった方法をとったことも、この叢書の一つの特色といってよかろう。

以上の意図と方法をふまえて生まれたこの叢書が、今後の日本宗教史研究はもちろん、歴史研究全般にわたって寄与するであろうことを期待してやまない。記して刊行の言葉とする次第である。

昭和四十七年十月一日

笠原一男

時宗の成立と展開

昭和四十八年六月　二　日　初版印刷
昭和四十八年六月二十日　初版発行

日本宗教史研究叢書

著者　大《おお》橋《はし》俊《とし》雄《お》

著者略歴

一九二五年　愛知県生れ
一九四八年　大正大学文学部仏教学科卒業
現在　時宗文化研究所研究員

著書

法然―その行動と思想―（一九七〇年・評論社）
法然　一遍　日本思想大系⑩（一九七一年・岩波書店）
一遍―その行動と思想―（一九七一年・評論社）
遊行聖（一九七二年・大蔵出版）

発行所　吉川弘文館
（郵便番号一一三）
東京都文京区本郷七丁目二番八号
振替口座東京二四四番
電話八一三―九一五一（代表）

発行者　吉川圭三

印刷＝明和印刷
製本＝誠製本

〈日本宗教史研究叢書〉

時宗の成立と展開（オンデマンド版）

2017年10月1日　発行

著　者　大《おお》橋《はし》俊《とし》雄《お》

発行者　吉川道郎

発行所　株式会社 吉川弘文館

〒113-0033　東京都文京区本郷7丁目2番8号

TEL　03(3813)9151(代表)

URL　http://www.yoshikawa-k.co.jp/

印刷・製本　株式会社 デジタルパブリッシングサービス

URL　http://www.d-pub.co.jp/

大橋俊雄（1925～2001）

ISBN978-4-642-76703-3